〔梁〕沈約撰

點校本
二十四史
修訂本

宋書

第二册
卷一四至卷二二

中華書局

2018 年 5 月北京第 1 版　　2021 年 10 月北京第 2 次印刷

ISBN 978-7-101-10701-2

宋書卷十四

志第四

禮一

夫有國有家者，禮儀之用尚矣。然而歷代損益，每有不同，非務相改，隨時之宜故也。漢文以人情季薄，國喪革三年之紀；光武以中興崇儉，七廟有共堂之制；魏祖以侈惑宜矯，終斂去襲稱之數；晉武以丘郊不異，二至并南北之祀。互相即襲，以訖于今，豈三代之典不存哉，取其應時之變而已。且閔子譏古禮，退而致事；叔孫創漢制，化流後昆。由此言之，任己而不師古，秦氏以之致亡，師古而不適用，王莽所以身滅。然則漢、魏以來，各撰古今之中，以通一代之儀。司馬彪集後漢衆注，以爲禮儀志，校其行事，已與前漢頗不同矣。況三國鼎峙，歷晉至宋，時代移改，各隨事立。自漢末剥亂，舊章乖弛，魏初則王粲、衞覬典定衆儀；蜀朝則孟光、許慈創理制度；晉始則荀顗、鄭沖詳定晉禮；江左則荀崧、刁協緝理乖紊。其間名儒通學，諸所論敍，往往新出，非可悉載。今抄魏氏以後經國誕章，以備此志云。

魏文帝雖受禪于漢，而以夏數爲得天，故黃初元年詔曰：「孔子稱『行夏之時，乘殷之輅，服周之冕，樂則韶舞。』此聖人集羣代之美事，爲後王制法也。傳曰『夏數爲得天』。朕承唐、虞之美，至於正朔，當依虞、夏故事。若殊徽號，異器械，制禮樂，易服色，用牲幣，自當隨土德之數。每四時之季月，服黃十八日〔一〕，臘以丑，牲用白，其飾節旄，自當赤，但節幡黃耳。其餘郊祀天地朝會四時之服，宜如漢制。宗廟所服，一如周禮。」尚書令桓階等奏：「據三正周復之義，國家承漢氏人正之後，當受之以地正，犧牲宜用白，今從漢十三月正，則犧牲不得獨改。今新建皇統，宜稽古典先代，以從天命，而告朔犧牲，壹皆不改，非所以明革命之義也。」詔曰：「服色如所奏。其餘宜如虞承唐，但臘日用丑耳，此亦聖人之制也。」

明帝即位，便有改正朔之意，朝議多異同，故持疑不決。久乃下詔曰：「黃初以來，諸儒共論正朔，或以改之爲宜，或以不改爲是，意取駁異，于今未決。朕在東宮時聞之，意常以爲夫子作春秋，通三統，爲後王法。正朔各從色，不同因襲。自五帝、三王以下，或父子相繼，同體異德；或納大麓，受終文祖；或尋干戈，從天行誅。雖遭遇異時，步驟不同，然未有不改正朔，用服色，表明文物，以章受命之符也。由此言之，何必以不改爲是邪。」

於是公卿以下博議。侍中高堂隆議曰：「按自古有文章以來，帝王之興，受禪之與干戈，皆改正朔，所以明天道，定民心也。易曰：『革，元亨利貞。』『有孚改命吉。』湯武革命，應乎天，從乎人。其義曰，水火更用事，猶王者必改正朔易服色也。易通卦驗曰：『王者必改正朔，易服色，以應天地三氣三色。』書曰：『若稽古帝舜曰重華，建皇授政改朔〔二〕。』初『高陽氏以十一月爲正，薦玉以赤繒。高辛氏以十三月爲正，薦玉以白繒。』尚書傳曰：『舜定鐘石，論人聲，乃及鳥獸，咸變於前。故更四時，改堯正。』詩曰：『一之日觱發，二之日栗烈，三之日于耜。』傳曰：『一之日，周正月，二之日，殷正月，三之日，夏正月。』詩推度災曰：『如有繼周而王者，雖百世可知。以前檢後，文質相因，法度相改。三而復者，正色也，二而復者，文質也。』以前檢後，謂軒轅、高辛、夏后氏、漢皆以十三月爲正；少昊、有唐、有殷皆以十二月爲正；高陽、有虞、有周皆以十一月爲正。後雖百世，皆以前代三而復也。禮大傳曰：『聖人南面而治天下，必正度量，考文章，改正朔，易服色，殊徽號。』樂稽曜嘉曰：『禹將受位，天意大變，迅風雷雨，以明將去虞而適夏也。是以舜禹雖繼平受禪，猶制禮樂，改正朔，以應天從民。夏以十三月爲正，法物之始，其色尚黑。殷以十二月爲正，法物之牙，其色尚白。周以十一月爲正，法物之萌，其色尚赤。能察其類，能正其本，則嶽瀆致雲雨，四時和，五稼成，麟皇翔集。」春秋：「十七年夏六月甲子朔，日有蝕之。」傳曰：「當夏四月，是謂孟夏。」春秋元命苞曰：「王者受命，昭然明於天地之理，故必移居處，更稱號，改正朔，易服色，以明天命聖人之寶，質文再而改，窮則相承〔三〕，周則復始，正朔改則天命顯。」凡典籍所記，不盡於此，略舉大較，亦足以明也。」

太尉司馬懿、尚書僕射衞臻、尚書薛悌、中書監劉放、中書侍郎刁幹、博士秦靜、趙怡、中候中詔季岐以爲宜改；侍中繆襲、散騎常侍王肅、尚書郎魏衡、太子舍人黄缺以爲不宜改〔四〕。

青龍五年，山茌縣言黄龍見。帝乃詔三公曰：

昔在庖犧，繼天而王，始據木德，爲羣代首。自茲以降，服物氏號，開元著統者，既膺受命曆數之期，握皇靈遷興之運，承天改物，序其綱紀。雖炎、黄、少昊、顓頊、高辛，唐、虞、夏后，世系相襲，同氣共祖，猶豫昭顯所受之運，著明天人去就之符，無不革易制度，更定禮樂，延羣后，班瑞信，使之煥炳可述于後也。至于正朔之事，當明示變改，以彰異代，曷疑其不然哉。

文皇帝踐阼之初，庶事草創，遂襲漢正，不革其統。朕在東宮，及臻在位，每覽書籍之林，總公卿之議。夫言三統相變者，有明文；云虞、夏相因者，無其言也。曆志曰：「天統之正在子，物萌而赤；地統之正在丑，物化而白；人統之正在寅，物成而黑。」但含生氣，以微成著。故太極運三辰五星於上，元氣轉三統五行於下，登降周旋，終則又始，言天地與人所以相通也。仲尼以大聖之才，祖述堯、舜，範章文、武，制作春秋，論究人事，以貫百王之則。故於三微之月，每月稱王，以明三正迭相爲首。夫祖述堯、舜，以論三正，則其明義，豈使近在殷、周而已乎。朕以眇身，繼承洪緒，既不能紹上聖之遺風，揚先帝之休德，又使王教之弛者不張，帝典之闕者未補，亹亹之德不著，亦惡可已乎。

今推三統之次，魏得地統，當以建丑之月爲正。考之羣藝，厥義彰矣。改青龍五年春三月爲景初元年孟夏四月。服色尚黄，犧牲用白，戎事乘黑首之白馬，建大赤之旗，朝會建大白之旗。春夏秋冬孟仲季月，雖與正歲不同〔五〕，至於郊祀迎氣，礿、祀、烝、嘗，巡狩、蒐田，分至啓閉，班宣時令，中氣晚早，敬授民事，諸若此者，皆以正歲斗建爲節。此曆數之序，乃上與先聖合符同契，重規疊矩者也。今遵其義，庶可以顯祖考大造之基，崇有魏惟新之命。

於戲！王公羣后，百辟卿士，靖康厥職，帥意無怠，以永天休。司徒露布，咸使聞知，稱朕意焉。

案服色尚黄，據土行也。犧牲旂旗，一用殷禮，行殷之時故也。周禮巾車職，「建大赤以朝」，「大白以即戎」，此則周以正色之旗朝，以先代之旗即戎。魏用殷禮，變周之制，故建大白朝，大赤即戎也。明帝又詔曰：「以建寅之月爲正者，其牲用玄；以建丑之月爲正者，其牲用白；以建子之月爲正者，其牲用騂。此爲牲色各從其正，不隨所祀之陰陽也。祭天不嫌於用玄，則祭地不得獨疑於用白也。天地用牲，得無不宜異邪？更議。」於是議者各有引據，無適可從。又詔曰：「諸議所依據各參錯，若陽祀用騂，陰祀用黝，復云祭天用玄，祭地用黄，如此，用牲之義，未爲通也。天地至尊，用牲當同以所尚之色，不得專以陰陽爲别也。今祭皇皇帝天、皇皇后地、天地郊、明堂、宗廟，皆宜同〔六〕。其别祭五郊，各隨方色，祭日月星辰之類用騂，社稷山川之屬用玄，此則尊卑方色，陰陽衆義暢矣。」

三年正月，帝崩，齊王即位。是年十二月，尚書盧毓奏：「烈祖明皇帝以今年正日棄離萬國，禮，忌日不樂，甲乙之謂也。烈祖明皇帝建丑之月棄天下，臣妾之情，於此正日，有甚甲乙。今若以建丑正朝四方，會羣臣，設盛樂，不合於禮。」博士樂祥議：「正日旦受朝貢，羣臣奉贄；後五日，乃大宴會作樂。」太尉屬朱誕議：「今因宜改之際，還修舊則，元首建寅，於制爲便。」大將軍屬劉肇議：「宜過正一日乃朝賀大會，明令天下，知崩亡之日不朝也。」詔曰：「省奏事，五内斷絶，奈何奈何！烈祖明皇帝以正日棄天下〔七〕，每與皇太后念此日至，心有剥裂。不可以此日朝羣辟，受慶賀也。月二日會，又非故也。聽當還夏正月。雖違先帝通三統之義，斯亦子孫哀慘永懷。又夏正朔得天數者，其以建寅之月爲歲首〔八〕。」

晉武帝泰始二年九月，羣公奏：「唐堯、舜、禹不以易胙改制；至於湯、武，各推行數。宣尼答爲邦之問，則曰行夏之時，路冕之制，通爲百代之言。蓋期於從政濟治，不繫於行運也。今大晉繼三皇之蹤，踵舜、禹之迹，應天從民，受禪有魏，宜一用前代正朔服色，皆如有虞遵唐故事，於義爲弘。」奏可。孫盛曰：「仍舊，非也。且晉爲金行，服色尚赤，考之天道，其違甚矣。」及宋受禪，亦如魏、晉故事。

魏明帝初，司空王朗議：「古者有年數，無年號，漢初猶然。或有世而改，有中元、後元。元改彌數，中、後之號不足，故更假取美名，非古也。述春秋之事，曰隱公元年，則簡而易知。載漢世之事，曰建元元年，則後不見。宜若古稱元而已。」明帝不從。乃詔曰：「先帝即位之元，則有延康之號，受禪之初，亦有黄初之稱。今名年可也。」於是尚書奏：

「易曰：『乾道變化，各正性命。保合大和，乃利貞。首出庶物，萬國咸寧。』宜爲太和元年。」詔缺七字

周之五禮，其五爲嘉。嘉缺二字春秋左氏傳曰：「晉侯問襄公年，季武子對曰：『會于沙隨之歲，寡君以生。』晉侯曰：『十二年矣，是謂一終。一星終也。國君十五而生子。冠而生子，禮也。君可以冠矣。大夫盍爲冠具。』武子對曰：『君冠必以祼享之禮行之，以金石之樂節之，以先君之祧處之。今君在行，未可具也。請及兄弟之國而假備焉。』晉侯許諾。還及衞，冠于成公之廟，假鐘磬焉，禮也。」賈、服說皆以爲人君禮十二而冠也。古尚書說武王崩，成王年十三。推武王以庚辰歲崩，周公以壬午歲出居東，以癸未歲反。禮周公冠成王，命史祝辭。辭，告也。是除喪冠也。周公居東未反，成王冠弁以開金縢之書，時十六矣。是成王年十五服除，周公冠之而後出也。按禮、傳之文，則天子諸侯近十二，遠十五，必冠矣。周禮雖有服冕之數，而無天子冠文。儀禮云：「公侯之有冠禮，夏之末造〔九〕。」王、鄭皆以爲夏末上下相亂，篡弒由生，故作公侯冠禮，則明無天子冠禮之審也。大夫又無冠禮。古者五十而後爵，何大夫冠禮之有？周人年五十而有賢才，則試以大夫之事，猶行士禮也。故筮日筮賓，冠於阼以著代，醮於客位，三加彌尊。皆士禮耳。然漢

氏以來，天子諸侯，頗采其議。志曰「儀從冠禮」是也。漢順帝冠，又兼用曹褒新禮。褒新禮今不存。禮儀志又云：「乘輿初加緇布進賢，次爵弁、武弁，次通天，皆於高廟。王公以下，初加進賢而已。」按此文始冠緇布，從古制也，冠於宗廟是也。魏天子冠一加，其說曰，士禮三加，加有成也。至於天子諸侯，無加數之文者，將以踐阼臨民，尊極德備，豈得復與士同？此言非也。夫以聖人之才，猶三十而立，況十二之年，未及志學，便謂德成，無所勸勉，非理實也。魏氏太子再加，皇子、王公世子乃三加。孫毓以爲一加再加皆非也。禮醮詞曰「令月吉日」[一〇]，又「以歲之正，以月之令」。魯襄公冠以冬，漢惠帝冠以三月，明無定月也。後漢以來，帝加元服，咸以正月。晉咸寧二年秋閏九月，遣使冠汝南王柬，此則晉禮亦有非必歲首也。禮冠於廟，魏以來不復在廟。然晉武、惠冠太子，皆即廟見，斯亦擬在廟之儀也。晉穆帝、孝武將冠，先以幣告廟，訖又廟見也。

晉惠帝之爲太子，將冠也，武帝臨軒，使兼司徒高陽王珪加冠，兼光祿勳、屯騎校尉華廙贊冠。江左諸帝將冠，金石宿設，百僚陪位。又豫於殿上鋪大牀。御府令奉冕幘簪導衮服，以授侍中、常侍。太尉加幘，太保加冕。將加冕，太尉跪讀祝文曰：「令月吉日，始加元服。皇帝穆穆，思弘衮職。欽若昊天，六合是式。率遵祖考，永永無極。眉壽惟期，介茲景福。」加冕訖，侍中繫玄紞。侍中脫絳紗服，加衮服。冠事畢，太保率羣臣奉觴上壽，王公以下三稱萬歲，乃退。按儀注，一加幘冕而已。

宋冠皇太子及蕃王，亦一加也。官有其注。晉武帝泰始十年，南宮王承年十五，依舊應冠。有司議奏：「禮十五成童。國君十五而生子，以明可冠之宜。又漢、魏遣使冠諸王，非古典。」於是制諸王十五冠，不復加命。元嘉十一年，營道侯將冠。詔曰：「營道侯義綦可克日冠。外詳舊施行。」何楨冠儀約制及王堪私撰冠儀〔一〕，亦皆家人之可遵用者也。

魏齊王正始四年，立皇后甄氏，其儀不存。

晉武帝咸寧二年，臨軒，遣太尉賈充策立后楊氏，納悼后也。因大赦，賜王公以下各有差。百僚上禮。

太康八年，有司奏：「昏禮納徵，大昏用玄纁，束帛加珪，馬二駟；王侯玄纁，束帛加璧，乘馬；大夫用玄纁，束帛加羊。古者以皮馬爲庭實，天子加穀珪，諸侯加大璋。可依周禮改璧用璋，其羊、鴈、酒、米、玄纁如故。諸侯昏禮加納采告期親迎各帛五匹〔二〕，及納徵馬四匹，皆令夫家自備，唯璋官爲具之。」尚書朱整議：「按魏氏故事，王娶妃、公主嫁之禮，天子諸侯以皮馬爲庭實，天子加以穀珪，諸侯加以大璋。漢高后制，聘后黃金二百斤，馬十二匹；夫人金五十斤，馬四匹。魏聘后、王娶妃、公主嫁之禮，用絹百九十匹。晉興，故事用絹三百匹。」詔曰：「公主嫁由夫氏，不宜皆爲備物，賜錢使足而已。唯給璋，餘如故事。」

成帝咸康二年，臨軒，遣使兼太保領軍將軍諸葛恢、兼太尉護軍將軍孔愉六禮備物，拜皇后杜氏。即日入宮。帝御太極殿，羣臣畢賀，非禮也。王者昏禮，禮無其制。春秋祭公逆王后于紀。穀梁、左氏說與公羊又不同。而漢、魏遺事闕略者衆。晉武、惠納后，江左又無復儀注，故成帝將納杜后，太常華恒始與博士參定其儀。據杜預左氏傳說主婚，是供其婚禮之幣而已。又周靈王求婚於齊，齊侯問於晏桓子，桓子對曰：「夫婦所生若而人，姑姊妹則稱先守某公之遺女若而人。」此則天子之命，自得下達，臣下之答，徑自上通。先儒以爲丘明詳錄其事〔一三〕，蓋爲王者婚娶之禮也。故成帝臨軒遣使稱制拜后。然其儀注，又不具存。

康帝建元元年，納后褚氏。而儀注陛者不設旄頭〔一四〕。殿中御史奏：「今迎皇后，依昔成恭皇后入宮御物，而儀注至尊衮冕升殿，旄頭不設，求量處。又案昔迎恭皇后，唯作青龍旂，其餘皆即御物。今當臨軒遣使，而立五牛旂旗，旄頭畢罕並出。即用故，至今闕。」詔曰：「所以正法服升太極者，以敬其始，故備其禮也。今云何更闕所重而撤法物邪？又恭后神主入廟，先帝詔后禮宜有降，不宜建五牛旗，而今猶復設之邪？既不設五牛旗〔一五〕，則旄頭畢罕之器易具也。」又詔曰：「舊制既難準，且於今而備，亦非宜。府庫之儲，唯當以供軍國之費耳。法服儀飾粗令舉，其餘兼副雜器，停之。」

及至穆帝升平元年，將納皇后何氏，太常王彪之始更大引經傳及諸故事，以正其禮，深非公羊婚禮不稱主人之義。又曰：「王者之於四海，無非臣妾。雖復父兄之親，師友之賢，皆純臣也。夫崇三綱之始，以定乾坤之儀，安有天父之尊，而稱臣下之命，以納伉儷；安有臣下之卑，而稱天父之名，以行大禮。遠尋古禮，無王者此制；近求史籍，無王者此比。於情不安，於義不通。案咸寧二年納悼皇后時，弘訓太后母臨天下，而無命戚屬之臣爲武皇父兄主婚之文。又考大晉已行之事，咸寧故事，不稱父兄師友，則咸康華恒所上合於舊也。臣愚謂今納后儀制，宜一依咸康故事。」於是從之。華恒所定六禮，云宜依漢舊及大晉已行之制，此恒猶識前事，故王彪之多從咸康，由此也。惟以取婦之家，三日不舉樂，而咸康羣臣賀爲失禮；故但依咸寧上禮，不復賀也。其告廟六禮版文等儀，皆彪之所定也。詳推有典制，其納采版文璽書曰：「皇帝咨前太尉參軍何琦，渾元資始，肇經人倫，爰及夫婦，以奉天地宗廟社稷，謀于公卿，咸以宜率由舊典。今使使持節太常彪之、宗正綜以禮納采。」主人曰：「皇帝嘉命，訪婚陋族，備數采擇。臣從祖弟故散騎侍郎準之遺女，未閑教訓，衣履若而人，欽承舊章，肅奉典制。　前太尉參軍都鄉侯糞土臣何琦稽首再拜承制詔。」次問名版文曰：「皇帝曰，咨某官某姓，兩儀配合，承天統物，正位于內，必俟令族，重章舊典。　今使使持節太常某、宗正某，以禮問名。」主人曰：「皇帝嘉命，使者某到，重宣中詔，問臣名族。　臣族女父母所生先臣故光禄大夫雩婁侯楨之遺玄孫，先臣故豫州刺史關中侯惲之曾孫，先臣故安豐太守關中侯叡之孫〔一六〕，先臣故散騎侍郎準之遺女。外出自先臣故尚書左丞冑之外曾孫，先臣故侍中關内侯夷之外孫女。　年十七。　欽承舊章，肅奉典制。」次納吉版文曰：「皇帝曰，咨某官某姓，人謀龜從，僉曰貞吉，敬從典禮。今使使持節太常某、宗正某，以禮納吉。」主人曰：「皇帝嘉命，使者某重宣中詔，太卜元吉。　臣陋族卑鄙，憂懼不堪。　欽承舊章，肅奉典制。」次納徵版文：「皇帝曰，咨某官某姓之女，有母儀之德，窈窕之姿，如山如河，宜奉宗廟，永承天祚。　以玄纁皮帛馬羊錢璧，以章典禮。　今使使持節司徒某、太常某，以禮納徵。」主人曰：「皇帝嘉命，降婚卑陋，崇以上公，寵以典禮，備物典策。　欽承舊章，肅奉典制。」次請期版文：「皇帝曰，咨某官某姓，謀于公卿，大筮元龜，罔有不臧，率遵典禮。　今使使持節太常某、宗正某，以禮請期。」主人曰：「皇帝嘉命，使某重宣中詔，吉日惟某可迎。　臣欽承舊章，肅奉典制。」次迎版文：「皇帝曰，咨某官某姓，歲吉月令，吉日惟某，率禮以迎。　今使使持節太保某、太尉某以迎。」主人曰：「皇帝嘉命，使者某重宣中詔。今月吉辰，備禮以迎。上公宗卿，兼至副介，近臣百兩。臣螻蟻之族，猥承大禮，憂懼戰悸，欽承舊章，肅奉典制。」其稽首承詔皆如初答。孝武納王皇后，其禮亦如之。其納采、問名、納吉、請期、迎，皆用白鴈白羊各一頭，酒米各十二斛。唯納徵羊一頭，玄纁用帛三匹，絳二匹，絹二百匹，虎皮二枚，錢二百萬，玉璧一枚，馬六頭，酒米各十二斛，鄭玄所謂五鴈六禮也。其珪馬之制，備物之數，校太康所奏，又有不同，官有其注。

古者昏、冠皆有醮，鄭氏醮文三首具存。

宋文帝元嘉十五年四月，皇太子納妃，六禮文與納后不異。百官上禮。其月壬戌，於太極殿西堂敍宴，二宮隊主副、司徒征北鎮南三府佐、揚兗江三州綱、彭城江夏南譙始興武陵廬陵南豐七國侍郎以上，諸二千石在都邑者，並豫會。又詔今小會可停妓樂，時有臨川曹太妃服。

明帝泰始五年十一月，有司奏：「按晉江左以來，太子昏，納徵，禮用玉一，虎皮二，未詳何所準況。或者虎取其威猛有彬炳，玉以象德而有潤栗。珪璋既玉之美者，豹皮義兼炳蔚，熊羆亦昏禮吉徵，以類取象，亦宜並用，未詳何以遺文。晉氏江左，禮物多闕，後代因襲，未遑研考。今法章徽儀，方將大備。宜憲範經籍，稽諸舊典。今皇太子昏，納徵，禮合用珪璋豹皮熊羆皮與不？下禮官詳依經記更正。若應用者，爲各用一？爲應用兩？」博士裴昭明議：「案周禮，納徵，玄纁束帛儷皮。鄭玄注云：『束帛，十端也。儷，兩也。兩皮爲庭實，鹿皮也。』晉太子納妃，儀注，『以虎皮二』〔七〕。太元中，公主納徵，以虎豹皮各一具。豈謂婚禮不辨王公之序，故取虎豹皮以尊革其事乎。虎豹雖文，而徵禮所不用。熊羆吉祥，而婚典所不及。珪璋雖美，或爲用各異。今帝道弘明，徽則光闡，儲皇聘納，宜準經誥。凡諸僻謬，並合詳裁。雖禮代不同，文質或異，而鄭爲儒宗，既有明說，守文淺見，蓋有惟疑。兼太常丞孫詵議以爲：『聘幣之典，損益惟義，歷代行事，取制士婚。若珪璋之用，實均璧品，采豹之彰，義齊虎文，熊羆表祥，繁衍攸寄。今儲后崇聘，禮先訓遠，皮玉之美，宜盡暉備。禮稱束帛儷皮，則珪璋數合同璧，熊羆文豹，各應用二。』長兼國子博士虞龢議：『案儀禮納徵，直云玄纁束帛雜皮而已。禮記郊特牲云虎豹皮與玉璧，非虛作也。則虎豹之皮，居然用兩，珪璧宜仍舊各一也。』參詵、龢二議不異，今加珪璋各一，豹熊羆皮各二，以龢議爲允。」詔可。

晉武帝泰始十年，將聘拜三夫人九嬪。有司奏：「禮，皇后聘以穀珪，無妾媵禮贄之制。」詔曰：「拜授可依魏氏故事。」於是臨軒使使持節兼太常拜夫人，兼御史中丞拜九嬪。

漢、魏之禮，公主居第，尚公主者來第成婚。司空王朗以爲不可，其後乃革。

凡遣大使拜皇后、三公，及冠皇太子，及拜蕃王，帝皆臨軒。其儀，太樂令宿設金石四廂之樂於殿前。漏上二刻，侍中、侍臣、冗從僕射、中謁者、節騎郎、虎賁，旄頭遮列，五牛旗皆入。虎賁中郎將、羽林監分陛端門內。侍御史、謁者各一人監端門。廷尉監、平分陛東、西中華門。漏上三刻，殿中侍御史奏開殿之殿門、南止車門、宣陽城門。軍校、侍中、散騎常侍、給事黄門侍郎、散騎侍郎升殿夾御座。尚書令以下應階者以次入。治禮引大鴻臚入，陳九賓。漏上四刻，侍中奏：「外辦。」皇帝服衮冕之服，升太極殿，臨軒南面。謁者前北面一拜，跪奏：「大鴻臚臣某稽首言，羣臣就位。謹具。」侍中稱制曰：「可。」謁者贊拜，在位皆再拜。大鴻臚稱臣一拜，仰奏：「請行事。」侍中稱制曰：「可。」鴻臚舉手曰：「可行事。」謁者引護當使者當拜者入就拜位。四廂樂作。將拜，樂止。禮畢出。官有其注。

舊時歲旦，常設葦茭桃梗，磔雞於宮及百寺門〔一八〕，以禳惡氣。漢儀，則仲夏之月設之，有桃卯，無磔雞。案明帝大脩禳禮〔一九〕，故何晏禳祭議據雞牲供禳釁之事〔二〇〕，磔雞宜起於魏也。桃卯本漢所以輔〔二一〕，卯金又宜魏所除也，但未詳改仲夏在歲旦之所起耳。宋皆省，而諸郡縣此禮往往猶存。

上代聘享之禮，雖頗見經傳，然首尾不全。叔孫通傳載通所制漢元會儀，綱紀粗舉，施於今，又未周備也。魏國初建，事多兼闕，故黃初三年，始奉璧朝賀。何承天云，魏元會儀無存者。案何楨許都賦曰〔三〕：「元正大饗，壇彼西南。旗幕峨峨，檐宇弘深。」王沈正會賦又曰：「華幄映於飛雲，朱幕張于前庭。絙青帷於兩階，象紫極之崢嶸。延百辟于和門，等尊卑而奉璋。」此則大饗悉在城外，不在宮內也。臣案魏司空王朗奏事曰：「故事，正月朔，賀。殿下設兩百華鐙，對於二階之間。端門設庭燎火炬，端門外設五尺、三尺鐙。月照星明，雖夜猶晝矣。」如此，則不在城外也。何、王二賦，本不在洛京。何云許都賦，時在許昌也。王賦又云「朝四國於東巡」，亦賦許昌正會也。

晉武帝世，更定元會注，今有咸寧注是也。傅玄元會賦曰：「考夏后之遺訓，綜殷、周之典藝，採秦、漢之舊儀，定元正之嘉會。」此則兼採衆代可知矣。咸寧注，先正一日，守宮宿設王公卿校便坐於端門外，大樂鼓吹又宿設四廂樂及牛馬帷閤於殿前。夜漏未盡十刻，羣臣集到，庭燎起火。上賀謁報，又賀皇后。還從雲龍東中華門入謁，詣東閤下便坐。漏未盡七刻，羣司乘車與百官及受贄郎下至計吏，皆入，詣陛部立。其陛衛者，如臨軒儀。漏未盡五刻，謁者僕射、大鴻臚各奏：「羣臣就位定。」漏盡，侍中奏：「外辦。」皇帝出。鍾鼓作，百官皆拜伏。太常導皇帝升御座。鍾鼓止。百官起。大鴻臚跪奏：「請朝賀。」治禮郎讚：「皇帝延王登。」大鴻臚跪讚：「蕃王臣某等奉白璧各一，再拜賀。」太常報：「王悉登。」謁者引上殿，當御座。皇帝興，王再拜。皇帝坐，復再拜，跪置璧御座前〔二三〕，復再拜。成禮訖，謁者引下殿，還故位。治禮郎引公、特進、匈奴南單于子、金紫將軍當大鴻臚西，中二千石、二千石、千石、六百石當大行令西，皆北面伏。大鴻臚跪讚：「太尉、中二千石等奉璧皮帛羔鴈雉，再拜賀。」太常讚：「皇帝延君登。」治禮引公至金紫將軍上殿〔二四〕，當御座。皇帝興，皆再拜。皇帝坐，又再拜。跪置璧皮帛御座前，復再拜。成禮訖，讚者引下殿，還故位。王公置璧成禮時，大行令並讚，殿下中二千石以下同。成禮訖，以贄授受贄郎〔二五〕，郎以璧帛付謁者，羔鴈雉付太官。太樂令跪請奏雅樂〔二六〕。以次作樂。乘黃令乃出車。皇帝罷入，百官皆坐。晝漏上水六刻，諸蠻夷胡客以次入〔二七〕，皆再拜訖，坐。御入三刻，又出。鍾鼓作。謁者僕射跪奏：「請羣臣上。」謁者引王公至二千石上殿〔二八〕，千石、六百石停本位。謁者引王詣尊酌壽酒〔二九〕，跪授侍中。侍中跪置御座前。王還自酌，置位前。謁者跪奏：「蕃王臣某等奉觴再拜，上千萬歲壽。」侍中曰：「觴已上。」百官伏稱萬歲。四廂樂作。百官再拜。已飲，又再拜。謁者引諸王等還本位。陛者傳就席，羣臣皆跪諾。侍中、中書令、尚書令各於殿上上壽酒，登歌樂升，太官令又行御酒。御酒升階，太官令跪授侍郎，侍郎跪進御座前。乃行百官酒。太樂令跪奏：「奏登歌。」三終，乃降。太官令跪請御飯到陛，羣臣皆起。太官令持羹跪授司徒，持飯跪授大司農，尚食持案並授侍郎，侍郎跪進御座前〔三〇〕。羣臣就席。太樂令跪奏：「食。舉樂。」太官行百官飯案遍。食畢，太樂令跪奏：「請進儛。」儛以次作。鼓吹令又前跪奏：「請以次進衆伎。」乃召諸郡計吏前，授敕戒於階下。宴樂畢，謁者一人跪奏：「請罷退。」鍾鼓作，羣臣北面再拜出。江左更隨事立位，大體亦無異也。宋有天下，多仍舊儀，所損益可知矣。

晉江左注，皇太子出會者，則在三恪下、王公上。宋文帝元嘉十一年，升在三恪上。

魏制，蕃王不得朝覲。明帝時有朝者，皆由特恩，不得以爲常。晉泰始中，有司奏：「諸侯之國，其王公以下入朝者，四方各爲二番，三歲而周，周則更始。若臨時有解〔三一〕，却在明年。來朝之後，更滿三歲乃復，不得從本數。朝禮執璧如舊朝之制〔三二〕。不朝之歲，各遣卿奉聘。」奏可。江左王侯不之國，其有授任居外，則同方伯刺史二千石之禮，亦無朝聘之制，此禮遂廢。

正旦元會，設白虎樽於殿庭。樽蓋上施白虎，若有能獻直言者，則發此樽飲酒。案禮記，知悼子卒，未葬，平公飲酒，師曠、李調侍，鼓鍾。杜蕢自外來，聞鍾聲曰：「安在？」曰：「在寢。」杜蕢入寢，歷階而升，酌曰：「曠飲斯。」又酌曰：「調飲斯。」又酌，堂上北面坐飲之，降，趨而出。平公呼而進之曰：「蕢，曩者爾心或開予，是以不與爾言。爾飲曠，何也？」曰：「子卯不樂，知悼子在堂，斯其爲子卯也大矣。曠也，太師也。不以詔，是以飲之也。」「爾飲調，何也？」曰：「調也，君之褻臣也。爲一飲一食，忘君之疾，是以飲之也。」「爾飲，何也？」曰：「蕢也宰夫，唯刀匕是供，又敢與知防，是以飲也。」平公曰：「寡人亦有過焉。酌而飲寡人。」杜蕢洗而揚觶。公謂侍者曰：「如我死，則必無廢斯爵。」至于今，既畢獻，斯揚觶，謂之「杜舉」。白虎樽，蓋杜舉之遺式也。畫爲虎，宜是後代所加，欲令言者猛如虎，無所忌憚也。

漢以高帝十月定秦，且爲歲首，至武帝雖改用夏正，然朔猶常饗會，如元正之儀。魏、晉則冬至日受萬國及百寮稱賀，因小會。其儀亞於歲旦，晉有其注。宋永初元年八月，詔曰〔三三〕：「慶冬使或遣不，役宜省，今可悉停。唯元正大慶，不得廢耳。郡縣遣冬使詣州及都督府者，亦宜同停。」

孫權始都武昌及建業，不立郊兆。至末年太元元年十一月，祭南郊，其地今秣陵縣南十餘里郊中是也。晉氏南遷，立南郊於巳地，非禮所謂陽位之義也。宋孝武大明三年九月〔三四〕，尚書右丞徐爰議：「郊祀之位，遠古蔑聞。禮記『燔柴於太壇，祭天也』，『兆於南郊，就陽位也』。漢初甘泉河東禋埋易位，終亦徙於長安南北。光武紹祚，定二郊洛陽南北。晉氏過江，悉在北。及郊兆之議，紛然不一。又南出道狹，未議開闡，遂於東南巳地創立丘壇。皇宋受命，因而弗改。且居民之中，非邑外之謂。今聖圖重造，舊章畢新，南驛開塗，陽路脩遠。謂宜郊正午，以定天位。」博士司馬興之、傅郁、太常丞陸澄並同爰議。乃移郊兆於秣陵牛頭山西，正在宮之午地。世祖崩，前廢帝即位，以郊舊地爲吉祥，移還本處。

北郊，晉成帝世始立，本在覆舟山南。宋太祖以其地爲樂游苑，移於山西北。後以其地爲北湖，移於湖塘西北。其地卑下泥濕，又移於白石邨東。其地又以爲湖，乃移於鍾山北原道西〔三五〕，與南郊相對。後罷白石東湖，北郊還舊處。

南郊，皇帝散齋七日，致齋三日。官掌清者亦如之。致齋之朝，御太極殿幄坐。著絳紗褠，黑介幘，通天金博山冠。先郊日未晡五刻，夕牲。公卿京兆尹衆官悉壇東就位，太祝史牽牲入。到榜，廩犧令跪白〔三六〕：「請省牲。」舉手曰：「腯。」太祝令繞牲，舉手曰：「充。」太祝令牽牲詣庖。以二陶豆酌毛血，其一奠皇天神座前，其一奠太祖神座前。郊之日未明八刻，太祝令進饌，郎施饌。牲用璽栗二頭，羣神用牛一頭。醴用秬鬯，藉用白茅。

玄酒一器，器用匏陶，以瓦樽盛酒，瓦圩斟酒。璧用蒼玉。蒯席各二，不設茵蓐。古者席藁，晉江左用蒯。車駕出，百官應齋及從駕填街先置者，各隨申攝從事。上水一刻，御服龍衮，平天冠，升金根車，到壇東門外。博士、太常引入到黑攢。太祝令跪執匏陶，酒以灌地。皇帝再拜，興。羣臣皆再拜伏。治禮曰：「興。」博士、太常引皇帝至南階，脱舄升壇，詣罍盥。黄門侍郎洗爵，跪授皇帝。執樽郎授爵，酌秬鬯授皇帝。跪奠皇天神座前，再拜，興。次詣太祖配天神座前，執爵跪奠，如皇天之禮。南面北向，一拜伏。太祝令各酌福酒，合置一爵中，跪進皇帝，再拜伏。飲福酒訖，博士、太常引帝從東階下，還南階。謁者引太常升壇，亞獻。謁者又引光禄升壇，終獻。訖。各降階還本位。太祝送神，跪執匏陶，酒以灌地。興。直南行出壇門，治禮舉手白，羣臣皆再拜伏。皇帝盤，治禮曰：「興。」博士跪曰：「祠事畢，就燎。」博士、太常引皇帝就燎位，當壇東階，皇帝南向立。太祝令以案奉玉璧牲體爵酒黍飯諸饌物，登柴壇施設之。治禮舉手曰：「可燎。」三人持火炬上。火發。太祝令等各下壇。壇東西各二十人，以炬投壇，火半柴傾。博士仰白：「事畢。」皇帝出便坐。解嚴。天子有故，則三公行事，而太尉初獻，其亞獻、終獻，猶太常、光禄勳也〔三七〕。北郊齋、夕牲、進孰，及乘輿百官到壇三獻，悉如南郊之禮。唯事訖，太祝令牲玉饌物詣埳置牲上訖，又以一牲覆其上。治禮舉手曰：「可霾。」二十人俱時下土。填埳欲半，博士仰白：「事畢。」帝出。自魏以來，多使三公行事，乘輿罕出矣。魏及晉初，儀注雖不具存，所損益漢制可知也。江左以後，官有其注。

魏文帝詔曰：「漢氏不拜日於東郊，而旦夕常於殿下東面拜日，煩褻似家人之事，非事天郊神之道也。」黄初二年正月乙亥，朝日于東門之外。按禮，天子以春分朝日於東，秋分夕月於西。今正月，非其時也。漢郊祀志，帝郊泰畤，平旦出竹宫東向揖日，其夕西向揖月。此爲即用郊日，不俟二分也〔三八〕。明帝太和元年二月丁亥朔〔三九〕，朝日于東郊，八月己丑，夕月于西郊，此古禮也。白虎通：「王者父天、母地，兄日、姊月」，此其義也。尚書大傳，迎日之詞曰：「維某年某月上日。明光于上下，勤施于四方，旁作穆穆，維予一人。某敬拜迎日于郊。」吴時郎陳融奏東郊頌，吴時亦行此禮也。晉武帝太康二年，有司奏：「春分依舊車駕朝日〔四〇〕，寒温未適，可不親出。」詔曰：「禮儀宜有常；如所奏〔四一〕，與故太尉所撰不同，復爲無定制。間者方難未平，故每從所奏。今戎事弭息，唯此爲大。」案此詔，帝復爲親朝日也。此後廢。

殷祠，皇帝散齋七日，致齋三日。百官清者亦如之〔四二〕。致齋之日，御太極殿幄坐，著絳紗褠，黑介幘，通天金博山冠。祠之日，車駕出，百官應齋從駕留守填街先置者，各依宣攝從事。上水一刻，皇帝著平冕龍衮之服，升金根車，到廟北門訖。治禮、謁者各引太樂、太常、光祿勳、三公等皆入在位。皇帝降車入廟，脱舃，盥及洗爵，訖，升殿。初獻，奠爵，樂奏。太祝令跪讀祝文，訖，進奠神座前，皇帝還本位。博士引太尉亞獻，訖，謁者又引光祿勳終獻。凡禘祫大祭，則神主悉出廟堂，爲昭穆以安坐，不復停室也。晉氏又有陰室四殤，治禮引陰室以次奠爵于饌前。其功臣配饗者，設坐於庭，謁者奠爵于饌前。皇帝不親祠，則三公行事，而太尉初獻，太常亞獻，光祿勳終獻也。四時祭祀，亦皆於將祭必先夕牲，其儀如郊。

晉武帝泰始七年四月，帝將親祠，車駕夕牲，而儀注還不拜。詔問其故。博士奏：「歷代相承如此。」帝曰：「非致敬宗廟之禮也。」於是實拜而還，遂以爲制。太康中，有司奏議，十一月一日合朔奠、冬烝、夕牲同日〔四三〕，可有司行事。詔曰：「夕牲而令有司行事，非也。改擇上旬他日。」案此則武帝夕牲必躬臨拜，而江左以來復止也。晉元帝建武元年三月辛卯，即晉王位〔四四〕，行天子殷祭之禮，非常之事也。孝武太元十一年九月，皇女亡。及應烝祠，中書侍郎范甯奏：「案喪服傳，有死宮中者，三月不舉祭，不別長幼之與貴賤也。皇女雖在嬰孩，臣竊以爲疑。」於是尚書奏使三公行事。昔漢靈帝世，立春尚齋迎氣東郊，尚書左丞歐殺陌使於南書寺〔四五〕，於是詔書曰：「議郎蔡邕、博士任敏，問可齋祠不？得無不宜？」邕等對曰：「按上帝之祠，無所爲廢。宮室至大，陌使至微，日又寬，可齋無疑。」甯非不知有此議，然不從也。魏及晉初，祭儀雖不具存，江左則備矣。官有其注。

祠太社、帝社、太稷〔四六〕，常以歲二月八月二社日祠之。太祝令夕牲進孰，如郊廟儀。司空、太常、大司農三獻也。官有其注。周禮王親祭，漢以來，有司行事。

漢安帝元初六年，立六宗祠於國西北戌亥地〔四七〕，祠儀比泰社。

日月將交會，太史上合朔。尚書先事三日，宣攝內外，戒嚴。摯虞決疑曰：「凡救蝕者，皆著赤幘，以助陽也。日將蝕，天子素服避正殿，內外嚴警，太史登靈臺，伺候日變。更伐鼓於門，聞鼓音，侍臣皆著赤幘，帶劍入侍。三臺令史以上，皆各持劍立其户前。衛尉卿馳繞宮，伺察守備，周而復始。日復常，乃皆罷。」魯昭公十七年，六月朔，日有蝕之。祝史請所用幣〔四八〕，叔孫昭子曰：「日有蝕之，天子不舉樂〔四九〕，伐鼓於社；諸侯用幣於社，伐鼓於朝，禮也。」又以赤絲爲繩繫社，祝史陳辭以責之。社，勾龍之神，天子之上公，故責之。合朔，官有其注。

昔漢建安中，將正會，而太史上言正旦當日蝕，朝士疑會不。共詣尚書令荀文若諮之。時廣平計吏劉劭在坐，曰：「梓慎、裨竈，古之良史，猶占水火，錯失天時。禮諸侯旅見天子，入門不得終禮者四，日蝕在一。然則聖人垂制，不爲變異豫廢朝禮者，或災消異伏，或推術謬誤也。」文若及衆人咸喜而從之，遂朝會如舊，日亦不蝕。劭由此顯名，魏史美而書之。

魏高貴鄉公正元二年三月朔，太史奏日蝕而不蝕。晉文王時爲大將軍，大推史官不驗之負。史官答曰：「合朔之時，或有日掩月，或有月掩日。月掩日，則蔽障日體，使光景有虧，故謂之日蝕。日掩月，則日於月上過，謂之陰不侵陽，雖交無變。日月相掩必食之理，無術以知，是以嘗禘郊社，日蝕則接祭，是亦前代史官不能審蝕也。自漢故事，以爲日蝕必當於交。每至其時，申警百官，以備日變。故甲寅詔有備蝕之制，無考負之法。古來黄帝、顓頊、夏、殷、周、魯六歷，皆無推日蝕法，但有考課疏密而已。負坐之條，由本無術可課，非司事之罪。」乃止。

晉武帝咸寧三年、四年，並以正旦合朔却元會，改魏故事也。

晉元帝太興元年四月合朔〔五〇〕，中書侍郎孔愉奏曰：「春秋日有蝕之，天子伐鼓于社，攻諸陰也。諸侯伐鼓於朝，臣自攻也。案尚書符，若日有變，便伐鼓於諸門，有違舊典。」詔曰：「所陳有正義，輒敕外改之。」

至康帝建元元年，太史上元日合朔，朝士復疑應却會與否。庾冰輔政，寫劉劭議以示八坐，于時有謂劭爲不得禮意，荀文若從之，是勝人之一失。故蔡謨遂著議非之曰：「劭論災消異伏，又以慎、竈猶有錯失，太史上言亦不必審，其理誠然也。而云聖人垂制，不爲變異豫廢朝禮，此則謬矣。災祥之發，所以譴告人君，王者所重誡。故素服廢樂，退避正寢，百官降物，用幣伐鼓，躬親而救之。夫敬誡之事，與其疑而廢之，寧慎而行之。故孔子、老聃助葬於巷黨，以喪不見星行〔五一〕，故日蝕而止柩，曰安知其不見星也。今史官言當蝕，亦安知其不蝕乎？夫子、老聃豫行見星之防，而劭廢之，是棄聖賢之成規也〔五二〕。魯桓公壬申有災，而以乙亥嘗祭，春秋譏之。災事既過，猶退懼未已，故廢宗廟之祭；況聞天眚將至，行慶樂之會，於禮乖矣。禮記所云『諸侯入門不得終禮者』，謂日官不豫言，諸侯既入，見蝕乃知耳；非先聞當蝕，而朝會不廢也。引此〔五三〕，可謂失其義指。劉劭所執者禮記也；夫子、老聃巷黨之事，亦禮記所言，復違而反之，進退無據。荀令所善，漢朝所從，遂使此言至今見稱，莫知其謬。後來君子，將擬以爲式，故正之云爾。」於是冰從衆議，遂以却會。

至永和中，殷浩輔政，又欲從劉劭議不却會。王彪之據咸寧、建元故事，又曰：「禮云，諸侯旅見天子，不得終禮而廢者四，自謂卒暴有之，非爲先存其事而儌幸史官推術繆錯〔五四〕，故不豫廢朝禮也。」於是又從彪之，相承至今。

耕籍之禮尚矣，漢文帝脩之。及昭帝幼即大位，耕於鈎盾弄田。明帝永平十五年二月，東巡，耕於下邳。章帝元和三年正月北巡，耕於懷縣。魏三祖皆親耕籍。晉武帝泰始四年，有司奏始耕祠先農，可有司行事。詔曰：「夫民之大事，在祀與農。是以古之聖王，躬耕帝籍，以供郊廟之粢盛，且以訓化天下。近代以來，耕籍止於數步中，空有慕古之名，曾無供祀訓農之實，而有百官車徒之費。今脩千畝之制，當與羣公卿士，躬稼穡之艱難，以帥天下。主者詳具其制，并下河南處田地於東郊之南，洛水之北，平良中水者。若無官田，隨宜便換，不得侵民人也。」自此之後，其事便廢。史注載多有闕。止元、哀二帝，將脩耕籍，賀循等所上注，及裴憲爲胡中所定儀，又未詳允。

元嘉二十年，太祖將親耕，以其久廢，使何承天撰定儀注。史學生山謙之已私鳩集，因以奏聞。乃下詔曰：「國以民爲本，民以食爲天。一夫輟耕，饑者必及。倉廩既實，禮節以興。自頃在所貧耗，家無宿積，陰陽暫偏〔五五〕，則人懷愁墊；年或不稔，而病乏比室。誠由政德未孚，以臻斯弊，抑亦耕桑未廣，地利多遺。宰守微化導之方，萌庶忘勤分之義。永言弘濟，明發載懷。雖制令亟下，終莫懲勸，而坐望滋殖，庸可致乎。有司其班宣舊條，務盡敦課。遊食之徒，咸令附業。考覈勤惰，行其誅賞；觀察能殿，嚴加黜陟。古者從時脉土，以訓農功，躬耕帝籍，敬供粢盛。仰瞻前王，思遵令典，便可量處千畝，考卜元辰〔五六〕。朕當親率百辟，致禮郊甸。庶幾誠素，獎被斯民。」於是斟酌衆條，造定圖注。先立春九日，尚書宣攝內外，各使隨局從事。司空、大農、京尹、令、尉，度宮之辰地八里之外，整制千畝，開阡陌。立先農壇於中阡西陌南，御耕壇於中阡東陌北。將耕，宿設青幕于耕壇之上。皇后帥六宮之人出穜稑之種〔五七〕，付藉田令。耕日，太祝以一太牢告祠先農，悉如祠帝社之儀。孟春之月，擇上辛後吉亥日，御乘耕根三蓋車，駕蒼駟，青旂，著通天冠，青幘，朝服青衮，帶佩蒼玉。蕃王以下至六百石皆衣青〔五八〕。唯三臺武衞不耕，不改服章。車駕出，衆事如郊廟之儀。車駕至藉田，侍中跪奏：「尊降車。」臨壇，大司農跪奏：「先農已享，請皇帝親耕。」太史令讚曰：「皇帝親耕。」三推三反。於是羣臣以次耕，王公五等開國諸侯五推五反，孤卿大夫七推七反，士九推九反。藉田令率其屬耕〔五九〕，竟畝，灑種，即耰，禮畢。

魏氏雖天子耕籍，其蕃鎮諸侯，並闕百畝之禮。晉武帝末，有司奏：「古諸侯耕籍百畝，躬秉耒耜，以奉社稷宗廟，以勸率農功。今諸王治國，宜脩耕耤之義。」然未施行。宋太祖東耕後，乃班下州郡縣，悉備其禮焉。

周禮，王后帥內外命婦，蠶於北郊。漢則東郊，非古也。魏則北郊，依周禮也。晉則西郊，宜是與籍田對其方也。魏文帝黃初七年正月，命中宮蠶于北郊。按韋誕后蠶頌，則于時漢注已亡，更考撰其儀也。及至晉氏，先蠶多采魏法。晉武帝太康六年，散騎常侍華嶠奏：「先王之制，天子諸侯親耕千畝，后夫人躬蠶桑〔六〇〕。今陛下以聖明至仁，脩先王之緒，皇后體資生之德，合配乾之義，而教道未先，蠶禮尚闕。以爲宜依古式，備斯盛典。」詔曰：「古者天子親籍以供粢盛，后夫人躬蠶以備祭服。所以聿遵孝敬，明教示訓也。今籍田有制，而蠶禮不脩。中間務多，未暇崇備。今天下無事，宜脩禮以示四海。其詳依古典及近代故事，以參今宜。明年施行。」於是使侍中成粲草定其儀〔六一〕。皇后采桑壇在蠶室西，帷宮中門之外，桑林在其東，先蠶壇在宮外門之外而東南。取民妻六人爲蠶母。蠶將生，擇吉日，皇后著十二笄，依漢、魏故事，衣青衣，乘油蓋雲母安車，駕六馬。女尚書著貂蟬，佩璽，陪乘，載筐鉤。公主、三夫人、九嬪、世婦、諸太妃、公太夫人、公夫人，及縣鄉君、郡公侯特進夫人、外世婦、命婦，皆步搖、衣青，各載筐鉤從。蠶桑前一日，蠶宮生蠶著薄上。桑日〔六二〕，太祝令以一太牢祠先蠶。皇后至西郊，升壇，公主以下陪列壇東。皇后東面躬桑，采三條；諸妃公主各采五條；縣鄉君以下各采九條。悉以桑授蠶母。還蠶室。事訖，皇后還便坐，公主以下以次就位，設饗賜絹各有差。宋孝武大明四年，又脩此禮。

漢獻帝建安二十二年，魏國作泮宮于鄴城南。魏文帝黃初五年，立太學於洛陽。齊王正始中，劉馥上疏曰：「黃初以來，崇立太學，二十餘年，而成者蓋寡。由博士選輕，諸生避役，高門子弟，恥非其倫，故學者雖有其名〔六三〕，而無其實，雖設其教，而無其功。宜高選博士，取行爲人表，經任人師者，掌教國子。依遵古法，使二千石以上子孫，年從十五，皆入太學。明制黜陟，陳榮辱之路。」不從。晉武帝泰始八年，有司奏：「太學生七千餘人，才任四品，聽留。」詔：「已試經者留之，其餘遣還郡國。大臣子弟堪受教者，令入學。」咸寧二年，起國子學，蓋周禮國之貴遊子弟所謂國子，受教於師氏者也。太康五年，脩作明堂、辟雍、靈臺。

孫休永安元年，詔曰：「古者建國，教學爲先。所以導世治性，爲時養器也。自建興以來，時事多故，吏民頗以目前趨務，棄本就末，不循古道。夫所尚不淳，則傷化敗俗。其按舊置學官，立五經博士，覈取應選，加其寵禄。科見吏之中及將吏子弟有志好者，各令就業。一歲課試，差其品第，加以位賞。使見之者樂其榮，聞之者羨其譽。以淳王化，以隆風俗。」於是立學。

元帝爲晉王，建武初，驃騎將軍王導上疏：

夫治化之本，在於正人倫。人倫之正，存乎設庠序。庠序設而五教明，則德化洽通，彝倫攸敍，有恥且格也。父子兄弟夫婦長幼之序順，而君臣之義固矣。易所謂正家而天下定者也。故聖王蒙以養正，少而教之，使化沾肌骨，習以成性，有若自然，日遷善遠罪，而不自知。行成德立，然後裁之以位。雖王之嫡子，猶與國子齒，使知道而後貴。其取才用士，咸先本之于學。故周禮，鄉大夫「獻賢能之書于王，王拜而受之」。所以尊道而貴士也。人知士之所貴，由乎道存。則退而脩其身，脩其身以及其家，正家以及於鄉，學於鄉以登於朝。反本復始，各求諸己，敦素之業著，浮僞之道息，教使然也。故以之事君則忠，用之莅下則仁，即孟軻所謂「未有仁而遺其親，義而後其君者也」。

自頃皇綱失統，禮教陵替，頌聲不興，于今二紀。傳曰「三年不爲禮，禮必壞；三年不爲樂，樂必崩」。而況如此其久者乎？先進漸忘揖讓之容，後生唯聞金革之響，干戈日尋，俎豆不設，先王之道彌遠，華僞之風遂滋，非所以習民靖俗，端本抑末之謂也。殿下以命世之資，屬當傾危之運，禮樂征伐，翼成中興，將滌穢蕩瑕，撥亂反正。誠宜經綸稽古，建明學校，闡揚六藝，以訓後生，使文武之道，墜而復興。方今小雅盡廢，戎虜扇熾，節義陵遲，國恥未雪。忠臣義士，所以扼腕拊心，禮樂政刑，當並陳以俱濟者也。苟禮義膠固，純風載洽，則化之所陶者廣，而德之所被者大，義之所屬者深，而威之所震者遠矣。由斯而進，則可朝服濟河，使帝典闕而復補，王綱弛而更張，饕餮改情，獸心革面，揖讓而蠻夷服，緩帶而天下從，得乎其道者，豈難也哉。故有虞舞干戚而三苗化，魯僖作泮宮而淮夷平，桓、文之霸，皆先教而後戰。今若聿遵前典，興復教道，使朝之子弟，並入于學，立德出身者咸習之而後通。德路開而僞塗塞，則其化不肅而成，不嚴而治矣。選明博脩禮之士以爲之師，隆教貴道，化成俗定，莫尚於斯也。

散騎常侍戴邈又上表曰：

臣聞天道之所運，莫大於陰陽；帝王之至務，莫重於禮學。是以古之建國，教學爲先。國有明堂辟雝之制，鄉有庠序黌校之儀，皆所以抽導幽滯，啓廣才思。蓋以六四有困蒙之吝，君子大養正之功也。昔仲尼列國之大夫耳，興禮脩學於洙、泗之間，四方髦俊，斐然向風，受業身通者七十餘人。自茲以來，千載寂漠，豈天下小於魯國，賢哲乏於曩時，厲與不厲故也。

自頃遭無妄之禍，社稷有綴旒之危，寇羯飲馬於長江，凶狡虎步於萬里，遂使神州蕭條，鞠爲茂草，四海之内，人跡不交。霸主有旰食之憂，黎民懷荼毒之痛，戎首交并于中原，何遽籩豆之事哉！然「三年不爲禮，禮必壞；三年不爲樂，樂必崩」。況曠載累紀，如此之久邪！今末進後生，目不覩揖讓升降之禮，耳不聞鐘鼓管弦之音，文章散滅胡馬之足，圖讖無復孑遺於世。此蓋聖達之所深悼，有識之所咨嗟也。夫治世尚文，遭亂尚武，文武迭用，久長之道。譬之天地，昏明之迭〔六四〕，自古以來，未有不由之者也。今以天下未壹〔六五〕，非興禮學之時，此言似是而非。夫儒道深奧，不可倉卒而成，古之俊乂，必三年而通一經，比須寇賊清夷，天下平泰，然後修之，則功成事定，誰與制禮作樂者哉！又貴遊之子，未必有斬將搴旗之才，亦未有從軍征戍之役，不及盛年講肄道義，使明珠加瑩磨之功，荆、隨發采琢之美，不亦良可惜乎〔六六〕。

愚以世喪道久，民情玩於所習，純風日去，華競日彰，猶火之消膏而莫之覺也。今天地造始，萬物權輿，聖朝以神武之德，值革命之運，蕩近世之流弊，繼千載之絶軌，篤道崇儒，創立大業。明主唱之於上，宰輔篤之於下，夫上之所好，下必有過之者焉。是故雙劍之節崇，而飛白之俗成；挾琴之容飾，而赴曲之和作。君子之德風，小人之德草，實在所以感之而已。臣以闇淺，不能遠識格言，謂宜以三時之隙，漸就經始。

太興初，議欲脩立學校，唯周易王氏、尚書鄭氏、古文孔氏、毛詩周官禮記論語孝經鄭氏、春秋左傳杜氏、服氏，各置博士一人。其儀禮公羊穀梁及鄭易，皆省不置博士。太常荀崧上疏曰：

臣聞孔子有云，「才難，不其然乎」。自喪亂以來，經學尤寡。儒有席上之珍，然後能弘明道訓。今處學則闕朝廷之秀，仕朝則廢儒學之美。昔咸寧、太康、元康、永嘉之中，侍中、常侍、黄門之深博道奧，通洽古今，行爲世表者，領國子博士。一則應對殿堂，奉酬顧問；二則參訓門子，以弘儒學；三則祠、儀二曹，及太常之職，以得藉用質疑。今皇朝中興，美隆往初，宜憲章令軌，祖述前典。

世祖武皇帝聖德欽明，應運登禪，受終于魏。崇儒興學，治致升平。經始明堂，營建辟雍，告朔班政，鄉飲大射，西閤東序，圖書禁籍，臺省有宗廟太府金墉故事，太學有石經古文。先儒典訓，賈、馬、鄭、杜、服、孔、王、何、顔、尹之徒，章句傳注衆家之學，置博士十九人。九州之中，師徒相傳，學士如林，猶是選張華、劉寔居太常之官，以重儒教。

傳稱「孔子没而微言絶，七十子終而大義乖」。自頃中夏殄瘁，講誦遏密，斯文之道，將墜于地。陛下聖哲龍飛，闡弘祖烈，申命儒術，恢崇道教，樂正雅、頌，於是乎在。江、揚二州，先漸聲教，學士遺文，於今爲盛；然方之疇昔，猶千之一也。臣學不章句，才不弘道，階緣光寵，遂忝非服，方之華、寔，儒風邈遠，思竭駑駘，庶增萬分，願斯道隆於百代之上，搢紳詠於千載之下。

伏聞節省之制，皆三分置二，博士舊員十有九人，今五經合九人。準古計今，猶未中半。今九以外，猶宜增四〔六七〕。願陛下萬機餘暇，時垂省覽。周易一經，有鄭玄注，其書根源，誠可深惜，宜爲鄭易博士一人。儀禮一經，所謂曲禮，鄭玄於禮特明，皆有證據，宜置鄭儀禮博士一人。春秋公羊，其書精隱，明於斷獄，宜置博士一人。穀梁簡約隱要，宜存於世，置博士一人。昔周之衰，下陵上替，臣弑其君，子弑其父，上無天子，下無方伯，善者誰賞，惡者誰罰，綱紀亂矣。孔子懼而作春秋，諸侯諱妬，懼犯時禁，是以微辭妙旨，義不顯明，故曰「知我者其唯春秋，罪我者其唯春秋」。時左丘明、子夏造膝親受，無不精究。孔子既没，微言將絶，於是丘明退撰所聞而爲之傳。其書善禮，多膏腴美辭，張本繼末，以發明經意，信多奇偉，學者好之。儒者稱公羊高親受子夏，立於漢朝，辭義清俊，斷決明審，多可採用，董仲舒之所善也。穀梁赤師徒相傳，暫立於漢，時劉向父子，漢之名儒，猶執一家，莫肯相從。其書文清義約〔六八〕，諸所發明，或是左氏、公羊所不載，亦足有所訂正，是以三傳並行於先代，通才未能孤廢〔六九〕。今去聖久遠，斯文將墜，與其過廢，寧過而立也。臣以爲三傳雖同一春秋，而發端異趣。案如三家異同之說，義則戰爭之場，辭亦劍戟之鋒，於理不可得共。博士宜各置一人，以傳其學。

元帝詔曰：「崧表如此，皆經國大務，而爲治所由。息馬投戈，猶可講藝。今雖日不暇給，豈忘本而遺存邪〔七〇〕。可共博議之。」有司奏宜如崧表。詔曰：「穀梁膚淺，不足立博士。餘如所奏。」會王敦之難，事不施行。

成帝咸康三年，國子祭酒袁瓌、太常馮懷又上疏曰：

臣聞先王之教也，崇典訓，明禮學，以示後生，道萬物之性，暢爲善之道也。宗周既興，文史載煥，端委治於南蠻，頌聲逸於四海。故延州入聘，聞雅音而嗟咨，韓起適魯，觀易象而歎息。何者？立人之道，於此爲首也。孔子恂恂，道化洙、泗，孟軻皇皇，誨誘無倦。是以仁義之聲，于今猶存，禮讓之風，千載未泯。

疇昔陵替〔七一〕，喪亂屢臻，儒林之教暫頹，庠序之禮有闕，國學索然，墳卷莫啓，有心之徒，抱志無由。昔魏武身親介冑，務在武功，猶尚息鞍披覽，投戈吟詠，以爲世之所須者，治之本宜崇。況今陛下以聖明臨朝，百官以虔恭莅事，朝野無虞，江外靜謐。如之何泱泱之風，漠焉無聞，洋洋之美，墜於聖世乎。古人有言，詩書義之府，禮樂德之則。實宜留心經籍，闡明學義，使諷頌之音，盈於京室，味道之賢，是則是詠〔七二〕，豈不盛哉！

疏奏，帝有感焉。由是議立國學，徵集生徒，而世尚莊、老，莫肯用心儒訓。穆帝永和八年，殷浩西征，以軍興罷遣，由此遂廢。

征西將軍庾亮在武昌，開置學官。教曰：

人情重交而輕財，好逸而惡勞，學業致苦，而禄答未厚，由捷徑者多，故莫肯用心。洙、泗邈遠，風、雅彌替，後生放任，不復憲章典謨。臨官宰政者，務目前之治，不能閑以典誥。遂令詩、書荒塵，頌聲寂漠，仰瞻俯省，能弗歎慨。自胡夷交侵，殆三十年矣。而未革面嚮風者，豈威武之用盡，抑文教未洽，不足綏之邪？昔魯秉周禮，齊不敢侮；范會崇典，晉國以治。楚、魏之君，皆阻帶山河，憑城據漢，國富民殷，而不能保其强大，吴起、屈完所以爲歎也。由此言之，禮義之固，孰與金城湯池？季路稱攝乎大國之間，加之以師旅，因之以饑饉，爲之三年，猶欲行其義方。況今江表晏然，王道隆盛，而不能弘敷禮樂，敦明庠序，其何以訓彝倫而來遠人乎！魏武帝於馳騖之時，以馬上爲家，逮于建安之末，風塵未弭，然猶留心遠覽，大學興業，所謂顛沛必於是，真通才也。

今使三時既務，五教並脩，軍旅已整，俎豆無廢，豈非兼善者哉！便處分安學校處所，籌量起立講舍。參佐大將子弟，悉令入學，吾家子弟，亦令受業。四府博學識義通涉文學經綸者，建儒林祭酒，使班同三署，厚其供給，皆妙選邦彥，必有其宜者，以充此舉。近臨川、臨賀二郡，並求脩復學校，可下聽之。若非束脩之流，禮教所不及，而欲階緣免役者，不得爲生。明爲條制，令法清而人貴。

又繕造禮器俎豆之屬，將行大射之禮。亮尋薨，又廢。

孝武帝太元九年，尚書謝石又陳之曰〔七三〕：

立人之道，曰仁與義。翼善輔性，唯禮與學。雖理出自然，必須誘導。故洙、泗闡弘道之風，詩、書垂軌教之典。敦詩悦禮，王化以斯而隆；甄陶九流，羣生於是乎穆。世不常治，道亦時亡。光武投戈而習誦，魏武息馬以脩學，懼墜斯文，若此之至也。大晉受命，值世多阻，雖聖化日融，而王道未備，庠序之業，或廢或興。遂令陶鑄闕日用之功，民性靡素絲之益，亹亹玄緒，翳焉莫抽，臣所以遠尋伏念，寤寐永歎者也。

今皇威遐震，戎車方靜，將灑玄風於四區，導斯民於至德。豈可不弘敷禮樂，使煥乎可觀。請興復國學，以訓胄子；班下州郡，普修鄉校。雕琢琳琅，和寶必至，大啓羣蒙，茂兹成德。匪懈于事，必由之以通，則人競其業，道隆學備矣。

烈宗納其言。其年，選公卿二千石子弟爲生，增造廟屋一百五十五間。而品課無章，士君子恥與其列。國子祭酒殷茂言之曰：

臣聞弘化正俗，存乎禮教，輔性成德，必資於學。先王所以陶鑄天下，津梁萬物，閑邪納善，潛被於日用者也。故能疏通玄理，窮綜幽微，一貫古今，彌綸治化。且夫子稱回，以好學爲本，七十希仰，以善誘歸宗。雅、頌之音，流詠千載，聖賢之淵範，哲王所同風。

自大晉中興，肇基江左，崇明學校，修建庠序，公卿子弟，並入國學。尋值多故，訓業不終。陛下以聖德玄一，思隆前美，順通居方，導達物性，興復儒肆，僉與後生。自學建彌年，而功無可名。憚業避役，就存者無幾，或假託親疾，真僞難知，聲實渾亂，莫此之甚。臣聞舊制，國子生皆冠族華胄，比列皇儲。而中者混雜蘭艾，遂令人情恥之。子貢去朔之餼羊，仲尼猶愛其禮，況名實兼喪，面牆一世者乎。若以當今急病，未遑斯典，權宜停廢者，別一理也。若其不然，宜依舊準。竊謂羣臣內外，清官子姪，普應入學，制以程課。今者見生，或年在扞格，方圓殊趣，宜聽其去就，各從所安。所上謬合，乞付外參議。

烈宗下詔褒納，又不施行。朝廷及草萊之人有志於學者，莫不發憤歎息。

清河人李遼又上表曰：「臣聞教者，治化之本，人倫之始，所以誘達羣方，進德興仁，譬諸土石，陶冶成器。雖復百王殊禮，質文參差，至於斯道，其用不爽。自中華湮没，闕里荒毀，先王之澤寢，聖賢之風絕，自此迄今，將及百年。造化有靈，否終以泰，河、濟夷徙，海、岱清通，黎庶蒙蘇，鳧藻奮化。而典訓弗敷，雅、頌寂蔑，久凋之俗，大弊未改。非演迪斯文，緝熙宏猷，將何以光贊時邕，克隆盛化哉。事有如賒而急，寔此之謂也。亡父先臣回，綏集邦邑，歸誠本朝。以太元十年，遣臣奉表。路經闕里，過覲孔廟，庭宇傾頓，軌式頹弛，萬世宗匠，忽焉淪廢，仰瞻俯慨，不覺涕流。既達京輦，表求興復聖祀，脩建講學。至十四年十一月十七日，奉被明詔，采臣鄙議，敕下兗州魯郡，準舊營飾。故尚書令謝石令臣所須列上，又出家布，薄助興立。故鎮北將軍譙王恬版臣行北魯縣令，賜許供遣。二臣薨徂，成規不遂。陛下體唐堯文思之美，訪宣尼善誘之勤，矜荒餘之凋昧，愍聲教之未浹。愚謂可重符兗州刺史，遂成舊廟，蠲復數户，以供掃灑。并賜給六經，講立庠序，延請宿學，廣集後進，使油然入道，發剖琢之功。運仁義以征伐，敷道德以服遠，何招而不懷，何柔而不從。所爲者微，所弘甚大。臣自致身輦轂，于今八稔，違親轉積，夙夜匪寧。振武將軍何澹之今震扞三齊，臣當隨反。裴回天邑，感戀罔極。乞臣表付外參議。」又不見省。

宋高祖受命，詔有司立學，未就而崩。太祖元嘉二十年，復立國子學，二十七年廢。

魏高貴鄉公甘露三年〔七四〕，車駕親率羣司行養老之禮於太學。於是王祥爲三老，鄭小同爲五更。今無其注，然漢禮具存也。

晉武帝泰始六年十二月，帝臨辟雝，行鄉飲酒之禮。詔曰：「禮儀之廢久矣，乃今復講肄舊典。賜太常絹百匹，丞、博士及學生牛酒。」咸寧三年，惠帝元康九年，復行其禮。

魏齊王正始中，齊王每講經遍，輒使太常釋奠先聖先師於辟雍〔七五〕，弗躬親。晉惠帝、明帝之爲太子，及愍懷太子講經竟，並親釋奠於太學，太子進爵於先師，中庶子進爵於顏淵。元帝詔曰：「吾識太子此事，祠訖便請王公以下者，昔在洛時，嘗豫清坐也。」成、穆、孝武三帝〔七六〕，亦皆親釋奠。孝武時，以太學在水南縣遠，有司議依升平元年，於中堂權立行太學。于時無復國子生，有司奏：「應須二學生百二十人。太學生取見人六十，國子生權銓大臣子孫六十人，事訖罷。」奏可。釋奠禮畢，會百官六品以上。元嘉二十二年，太子釋奠，采晉故事，官有其注。祭畢，太祖親臨學宴會，太子以下悉豫。

兵者，守國之備。孔子曰：「以不教民戰，是謂棄之。」兵，凶事，不可空設，因蒐狩而習之。而凡師出曰治兵，入曰振旅，皆戰陳之事〔七七〕，辨鼓鐸鐲鐃之用，以教坐作進退疾徐疏數之節，遂以蒐田。獻禽以祭社。仲夏教茇舍，如振旅之陳，遂以苗田，如蒐之法。獻禽以享礿。仲秋教治兵，如振旅之陳，遂以獮田〔七八〕，如蒐之法。致禽以祀方。仲冬教大閱，遂以狩田。獻禽以享蒸。蒐者，蒐索取其不孕者也。苗者，爲苗除害而已。獮者，殺也。從秋氣所殺多也。狩者，冬物畢成，獲則取之，無所擇也。

漢儀，立秋日，郊禮畢，始揚威武，斬牲於郊，以薦陵廟，名曰貙劉。其儀，乘輿御戎路，白馬朱鬣，躬執弩射牲。太宰令以獲車送陵廟。於是乘輿還宮，遣使以束帛賜武官，肄孫、吳兵法戰陳之儀，率以爲常。至獻帝建安二十一年，魏國有司奏：「古四時講武，皆於農隙。漢西京承秦制，三時不講，唯十月都試。今兵革未偃，士民素習〔七九〕，可無四時講武。但以立秋擇吉日大朝車騎，號曰治兵。上合禮名，下承漢制。」奏可。是冬，治兵。魏王親金鼓以令進退。

延康元年，魏文帝爲魏王，是年六月立秋，治兵于東郊，公卿相儀。王御華蓋，親令金鼓之節。

明帝太和元年十月，治兵于東郊。

晉武帝泰始四年、九年、咸寧元年、太康四年、六年冬，皆自臨宣武觀，大習衆軍。然不自令進退也。自惠帝以後，其禮遂廢。

元帝太興四年，詔左右衞及諸營教習，依大習儀作鴈羽杖。成帝咸和中，詔內外諸軍戲兵於南郊之場，故其地因名鬭場。自後蕃鎮桓、庾諸方伯，往往閱習，然朝廷無事焉。

太祖在位，依故事肄習衆軍，兼用漢、魏之禮。其後以時講武於宣武堂。元嘉二十五年閏二月，大蒐於宣武場，主胄奉詔列奏申攝〔八〇〕，克日校獵，百官備辦。設行宮殿便坐武帳於幕府山南岡。設王公百官便坐幔省如常儀，設南北左右四行旌門。建獲旗以表獲車。殿中郎一人典獲車。主者二人收禽。吏二十四人配獲車。備獲車十二兩。校獵之官著袴褶。有帶武冠者。脫冠者上纓。二品以上擁刀，備槊、麾幡，三品以下帶刀。皆騎乘。將領部曲先獵一日，遣屯布圍。領軍將軍一人督右甄；護軍一人督左甄；大司馬一人居中，董正諸軍，悉受節度。殿中郎率獲車部曲，在司馬之後。尚書僕射、都官尚書、五兵尚書、左右丞、都官諸曹郎、都令史、都官諸曹令史幹、蘭臺治書侍御史令史、諸曹令史幹，督攝糾司，校獵非違。至日，會於宣武場，列爲重圍。設留守填街位於雲龍門外內官道北，外官道南，以西爲上〔八一〕。設從官位於雲龍門內大官階北，小官階南，以西爲上。設先置官位於行止車門外內官道西，外官道東，以北爲上。設先置官還位於廣莫門外道之東西，以南爲上。校獵日平旦，正直侍中奏嚴〔八二〕。上水一刻，奏：「搥一鼓。」爲一嚴。上水二刻，奏：「搥二鼓。」爲再嚴。殿中侍御史奏開東中華雲龍門，引仗爲小駕鹵簿。百官非校獵之官，著朱服，集列廣莫門外。應還省者還省。留守填街後部從官就位；前部從官依鹵簿；先置官先行。上水三刻，奏：「搥三鼓。」爲三嚴。上水四刻，奏：「外辦。」正直侍中、散騎常侍、給事黄門侍郎、軍校劍履進夾上閤。正直侍中負璽〔八三〕，通事令史帶龜印中書之印。上水五刻，皇帝出。著黑介幘單衣，乘輦。正直侍中負璽陪乘，不帶劍。殿中侍御史督攝黄麾以內。次直侍中、次直黄門侍郎護駕在前。又次直侍中佩信璽、行璽，與正直黄門侍郎從護駕在後。不鳴鼓角，不得諠譁，以次引出，警蹕如常儀。車駕出，騶讚，陛者再拜。皇太子入守。車駕將至，威儀倡：「引先置前部從官就位。」再拜。車駕至行殿前回輦，正直侍中跪奏：「降輦。」次直侍中稱制曰：「可。」正直侍中俛伏起。皇帝降輦登御坐，侍臣升殿。直衛鞁戟虎賁〔八四〕，旄頭文衣，鶡尾，以次列階。正直侍中奏：「解嚴。」先置從駕百官還便坐幔省。

帝若躬親射禽，變御戎服，内外從官以及虎賁悉變服，如校獵儀。鞁戟抽鞘，以備武衛。黄麾内官〔八五〕，從入圍裏。列置部曲，廣張甄圍，旗鼓相望，銜枚而進。甄周圍會，督甄令史奔騎號法施令：「春禽懷孕，蒐而不射；鳥獸之肉不登於俎，不射；皮革齒牙骨角毛羽不登於器，不射。」甄會。大司馬鳴鼓蹙圍，衆軍鼓譟警角，至宣武場止〔八六〕。大司馬屯北旌門；二甄帥屯左右旌門；殿中中郎率獲車部曲入次北旌門内之右。皇帝從南旌門入射禽。謁者以獲車收載，還陳於獲旗北。王公以下以次射禽，各送詣獲旗下，付收禽主者。事畢。大司馬鳴鼓解圍復屯，殿中郎率其屬收禽，以實獲車，充庖廚。列言統曹正廚，置尊酒俎肉于中逵，以犒饗校獵衆軍。至晡〔八七〕，正直侍中量宜奏嚴，從官還著朱服，鞁戟復鞘。再嚴，先置官先還。三嚴後二刻，正直侍中奏：「外辦。」皇帝著黑介幘單衣。正次直侍中、散騎常侍、給事黄門侍郎、軍校進夾御坐。正直侍中跪奏：「還宫。」次直侍中稱制曰〔八八〕：「可。」正直侍中俛伏起。乘輿登輦還，衛從如常儀。大司馬鳴鼓散屯，以次就舍。車駕將至，威儀唱：「引留守填街先置前部從官就位。」再拜。車駕至殿前回輦，正直侍中跪奏：「降輦。」次直侍中稱制曰：「可。」正直侍中俛伏起。乘輿降入。正直次直侍中、散騎常侍、給事黃門侍郎、散騎侍郎、軍校從至閤，亦如常儀。正直侍中奏：「解嚴。」内外百官拜表問訊如常儀，訖，罷。

校勘記

〔一〕服黄十八日　「黄」，原作「五」，據南監本、北監本、汲本、殿本、局本改。按本書卷一五禮志二載宋文帝元嘉六年六月有司奏引魏高堂隆上言：「黄於五行，中央土也。王四季各十八日。」

〔二〕建皇授政改朔　文選卷三六王元長永明十一年策秀才文五首李善注引尚書中候作「建黄授正改朔」。錢大昕考異卷二三：「『建皇』，文選注作『建黄』。皇甫謐謂以土承火，色尚黄也。此作『皇』，疑誤。」

〔三〕窮則相承　「則」，原作「明」，據局本、册府卷五六三改。

〔四〕太子舍人黄缺以爲不宜改　小字注「缺」字，宋本册府卷五六三亦闕，小字注曰「史闕」。明本册府卷五六三作「史嗣」二字。

〔五〕春夏秋冬孟仲季月雖與正歲不同　「夏」、「正」二字原闕，據局本、三國志卷三魏書明帝紀補。按本書卷一二律曆志中：「魏明帝景初元年，改定曆數（中略）其孟仲季月，雖與正歲不同。」

〔六〕皆宜同　册府卷五六三作「皆宜用」，通典卷五五禮一五作「皆宜用白」。

〔七〕烈祖明皇帝以正日棄天下　「明皇帝」，原作「明帝」，據三國志卷四魏書齊王芳紀訂正。

〔八〕又夏正朔得天數者其以建寅之月爲歲首　「得天數者」下原衍「其以建天數者」六字，據南監本、北監本、汲本、殿本、局本删。按三國志卷四魏書齊王芳紀：「又夏正於數爲得天正，其以建寅之月爲正始元年正月。」

〔九〕儀禮云公侯之有冠禮夏之末造　「夏之末造」，原作「夏末造之」，據局本、晉書卷二一禮志下乙正。按儀禮士冠禮作「夏之末造」。

〔一〇〕禮醮詞曰令月吉日　「醮」字原闕，據晉書卷二一禮志下補。

〔一一〕何楨冠儀約制及王堪私撰冠儀　「何楨」，原作「何禎」。按北堂書鈔卷五七引虞預晉書何楨傳：「楨字元榦。」則「禎」當作「楨」，今據改。下文「雩婁侯楨」之「楨」字同改。參見本卷校勘記〔三三〕。

〔一二〕諸侯昏禮加納采告期親迎各帛五匹　「告」，原作「吉」，據册府卷五七四改。按儀禮士昏禮，「納采」後有「告期」。又「親」字原闕，據晉書卷二一禮志下、册府卷五七四補。按儀禮士昏禮，「告期」後爲「親迎」。

〔一三〕先儒以爲丘明詳録其事　「録」，原作「錬」，據局本改。按晉書卷二一禮志下、通典卷五八禮一八亦作「録」。

〔一四〕而儀注陛者不設旄頭　「旄頭」，原作「毛頭」，據殿本、局本、晉書卷二一禮志下、通典卷五八禮一八改。下文「毛頭」並改。

〔一五〕既不設五牛旗　「牛」字原闕，據局本、晉書卷二一禮志下補。

〔一六〕先臣故安豐太守關中侯叡之孫　「故」字原闕，據晉書卷二一禮志下、通典卷五八禮一八補。

〔一七〕鄭玄注云束帛十端也儷兩也兩皮爲庭實鹿皮也晉太子納妃儀注以虎皮二　以上原作「鄭玄注云束帛以儀注以虎皮二」，文訛奪不可通。册府卷五七六「束帛」下有「十端也儷兩也皮鹿皮也」十字。南齊書卷五三裴昭明傳作「禮納徵，儷皮爲庭實，鹿皮也。晉太子納妃注以虎皮二」。今據鄭玄注原文及南齊書裴昭明傳，删「束帛」下「以」字，補「十端也」至「晉太子納妃」十九字。

〔一八〕礫雞於宫及百寺門　「門」上，初學記卷四引沈約宋書、晉書卷一九禮志上、通典卷五五禮一五、御覽卷二九引沈約宋書有「之」字。

〔一九〕案明帝大脩禳禮　「明帝」上，晉書卷一九禮志上、通典卷五五禮一五有「魏」字。

〔二〇〕故何晏禳祭議據雞牲供禳釁之事　「議」字原闕，據晉書卷一九禮志上補。

〔二一〕桃卯本漢所以輔　「桃」字原闕，據南監本、北監本、汲本、殿本、局本補。

〔二二〕案何楨許都賦曰　「何楨」，原作「何禎」。按三國志卷一一魏書管寧傳注引文士傳：「楨字元幹，廬江人。有文學器幹，容貌甚偉。歷幽州刺史，廷尉，入晉爲尚書，光禄大夫。」又御覽卷五八七引文士傳：「青龍元年，天子特詔曰：『揚州別駕何楨，有文章才，試使作許都賦。成，封上，不得令人見。』楨遂造賦，上甚異之。」當即其人。古人名字相應，楨字元榦，字當作「楨」，不當作「禎」，今改正。

〔三〕跪置璧御座前　「璧」字原闕，據南監本、北監本、汲本、殿本、局本補。按晉書卷二一禮志下、通典卷七〇禮三〇亦有「璧」字。

〔四〕治禮引公至金紫將軍上殿　「治」字原闕，通典卷七〇禮三〇避唐諱，作「掌禮」。按本卷上文，晉武帝咸寧元會注作「治禮」。今補「治」字。

〔五〕以贄授受贄郎　「受」字原闕，據通典卷七〇禮三〇補。按上文有受贄郎。

〔六〕太樂令跪請奏雅樂　「請」字原闕，據晉書卷二一禮志下、通典卷七〇禮三〇補。

〔七〕諸蠻夷胡客以次入　「胡客」，通典卷七〇禮三〇作「朝客」。

〔八〕謁者引王公至二千石上殿　「謁者」二字上原衍「御」字，據晉書卷二一禮志下、通典卷七〇禮三〇刪。

〔九〕謁者引王詣尊酌壽酒　「酒」，原作「尊」，據晉書卷二一禮志下、通典卷七〇禮三〇改。按下有跪上壽酒語。

〔一〇〕侍郎跪進御座前　「進」，原作「侍」，據晉書卷二一禮志下、通典卷七〇禮三〇改。

〔一一〕若臨時有解　「解」，晉書卷二一禮志下、通典卷七四禮三四作「故」。

〔三二〕朝禮執璧如舊朝之制　「執璧」上，晉書卷二一禮志下有「皆親」二字，通典卷七四禮三四有「皆」字。

〔三三〕宋永初元年八月詔曰　本書卷三武帝紀下載詔在是年閏八月辛丑。按是年八月癸丑朔，無辛丑，閏八月壬午朔，辛丑爲月之二十日。疑「八月」上脱「閏」字。

〔三四〕宋孝武大明三年九月　「宋孝武」，原作「宋武」，據本書卷六孝武帝紀補正。按大明爲宋孝武帝年號。

〔三五〕乃移於鍾山北原道西　「原」，原作「京」，據通典卷四五禮五改。

〔三六〕廩犧令跪白　「廩犧令」，原作「稟犧令」。按漢書卷一九上百官公卿表上、續漢書百官志三、南齊書卷一六百官志皆有「廩犧令」，無「稟犧令」。今據改。

〔三七〕其亞獻終獻猶太常光禄勳也　「猶」字原在「終獻」上，據局本乙正。按通典卷四九禮九：「太常亞獻，光禄勳終獻。」

〔三八〕漢郊祀志帝郊泰畤平旦出竹宫東向揖日其夕西向揖月此爲即用郊日不俟二分也　按漢書卷二五郊祀志無此文。漢書卷六武帝紀顔師古注臣瓚曰引漢儀注有此文。

〔三九〕明帝太和元年二月丁亥朔　「朔」字，三國志卷三魏書明帝紀、晉書卷一九禮志上並無。按是月丁卯朔，丁亥爲二十一日，「朔」字疑衍。

〔四〇〕春分依舊車駕朝日　晉書卷一九禮志上、册府卷三三下作「春分依舊請車駕祀朝日」。

〔四一〕如所奏　晉書卷一九禮志上、册府卷三二下作「若如所奏」。

〔四二〕百官清者亦如之　「清」，通典卷四九禮九作「掌事」。又「之」字原闕，據通典補。

〔四三〕十一月一日合朔奠冬烝夕牲同日　「十一月」，原作「七月」，據南監本、北監本、汲本、殿本、局本改。按張元濟校勘記云：「作『十一月』，是。」

〔四四〕晉元帝建武元年三月辛卯即晉王位　「三月」，原作「十月」，據局本改。按晉元帝於建武元年三月辛卯即晉王位，見晉書卷六元帝紀。

〔四五〕尚書左丞歐殺陌使於南書寺　「南書寺」，疑當作「尚書寺」。按本書卷三九百官志上：「尚書寺居建禮門內。」通典卷二二職官四：「宋曰尚書寺，居建禮門內，亦曰尚書省，亦謂之內臺。」

〔四六〕祠太社帝社太稷　「帝社」之「社」字原闕，據局本補。

〔四七〕立六宗祠於國西北戌亥地　「六」字原闕，續漢書祭祀志中，安帝元初六年「三月庚辰，初更立六宗，祀於雒陽西北戌亥之地」，今據補。又「戌亥」，原作「城亥」，據續漢志改。

〔四八〕祝史請所用幣　「用幣」，原作「由」，據左傳昭公十七年原文改。

〔四九〕日有蝕之天子不舉樂　「之」字原闕，據局本補。左傳昭公十七年原文無「樂」字。杜預釋「不舉」爲「不舉盛饌」。

〔五〇〕晉元帝太興元年四月合朔　「太興」，原作「天興」，據局本、晉書卷一九禮志上、通典卷七八禮三八、册府卷五六三、卷五七五改。按，晉元帝年號無「天興」。

〔五一〕以喪不見星行　「行」上，晉書卷一九禮志上、册府卷五七二有「而」字。

〔五二〕而劭廢之是棄聖賢之成規也　原作「而劭賓人狀一聖賢之成規也」，據南監本、北監本、汲本、殿本、局本、晉書卷一九禮志上、册府卷五七二改。

〔五三〕引此　原作「别此」，通典卷七八禮三八作「邵引此文」，今據局本、晉書卷一九禮志上、册府卷五七二改。

〔五四〕非爲先存其事而僥幸史官推術繆錯　「先」字原闕，據三國志卷二一魏書劉劭傳裴注、晉書卷一九禮志上、通典卷七八禮三八、册府卷一〇七、卷五七二補。

〔五五〕陰陽暫偏　「陰陽」，本書卷五文帝紀作「賦役」。

〔五六〕考卜元辰　「卜」，原作「上」，據局本、本書卷五文帝紀、册府卷一九八改。

〔五七〕皇后帥六宫之人出穜稑之種　「出」，原作「生」，據局本、通典卷四六禮六改。

〔五八〕蕃王以下至六百石皆衣青　「衣」字原闕，據三朝本、南監本、北監本、汲本、殿本、局本、册府卷一九八補。

〔五九〕藉田令率其屬耕　「令」，原作「命」，據三朝本、南監本、北監本、汲本、殿本、局本、通典卷四六禮六、册府卷一九八、御覽卷五三七引宋書禮志改。

〔六〇〕后夫人躬蠶桑　「桑」下，册府卷五七四有「宫」字。

〔六一〕於是使侍中成粲草定其儀　「成」，原作一字空格，三朝本、南監本、北監本、汲本、殿本、局本作「袁粲」。按袁粲，宋孝武、明帝時人，豈能在晉武帝太康時定躬蠶儀，大誤。晉書卷一九禮志上、册府卷五七四作「成粲」。成粲字伯陽，太康中，爲侍中，轉太常。作「成粲」是，今據改。

〔六二〕桑日　通典卷四六禮六作「躬桑日」。

〔六三〕故學者雖有其名　「故」下，三國志卷一五魏書劉馥傳有「無」字。

〔六四〕譬之天地昏明之迭　「迭」，原作「術」，據晉書卷六九戴若思傳附戴邈傳改。

〔六五〕今以天下未壹　「今」下，晉書卷六九戴若思傳附戴邈傳有「或」字。

〔六六〕不亦良可惜乎　「可惜」二字原闕，據晉書卷六九戴若思傳附戴邈傳補。

〔六七〕今九以外猶宜增四　「今九」，南監本、北監本、汲本、殿本、局本作「九人」，晉書卷七五荀崧傳作「今九人」。

〔六八〕其書文清義約　「義」字原闕，據晉書卷七五荀崧傳補。

〔六九〕通才未能孤廢　「孤」字原闕，據晉書卷七五荀崧傳補。

〔七〇〕豈忘本而遺存邪　「遺」，原作「道」，據晉書卷七五荀崧傳改。

〔七一〕疇昔陵替　「陵替」上，晉書卷八三袁瓌傳有「皇運」二字。

〔七二〕是則是詠　「是則」二字，原作二字空格，其間有小字注「缺」，北監本、汲本、殿本、局本作「典謨」，今據晉書卷八三袁瓌傳補。

〔七三〕孝武帝太元九年尚書謝石又陳之曰　「九年」，原作「元年」，據通典卷五三禮一三改。按晉書卷七九謝安傳附謝石傳，石陳此議在淝水戰後。淝水之戰在太元八年，則通典作石陳此議在太元九年爲是。又晉書卷九孝武帝紀、卷七九謝安傳附謝石傳，謝石於淝水戰後任尚書令。疑「尚書」下脱「令」字。

〔七四〕魏高貴鄉公甘露三年　「三年」，原作「二年」，據三國志卷四魏書三少帝高貴鄉公髦紀改。

〔七五〕齊王每講經遍輒使太常釋奠先聖先師於辟雍　「遍輒」二字原闕，據晉書卷二一禮志下、通典卷五三禮一三補。

〔七六〕成穆孝武三帝　「帝」，原作「年」，據局本、晉書卷二一禮志下、通典卷五三禮一三、御覽卷五三五引宋書禮志改。

〔七七〕皆戰陳之事　「事」字原闕，據殿本補。

〔七八〕遂以獮田　「遂」字原闕，據殿本補。

〔七九〕士民素習　原作「士民習素」，據三國志卷一魏書武帝紀裴注引魏書、通典卷七六禮三六乙正。

〔八〇〕主冑奉詔列奏申攝　「主冑」，册府卷二一四作「主者」，通典卷七六禮三六作「主司」。按主司，即指主辦之有司。

〔八二〕設留守填街位於雲龍門外内官道北外官道南以西爲上　「北外官道」四字原闕，據局本、通典卷七六禮三六補。

〔八三〕正直侍中奏嚴　「奏」字原闕，據局本、通典卷七六禮三六補。

〔八三〕正直侍中負璽　「侍中」，原作「侍郎」，據局本、通典卷七六禮三六改。按下文云正直侍中負璽陪乘，則此當是侍中。

〔八四〕直衛靱戟虎賁　「靱」，南監本、北監本、汲本、殿本、局本、通典卷七六禮三六作「鈒」，疑是。下文「靱」並同。

〔八五〕黄麾内官　「内官」，原作「内外」，據局本、通典卷七六禮三六改。

〔八六〕至宣武場止　「宣」字原闕，據局本、通典卷七六禮三六補。

〔八七〕至晡　「至」，原作「再」，據南監本、北監本、汲本、殿本、局本、通典卷七六禮三六改。

〔八八〕次直侍中稱制曰　「侍中」，原作「侍郎」，據局本、通典卷七六禮三六改。

宋書卷十五

志第五

禮二

古者天子巡狩之禮，布在方策。至秦、漢巡幸，或以厭望氣之祥，或以希神仙之應，煩擾之役，多非舊典。唯後漢諸帝，頗有古禮焉。魏文帝值參分初創，方隅事多，皇輿亟動，略無寧歲。蓋應時之務，又非舊章也。明帝凡三東巡，所過存問高年，恤人疾苦，或賜穀帛，有古巡幸之風焉。齊王正始元年，巡洛陽，賜高年、力田各有差。

晉武帝泰始四年，詔刺史二千石長吏曰：「古之王者，以歲時巡狩方嶽，其次則二伯述職，不然則行人巡省，撢人誦志。故雖幽遐側微，心無擁隔。人情上通，上指遠喻。至于鰥寡，罔不得所。用垂風遺烈，休聲猶存。朕在位累載，如臨深泉，夙興夕惕，明發不寐，坐而待旦。思四方水旱災眚，爲之怛然。勤躬約己，欲令事事當宜。常恐衆吏用情，誠心未著，萬機兼猥，慮有不周，政刑失謬，而弗獲備覽。百姓有過，在予一人。惟歲之不易，未遑卜征巡省之事。人之未乂，其何以恤之。今使使持節侍中、副給事黃門侍郎，銜命四出，周行天下，親見刺史二千石長吏，申喻朕心懇誠至意，訪求得失損益諸宜，觀省政治，問人間患苦。周典有之曰：『其萬民利害爲一書〔一〕，其禮俗政事教治刑禁之逆順爲一書，其悖逆暴亂作慝犯令爲一書，其札喪凶荒厄貧爲一書，其康樂和親安平爲一書。每國辨異之，以反命于王，以周知天下之故。』斯舊章前訓，今率由之。還具條奏，俾朕昭然鑒于幽遠，若親行焉。大夫君子，其各悉乃心，各敬乃事，嘉謀令圖，苦言至戒，與使者盡之，無所隱諱。方將虛心以俟。其勉哉勗之，稱朕意焉。」

摯虞新禮議曰：「魏氏無巡狩故事，新禮則巡狩方岳，柴望告至，設壝宮，如禮諸侯之覲者。擯及執贄皆如朝儀，而不建其旗。臣虞案覲禮，諸侯覲天子，各建其旗章，所以殊爵命，示等威。詩稱『君子至止，言觀其旂』。宜定新禮建旗如舊禮。」然終晉世，巡狩廢矣。

宋武帝永初元年，詔遣大使分行四方，舉善旌賢，問其疾苦。

元嘉四年二月乙卯〔二〕，太祖東巡。丁卯，至丹徒。己巳，告覲園陵。三月甲戌，幸丹徒離宮，升京城北顧。乙亥，饗父老舊勳于丹徒行宮，加賜衣裳各有差。蠲丹徒縣其年租布之半。繫囚見徒五歲刑以下，悉皆原遣。登城三戰及先大將家并青泥、關頭敗没餘口〔三〕，老疾單孤，又諸戰亡家不能自存者，並隨宜隱恤。二十六年二月己亥，上東巡。辛丑，幸京城。辛亥，謁二陵。丁巳，會舊京故老萬餘人，往還饗勞，孤疾勤勞之家，咸蒙邺賚，發赦令，蠲傜役。

其時皇太子監國，有司奏儀注。

某曹關某事云云。被令，儀宜如是。請爲牋如左。謹關。

右署衆官如常儀。

尚書僕射、尚書左右丞某甲，死罪死罪。某事云云。參議以爲宜如是事諾。奉行。某年月日。某曹上。

右牋儀準於啓事，年月右方關門下位及尚書官署。其言選事者，依舊不經它官。

太常主者寺押。某署令某甲辭。言某事云云。求告報如所稱。詳檢相應。今聽如所上處事諾。明詳旨申勒〔四〕，依承不得有虧。符到奉行。年月日。起尚書某曹。

右符儀。

某曹關太常甲乙啓辭。押。某署令某甲上言。某事云云。請臺告報如所稱。主者詳檢相應。請聽如所上事諾。別符申攝奉行。謹關。

年月日。

右關事儀準於黃案，年月日右方關門下位；年月下左方下附列尚書衆官署。其尚書名下應云奏者，今言關。餘皆如黃案式。

某曹關司徒長史王甲啓辭〔五〕。押。某州刺史丙丁解騰某郡縣令長李乙書言某事云云。請臺告報如所稱。尚書某甲參議，以爲所論正如法令，報聽如所上〔六〕。請爲令書如左。謹關。

右關門下位及尚書署，如上儀。

司徒長史王甲啓辭。押。某州刺史丙丁解騰某郡縣令長李乙書言某事云云。州府緣案允值。請臺告報。

年月日。尚書令某甲上。

建康宮無令，稱僕射。

右令日下司徒〔七〕，令報聽如某所上。某宣攝奉行如故事〔八〕。文書如千里驛行。

年月朔日子〔九〕。尚書令某甲下。無令稱僕射。

司徒承書從事到上起某曹。

右外上事，内處報，下令書儀。

某曹關某事云云。令如是，請爲令書如右。謹關。

右關署如前式。

令司徒。某事云云。令如是，其下所屬，奉行如故事。文書如千里驛行。

年月日子，下起某曹。

右令書自内出下外儀。

令書前某官某甲。令以甲爲某官，如故事。

年月日。侍御史某甲受〔一〇〕。

右令書板文準於詔事板文。

尚書下云云。奏行如故事〔一一〕。

右以準尚書勑儀。　起某曹。

右並白紙書。凡内外應關牋之事，一準此爲儀。其經宫臣者，依臣禮。

拜刺史二千石誡敕文曰制詔云云。某動靜屢聞。

右若拜詔書除者如舊文。其拜令書除者，「令」代「制詔」，餘如常儀。辭闕板文云：「某官糞土臣某甲臨官。稽首再拜辭，制曰右除糞土臣」及「稽首云云〔一二〕，某官某甲再拜辭。」以「令曰」代「制曰」。某官宮臣者，稱臣。

皇太子夜開諸門，墨令，銀字棨傳令信。

太史每歲上其年曆〔一三〕。先立春立夏大暑立秋立冬，常讀五時令。皇帝所服，各隨五時之色。帝升御坐，尚書令以下就席位，尚書三公郎以令著録案上，奉以入，就席伏讀訖，賜酒一卮。官有其注。傅咸曰〔一四〕：「立秋一日，白路光於紫庭，白旂陳於玉階。」然則其日旂、路皆白也。

晉成帝咸和五年六月丁未〔一五〕，有司奏讀秋令。兼侍中散騎侍郎荀弈、兼黃門侍郎散騎侍郎曹宇駮曰：「尚書三公曹奏讀秋令儀注。新荒以來，舊典未備。臣等參議，光禄大夫臣華恒議，武皇帝以秋夏盛暑，常闕不讀令，在春冬不廢也。夫先王所以從時讀令者，蓋後天而奉天時。正服，尊嚴之所重，今服章多闕如。比熱隆赫，臣等謂可如恒議，依故事闕而不讀。」詔可。六年三月，有司奏：「今月十六日立夏。案五年六月三十日門下駮，依武皇夏闕讀令。今正服漸備，四時讀令，是祇述天和隆赫之道。謂今故宜讀夏令。」奏可。

宋文帝元嘉六年六月辛酉朔，駙馬都尉奉朝請徐道娛上表曰：「謹案晉博士曹弘之議，立秋御讀令，不應著緗幘，遂改用素〔一六〕，相承至今。臣淺學管見，竊有惟疑。伏尋禮記月令，王者四時之服正云駕倉龍〔一七〕，載赤旂，衣白衣，服黑玉。季夏則黃，文極於此，無白冠則某履某舄也。且幘又非古服，出自後代。上附於冠，下不屬衣。冠固不革，而幘豈容異色。愚謂應恒與冠同色，不宜隨節變綵。土令在近，謹以上聞。如或可採，乞付外詳議。」太學博士荀萬秋議：「伏尋幘非古者冠冕之服，禮無其文。案蔡邕獨斷云：『幘是古卑賤供事不冠人所服。』又董仲舒止雨書曰：『其執事皆赤幘。』知並不冠之服也。漢元始用，衆臣率從。故司馬彪輿服志曰：『尚書幘名曰納言。迎氣五郊，各如其色，從章服也。』自茲相承，迄于有晉。大宋受命，禮制因循。斯既歷代成準，謂宜仍舊。」有司奏：「謹案道娛啓事，以土令在近，謂幘不宜變。萬秋雖云幘宜仍舊，而不明無讀土令之文。今書舊事于左。魏臺雜訪曰：『前後但見讀春夏秋冬四時令，至於服黃之時，獨闕不讀。今不解其故。』魏明帝景初元年十二月二十一日，散騎常侍領太史令高堂隆上言曰：『黃於五行，中央土也。王四季各十八日。土生於火，故於火用事之末服黃，三季則否。其令則隨四時，不以五行爲分也。是以服黃無令。』」其後太祖常讀土令〔一八〕。三公郎每讀時令，皇帝臨軒，百僚備位，多震悚失常儀。宋唯世祖世劉勰、太宗世謝緯爲三公郎，善於其事，人主及公卿並屬目稱歎。勰見宗室傳。緯，謝綜弟也。

舊説後漢有郭虞者，有三女。以三月上辰産二女，上巳産一女。二日之中，而三女並亡。俗以爲大忌。至此月此日，不敢止家，皆於東流水上爲祈禳，自潔濯，謂之禊祠。分流行觴，遂成曲水。史臣案周禮女巫掌歲時祓除釁浴，如今三月上巳如水上之類也。釁浴謂以香薰草藥沐浴也。韓詩曰：「鄭國之俗，三月上巳，之溱、洧兩水之上，招魂續魄。秉蘭草，拂不祥。」此則其來甚久，非起郭虞之遺風、今世之度水也。月令，暮春，天子始乘舟。蔡邕章句曰：「陽氣和暖，鮪魚時至，將取以薦寢廟，故因是乘舟禊於名川也。論語，暮春浴乎沂。自上及下，古有此禮。今三月上巳，祓於水濱，蓋出此也。」邕之言然。張衡南都賦「祓於陽濱」又是也。或用秋，漢書八月祓於霸上。劉楨魯都賦〔一九〕：「素秋二七，天漢指隅，人胥祓除，國子水嬉。」又是用七月十四日也。自魏以後但用三日，不以巳也。

魏明帝天淵池南，設流杯石溝，燕羣臣。晉海西鍾山後流杯曲水，延百僚，皆其事也。官人循之至今。

漢文帝始革三年喪制。臨終詔曰：「天下吏民臨三日，皆釋服。無禁取婦、嫁女、祠祀、飲酒、食肉。其當給喪事者，無跣。絰帶無過三寸。當臨者，皆旦夕各十五舉音。服大紅十五日，小紅十四日，纖七日而釋服。」文帝以己亥崩，乙巳葬，其間凡七日。自是之後，天下遵令，無復三年之禮。案尸子，禹治水，爲喪法，曰毁必杖，哀必三年。是則水不救也。故使死於陵者葬於陵，死於澤者葬於澤。桐棺三寸，制喪三日。然則聖人之於急病，必爲權制也。但漢文治致升平，四海寧晏，廢禮開薄，非也。宣帝地節四年，詔曰：「今百姓或遭衰絰凶災，而吏傜事不得葬，傷孝子心。自今諸有大父母、父母喪者，勿傜事，使得收斂送終〔二〇〕，盡其子道。」至成帝時，丞相翟方進事父母孝謹，母終，既葬三十六日，除服視事。自以爲身備漢相，不敢踰國家典章。然而原涉行父喪三年，顯名天下。河間惠王行母喪三年，詔書褒稱，以爲宗室儀表。薛脩服母喪三年，而兄宣曰：「人少能行之。」遂兄弟不同，宣卒以此獲譏於世。是則喪禮見貴常存矣。至漢平帝崩，王莽欲眩惑天下示忠孝，使六百石以上皆服喪三年。及莽母死，但服天子弔諸侯之服，一弔再會而已。而令子新都侯宇服喪三年。及元后崩，莽乃自服三年之禮。事皆姦妄，天下疾之。漢安帝初，長吏多避事棄官。乃令自非父母服，不得去職。是後吏又守職居官，不行三年喪服。其後又開長吏以下告寧，言事者或以爲刺史二千石宜同此制，帝從之。建光元年〔二一〕，尚書孟布奏宜復如建武、永平故事，絶刺史二千石告寧及父母喪服，又從之。至桓帝永興二年，復令刺史二千石行三年服。永壽二年，又使中常侍以下行三年服。至延熹元年〔二二〕，又皆絶之。

後漢世，諸帝不豫，並告泰山、弘農、廬江、常山、潁川、南陽、河東、東郡、廣陵太守禱祠五岳四瀆，遣司徒分詣郊廟社稷。

魏武臨終遺令曰：「天下尚未安定，未得遵古。百官臨殿中者，十五舉音。葬畢便除服。其將兵屯戍者，不得離部。」帝以正月庚子崩，辛丑即殯。是月丁卯葬〔二三〕，葬畢反吉，是爲不踰月也。諸葛亮受劉備遺詔，既崩，羣臣發喪，滿三日除服，到葬復如禮。其郡國太守、相、尉、縣令長三日便除服。此則魏、蜀喪制，又並異於漢也。孫權令諸居任遭三年之喪，皆須交代乃去，然多犯者。嘉禾六年，使羣臣議立制，胡綜以爲宜定大辟之科。又使代未至，不得告，告者抵罪。顧雍等同綜議。從之。其後吴令孟仁聞喪輒去〔二四〕，陸遜陳其素行〔二五〕，得減死一等，自此遂絶。

晉宣帝崩，文、景並從權制。及文帝崩，國内行服三日。武帝亦遵漢、魏之典，既葬除喪，然猶深衣素冠，降席撤膳。太宰司馬孚、太傅鄭沖、太保王祥、太尉何曾、司徒領中領軍司馬望、司空荀顗、車騎將軍賈充、尚書令裴秀、尚書僕射武陔、都護大將軍郭建、侍中郭綏、中書監荀勗、中軍將軍羊祜等奏曰：「臣聞禮典軌度，豐殺隨時，虞、夏、商、周，咸不相襲，蓋有由也。大晉紹承漢、魏，有革有因，期於足以興化致治而已。故未皆得返情素〔二六〕，同規上古也。陛下既已俯遵漢、魏降喪之典，以濟時務，而躬蹈大孝，情過乎哀，素冠深衣，降席撤膳。雖武丁行之於殷世，曾閔履之於布衣，未足以喻。方今荆蠻未夷，庶政未乂，萬機事殷，動勞神慮。豈遑全遂聖旨，以從至情。加歲時變易，期運忽過，山陵彌遠，攀慕永絕。臣等以爲陛下宜回慮割情，以康時濟治。輒敕御府易服，内省改坐，太官復膳。諸所施行，皆如舊制。」詔曰：「每感念幽冥，而不得終苴絰於草土，以存此痛，況當食稻衣錦，誠佹然激切其心，非所以相解也。吾本諸生家，傳禮來久，何心一旦便易此情於所天〔二七〕。相從已多，可試省孔子答宰我之言，無事紛紜也。言及悲剝，奈何奈何！」孚等重奏：「伏讀明詔，感以悲懷。輒思仲尼所以抑宰我之問，聖思所以不能已已，甚深甚篤。然今者干戈未戢，武事未偃，萬機至重，天下至衆。陛下以萬乘之尊，履布衣之禮，服麤席藁，水飲疏食，殷憂内盈，毁悴外表，而躬勤萬機，坐而待旦，降心接下，仄不遑食，所以勞力者如斯之甚。是以臣等悚息不寧，誠懼神氣用損，以疚大事。輒敕有司改坐復常，率由舊典。惟陛下察納愚款，以慰皇太后之心。」又詔曰：「重覽奏議，益以悲剝，不能自勝，奈何奈何！三年之喪，自古達禮，誠聖人稱心立衷〔二八〕，明恕而行也。神靈日遠，無所告訴。雖薄於情，食旨服美，朕更所不堪也。不宜反覆，重傷其心，言用斷絶〔二九〕，奈何奈何！」帝遂以此禮終三年。後居太后之喪，亦如之。

泰始二年八月，詔書曰：「此上旬，先帝棄天下日也。便以周年。吾煢煢，當復何時壹得敍人子情邪？思慕煩毒，欲詣陵瞻侍，以盡哀憤。主者具行備〔三〇〕。」太宰司馬孚、尚書令裴秀、尚書僕射武陔等奏：「陛下至孝蒸蒸，哀思罔極，衰麻雖除，毁顇過禮，疏食麤服，有損神和。今雖秋節，尚有餘暑，謁見山陵，悲感摧傷，羣下竊用悚息。平議以爲宜惟遠體，降抑聖情，以慰萬國。」詔曰：「孤煢忽爾，日月已周，痛慕摧感，永無逮及。欲奉瞻山陵，以敍哀憤。體氣自佳，其又已涼，便當行，不得如所奏也。主者便具行備。」又詔曰：「昔者哀適三十日，便爲梓宮所棄，遂離衰絰，感痛豈可勝言。顧漢文不使天下盡哀，亦先帝至謙之志，是以自割，不以副諸君子。有三年之愛，而身禮廓然，當見山陵，何心而無服，其以衰絰行。」孚等重奏：「臣聞上古喪期無數，後世乃有年月之漸。漢文帝隨時之義，制爲短喪，傳之于後。陛下以社稷宗廟之重，萬方億兆之故，既從權制，釋降衰麻。羣臣庶僚吉服。今者謁陵，以敍哀慕，若加衰絰，近臣期服，當復受制。進退無當，不敢奉詔。」詔曰：「亦知不在此麻布耳。然人子情思，爲欲令哀喪之物在身，蓋近情也。羣臣自當案舊制。期服之義，非先帝意也。」孚等又奏：「臣聞聖人制作，必從時宜。故五帝殊樂，三王異禮。此古今所以不同，質文所以迭用也。陛下隨時之宜，既降心克己，俯就權制，既除衰麻，而行心喪之禮。今復制服，義無所依。若君服而臣不服，雖先帝厚恩，亦未之敢安也。參量平議，宜如前奏。臣等敢固以請。」詔曰：「患情不能企及耳，衣服何在。諸君勤勤之至，豈苟相違。」

泰始四年，皇太后崩。有司奏：「前代故事，倚廬中施白縑帳蓐，素牀，以布巾裹凷草。軺輦板輿細犢車皆施縑裏。」詔不聽，但令以布衣車而已。其餘居喪之制，一如禮文。有司又奏：「大行皇太后當以四月二十五日安厝。故事，虞著衰服，既虞而除。其內外官寮，皆就朝晡臨位。御除服訖，各還所次除衰服。」詔曰：「夫三年之喪，天下之達禮也。受終身之愛，而無數年之報，奈何葬而便即吉，情所不忍也。」有司又奏：「世有險易，道有洿隆，所遇之時異，誠有由然，非忽禮也。方今戎馬未散，王事至殷，更須聽斷，以熙庶績。昔周康王始登翌室，猶戴冕臨朝。降於漢、魏，既葬除釋，諒闇之禮，自遠代而廢矣。唯陛下割高宗之制，從當時之宜。敢固以請。」詔曰：「攬省奏事，益增感剥。夫三年之喪，所以盡情致禮。葬已便除，所不堪也。當敍吾哀懷，言用斷絕，奈何奈何！」有司又固請。詔曰：「不能篤孝，勿以毁傷爲憂也。誠知衣服末事耳。然今思存草土，率常以吉奪之，乃所以重傷至心，非見念也。每代禮典質文皆不同，此身何爲限以近制，使達喪闕然乎。」

羣臣又固請，帝流涕久之乃許。

文帝崇陽陵先開一日，遣侍臣侍梓宮，又遣將軍校尉當直尉中監各一人，將殿中將軍以下及先帝時左右常給使詣陵宿衞。文明皇后崩及武元楊后崩〔三一〕，天下將吏發哀三日止。

泰始元年，詔諸將吏二千石以下遭三年喪，聽歸終寧，庶人復除徭役。

太康七年，大鴻臚鄭默母喪，既葬，當依舊攝職，固陳不起。於是始制大臣得終喪三年。然元康中〔三二〕，陳準、傅咸之徒，猶以權奪，不得終禮。自茲至今，往往以爲成比也。

晉文帝之崩也，羊祜謂傅玄曰〔三三〕：「三年之喪，自天子達。漢文除之，毁禮傷義。今上有曾、閔之性，實行喪禮。喪禮實行，何爲除服。若因此守先王之法，不亦善乎？」玄曰：「漢文以末世淺薄，不能復行國君之喪，故因而除之。數百年一旦復古，恐難行也。」祜曰：「且使主上遂服，猶爲善乎？」玄曰：「若上不除而臣下除，此爲但有父子，無復君臣，三綱之道虧矣。」習鑿齒曰：「傅玄知無君臣之傷教，而不知兼無父子爲重，豈不蔽哉。且漢廢君臣之喪，不降父子之服，故四海黎庶，莫不盡情於其親。三綱之道，二服恒用於私室，而王者獨盡廢之，豈所以孝治天下乎。詩云『猷之未遠』，其傅玄之謂也。」

泰始十年，武元楊皇后崩。博士張靖議：「太子宜依漢文權制，割情除服。」博士陳逵議：「太子宜令服重。」尚書僕射盧欽、尚書魏舒、杜預奏：「諒闇之制，乃因自古，是以高宗無服喪之文，唯稱不言而已。漢文限三十六日，魏氏以既虞爲斷。皇太子與國爲體，理宜釋服。」博士段暢承述預旨，推引禮傳以成其說。既卒哭，太子及三夫人以下皆隨御除服。

自漢文用權禮，無復□禁，歷代遵用之〔三四〕。至晉孝武崩，太傅録尚書會稽王道子議：「山陵之後通婚嫁，不得作樂，以一朞爲限。」宋高祖崩，葬畢，吏民至于宮掖，悉通樂，唯殿内禁。

宋武帝永初元年，黄門侍郎王准之議〔三五〕：「鄭玄喪制二十七月而終，學者多云得禮。晉初用王肅議，祥禫共月，遂以爲制。江左以來，唯晉朝施用；搢紳之士，猶多遵玄議。宜使朝野一禮。」詔可。

晉惠帝永康元年，愍懷太子薨，帝依禮服長子三年，羣臣服齊衰朞。

晉孝武太元二十一年，孝武帝崩，李太后制三年之制〔三六〕。

宋武帝永初三年，武帝崩，蕭太后制三年之服。

晉惠帝太安元年三月，皇太孫尚薨。有司奏：「御服齊衰朞。」詔通議。散騎常侍謝衡以爲諸侯之太子，誓與未誓，尊卑體殊，喪服云，爲嫡子長殤。謂未誓也。已誓則不殤也。中書令卞粹曰：「太子始生，故已尊重，不待命誓。若衡議已誓不殤，則元服之子，當斬衰三年〔三七〕；未誓而殤，則雖十九，當大功九月。誓與未誓，其爲升降也微；斬與大功，其爲輕重也遠。而令注云，諸侯不降嫡殤，重嫌於無服〔三八〕，以大功爲重嫡之服。大功爲重嫡之服，則雖誓，無復有三年之理明矣。男能奉衞社稷，女能奉婦道，各以可成之年，而有已成之事，故可無殤，非孩齔之謂也。謂殤後者，尊之如父，猶無所加，而止殤服。況以天子之尊〔三九〕，爲無服之殤，行成人之制邪。凡諸宜重之殤，皆士大夫不加服，而令至尊獨居其重，未之前聞也。」博士蔡克同粹。祕書監摯虞議：「太子初生，舉以成人之禮，則殤理除矣。太孫亦體君傳重〔四〇〕，由位成而服全，非以年也。天子無服殤之儀，絶朞故也。」於是御史以上皆服齊衰。

晉康帝建元元年正月晦，成恭杜皇后周忌〔四一〕。有司奏：「至尊朞年應改服。」詔曰：「君親，名教之重也。權制出於近代耳。」於是素服如舊。非漢、魏之典。

晉孝武太元九年，崇德太后褚氏崩〔四二〕。后於帝爲從嫂，或疑其服。太學博士徐藻議〔四三〕：「資父事君而敬同。又禮傳，其夫屬乎父道者，妻皆母道也。則夫屬君道，妻亦后道矣。服后宜以資母之義。魯譏逆祀，以明尊尊。今上躬奉康、穆、哀皇及靖后之祀，致敬同於所天。豈可敬之以君道，而服廢於本親。謂應服齊衰朞。」於是帝制朞服。

晉安帝隆安四年，太皇太后李氏崩。尚書祠部郎徐廣議：「太皇太后名位允正，體同皇極，理制備盡，情禮彌申。陽秋之義，母以子貴。既稱夫人，禮服從正。故成風顯夫人之號，文公服三年之喪〔四四〕，子於父之所生，體尊義重。且禮祖不厭孫，宜遂服無屈。而緣情立制，若嫌明文不存，則疑斯從重。謂應同於爲祖母後齊衰朞〔四五〕。永安皇后無服，但一舉哀。百官亦一朞。」詔可。

宋文帝元嘉十七年七月壬子，元皇后崩。兼司徒給事中劉温持節監喪。神虎門設凶門柏歷至西上閤，皇太子於東宮崇正殿及永福省並設廬。諸皇子未有府第者，於西廨設廬。

元嘉十七年，元皇后崩。皇太子心喪三年。禮心喪者，有禫無禫，禮無成文，世或兩行。皇太子心喪畢，詔使博議。有司奏：「喪禮有禫，以祥變有漸，不宜便除即吉，故其間服以綅縞也。心喪已經十三月，大祥十五月，祥禫變除〔四六〕，禮畢餘一朞，不應復有禫。宜下以爲永制。」詔可。

孝武孝建三年三月，有司奏：「故散騎常侍、右光禄大夫、開府儀同三司義陽王師王偃喪逝。至尊爲服緦三月，成服，仍即公除。至三月竟，未詳當除服與不？又皇后依朝制服心喪，行喪三十日公除。至祖葬日，臨喪當著何服？又舊事，皇后心喪，服終除之日，更還著未公除時服，然後就除。未詳今皇后除心制日，當依舊更服？爲但釋心制中所著布素而已？勒禮官處正。」太學博士王應之議〔四七〕：「尊卑殊制，輕重有級，五服雖同，降厭則異。禮，天子止降旁親，外舅緦麻，本在服例，但衰絰不可以臨朝饗，故有公除之議。雖釋衰襲冕，尚有緦月之制〔四八〕。愚謂至尊服三月既竟，猶宜除釋。」又議：「吉凶異容，情禮相稱。皇后一月之限雖過，二功之服已釋，哀喪所極，莫深於尸柩，親見之重，不可以無服。案周禮，爲兄弟既除喪已〔四九〕，及其葬也，反服其服。輕喪雖除，猶畜衰以臨葬。舉輕明重，則其理可知也。愚謂王右光禄祖葬之日，皇后宜反齊衰。」又議：「喪禮即遠，變除漸輕，情與日殺，服隨時改。權禮既行，服制已變，豈容終除之日，而更重服乎？案晉泰始三年，武帝以朞除之月，欲反重服拜陵〔五〇〕，頻詔勤勤，思申棘心。于時朝議譬執，亦遂不果。愚謂皇后終除之日，不宜還著重服，直當釋除布素而已。」太常丞朱膺之議：「凡云公除，非全除之稱。今朝臣私服，亦有公除，猶自窮其本制。膺之云〔五一〕，晉武拜陵不遂反服，此時是權制，既除衰麻，不可以重制耳，與公除不同。愚謂皇后除心制日，宜如舊反服未公除時服，以申創巨之情。」餘同膺之議。國子助教蘇瑋生議：「案三日成服即除，及皇后行喪三十日，禮無其文。若並謂之公除，則可粗相依准。凡諸公除之設，蓋以王制奪禮。葬及祥除，皆宜反服。未有服之於前，不除於後。雖有齊斬重制，猶爲功緦除喪。夫公除蹔奪，豈可遂以即吉邪。愚謂至尊三月服竟，故應依禮除釋。皇后臨祖，及一周祥除，並宜反服齊衰。」尚書令、中軍將軍建平王宏議謂：「至尊緦制終，止舉哀而已。不須釋服。」餘同朱膺之議。前祠部郎中周景遠議：「權事變禮，五服俱革，緦麻輕制，不容獨異。」謂：「至尊既已公除，至三月竟，不復有除釋之義。」其餘同朱膺之議。重加研詳，以宏議爲允。詔可。

大明二年正月，有司奏：「故右光祿大夫王偃喪，依格皇后服朞，心喪三年，應再周來二月晦。檢元嘉十九年舊事，武康公主出適，二十五月心制終盡，從禮即吉。昔國哀再周，孝建二年二月，其月末，諸公主心制終，則應從吉。于時猶心禫素衣，二十七月乃除，二事不同。」領曹郎朱膺之議：「詳尋禮文，心喪不應有禫，皇代考驗，已爲定制。元嘉季年，禍難深酷，聖心天至，喪紀過哀。是以出適公主，還同在室，即情變禮，非革舊章。今皇后二月晦，宜依元嘉十九年制，釋素即吉。以爲永準。」詔可〔五二〕。

文帝元嘉十五年，皇太子妃祖父右光祿大夫殷和喪，變除之禮，儀同皇后。

晉孝武太元十五年，淑媛陳氏卒，皇太子所生也。有司參詳母以子貴，贈淑媛爲夫人，置家令典喪事。太子前衞率徐邈議：「喪服傳稱，與尊者爲體，則不服其私親。又君父所不服，子亦不敢服。故王公妾子服其所生母，練冠麻衣，既葬而除。非五服之常，則謂之無服。」從之。

宋孝武大明五年閏月，皇太子妃薨。樟木爲櫬，號曰樟宫。載以龍輴。造陵於龍山，置大匠卿斷草，司空告后土。謂葬曰山塋。祔文元皇后廟之陰室，在正堂後壁之外，北向。御服大功九月，設位太極東宫堂殿。中監、黄門侍郎、僕射並從服。從服者，御服衰乃從服，他日則否。宫臣服齊衰三月，其居宫者處寧假。

大明五年閏月，有司奏：「依禮皇太后服太子妃小功五月，皇后大功九月。」右丞徐爰參議：「宫人從服者，若二御哭臨應著衰時，從服者悉著衰，非其日如常儀。太子既有妃朞服，詔見之日，還著公服。若至尊非哭臨日幸東宫，太子見亦如之。宫臣見至尊，皆著朱衣。」

大明五年閏月，有司奏：「皇太子妃薨，至尊、皇后並服大功九月，皇太后小功五月。未詳二御何當得作鼓吹及樂〔五三〕？」博士司馬興之議：「案禮，『齊衰大功之喪，三月不從政』。今臨軒拜授，則人君之大典，今古既異，賒促不同。愚謂皇太子妃祔廟之後，便可臨軒作樂及鼓吹。」右丞徐爰議：「皇太子妃雖未山塋，臨軒拜官，舊不爲礙。樟棺在殯，應縣而不作。祔後三御樂，宜使學官擬禮上。」興之又議〔五四〕：「案禮，大功至則辟琴瑟，誠無自奏之理。但王者體大，理絕凡庶。故漢文既葬，悉皆復吉，唯縣而不樂，以此表哀。今准其輕重，侔其降殺，則下流大功，不容撤樂終服。夫金石賓饗之禮，簫管警塗之衞，寔人君之盛典，當陽之威飾，固亦不可久廢於朝。又禮無天王服嫡婦之文，直後學推貴嫡之義耳。既已制服成喪〔五五〕，虛縣終窆，亦足以甄崇冢正，標明禮歸矣〔五六〕。」爰參議，皇太子朞服內，不合作樂及鼓吹。

明帝泰始中，陳貴妃父金寶卒。貴妃制服三十日滿，公除。晉穆帝時，東海國言哀王薨踰年，嗣王乃來繼，不復追服，羣臣皆已反吉，國妃亦宜同除。詔曰：「朝廷所以從權制者，以王事奪之，非爲變禮也。婦人傳重義大，若從權制，義將安託。」於是國妃終三年之制。孫盛曰：「廢三年之禮，開偷薄之源，漢、魏失之大者也。今若以丈夫宜奪以王事，婦人可終本服，是爲吉凶之儀，雜陳於宮寢，縩素之制，乖異於內外，無乃情禮俱違，哀樂失所乎。蕃國寡務，宜如聖典，可無疑矣。」

宋文帝元嘉四年八月，太傅長沙景王神主隨子南兗州刺史義欣鎮廣陵〔五七〕，備所加殊禮下船。及至鎮，入行廟。大司馬臨川烈武王神主隨子荆州刺史義慶江陵，亦如之。

元嘉二十三年七月，白衣領御史中丞何承天奏：

尚書刺：「海鹽公主所生母蔣美人喪。海鹽公主先離婚，今應成服，撰儀注參詳，宜下二學禮官博士議公主所服輕重。太學博士顧雅議：『今既咸用士禮，便宜同齊衰削杖，布帶疏屨，朞，禮畢，心喪三年。』博士周野王議又云：『今諸王公主咸用士禮。南譙王、衡陽王爲所生太妃皆居重服〔五八〕，則公主情禮，亦宜家中朞服爲允。』其博士庾邃之、顏測、殷明、王淵之四人同雅議；何惔、王羅雲二人同野王議。」如所上臺案。今之諸王，雖行士禮，是施於傍親及自己以下。至於爲帝王所厭，猶一依古典。又永初三年九月，符脩儀亡，廣德三主以餘尊所厭，猶服大功。海鹽公主體自宸極，當上厭至尊，豈得遂服。臺據經、傳正文，并引事例，依源責失。而博士顧雅、周野王等捍不肯怗，方稱「自有宋以來，皇子蕃王，皆無厭降，同之士禮，著於故事。緦功之服，不廢於末戚，顧獨貶於所生，是申其所輕，奪其所重。奪其所重，豈緣情之謂。」臺伏尋聖朝受終于晉，凡所施行，莫不上稽禮文，兼用晉事。又太元中，晉恭帝時爲皇子，服其所生陳氏，練冠緦緣，此則前代施行故事，謹依禮文者也。又廣德三公主爲所生母符脩儀服大功，此先君餘尊之所厭者也〔五九〕。元嘉十三年，第七皇子不服曹婕妤，止於麻衣，此厭乎至尊者也。博士既不據古，又不依今，背違施行見事，而多作浮辭自衞。乃云五帝之時，三王之季。又言長子去斬衰，除禫杖，皆是古禮，不少今世。博士雖復引此諸條，無救於失。又詰臺云：「蕃國得遂其私情，此義出何經記？」臣案南譙、衡陽太妃並受朝命，爲國小君，是以二王得遂其服，豈可爲美人比例。尋蕃王得遂者，聖朝之所許也。皇子公主不得申者，由有厭而然也。臺登重更責失制不得過十日，而復不詶答。既被催攝二三日，甫輸怗辭。雖理屈事窮，猶聞義恥服。臣聞喪紀有制，禮之大經；降殺攸宜，家國舊典。古之諸侯衆子，猶以尊厭；況在王室，而欲同之士庶。此之僻謬，不俟言而顯。太常統寺，曾不研却，所謂同乎失者，亦未得之。宜加裁正，弘明國典。

謹案太學博士顧雅、國子助教周野王、博士王羅雲、顏測、殷明、何惔、王淵之、前博士遷員外散騎侍郎庾邃之等，咸蒙抽飾，備位前疑，既不謹守舊文，又不審據前准，遂上背經典，下違故事，率意妄作，自造禮章。太常臣敬叔位居宗伯，問禮所司，騰述往反，了無研却，混同茲失，亦宜及咎。請以見事並免今所居官，解野王領國子助教。雅、野王初立議乖舛，中執捍愆失，未違十日之限，雖起一事，合成三愆，羅雲掌押捍失，三人加禁固五年。詔敬叔白衣領職〔六〇〕。餘如奏。

元嘉二十九年，南平王鑠所生母吳淑儀薨。依禮無服，麻衣練冠，既葬而除。有司奏：「古者與尊者爲體，不得服其私親。而比世諸侯咸用士禮，五服之内，悉皆成服，於其所生，反不得遂。」於是皇子皆申母服。

孝武帝孝建元年六月己巳，有司奏：「故第十六皇弟休倩薨夭，年始及殤，追贈謚東平沖王。服制未有成准，輙下禮官詳議。」太學博士陸澄議：「案禮有成人道，則不爲殤。今既追胙土宇，遠崇封秩，圭黻備典，成孰大焉。典文式昭，殤名去矣。夫典文垂式，元服表身，猶以免孺子之制，全丈夫之義。安有名頒爵首，而可服以殤禮。」有司尋澄議無明證，却使秉正更上。澄重議：「竊謂贈之爲義，所以追加名器〔六一〕。故贈公者便成公，贈卿者便成卿。贈之以王，得不爲王乎？然則有在生而封，或既没而爵，俱受帝命，不爲吉凶殊典；同備文物，豈以存亡異數。今璽策咸秩，是成人之禮；羣后臨哀，非下殤之制。若喪用成人，親以殤服，末學含疑，未之或辨。敢求詳衷如所稱。」左丞臣羊希參議：「尋澄議，既無畫然前例，不合准據。案禮，子不殤父，臣不殤君。君父至尊，臣子恩重，不得以幼年而降。又曰，『尊同則服其親服』，推此文旨，旁親自宜服殤，所不殤者唯施臣子而已。」詔可。

孝建元年六月，湘東國刺稱「國太妃以去三十年閏六月二十八日薨。未詳周忌當在六月？爲取七月？勒禮官議正」。博士丘邁之議：「案吳商議，閏月亡者，應以本正之月爲忌。謂正閏論雖各有所執，商議爲允。宜以今六月爲忌。」左僕射建平王宏謂：「邁之議不可准據。案晉世及皇代以來，閏月亡者，以閏之後月祥。宜以來七月爲祥忌。」及大明元年二月，有司又奏：「太常鄱陽哀王去年閏三月十八日薨。今爲何月末祥除？」下禮官議正。博士傅休議：「尋三禮，喪遇閏，月數者數閏，歲數者没閏，閏在朞内故也。鄱陽哀王去年閏三月薨，月次節物，則定是四月之分，應以今年四月末爲祥。晉元、明二帝，並以閏二月崩，以閏後月祥，先代成准，則是今比。」太常丞庾蔚之議：「禮，正月存親，故有忌日之感。四時既已變，人情亦已衰，故有二祥之殺。是則祥忌皆以同月爲議，而閏亡者，明年必無其月，不可以無其月而不祥忌，故必宜用閏所附之月。閏月附正，公羊明議，故班固以閏九月爲後九月，月名既不殊，天時亦不異。若用閏之後月，則春夏永革，節候亦舛。設有人以閏臘月亡者，若用閏後月爲祥忌，則祥忌應在後年正月。祥涉三載，既失周朞之議，冬亡而春忌，又乖致感之本。譬今年末三十日亡〔六二〕，明年末月小，若以去年二十九日親尚存，則應用後年正朝爲忌，此必不然。則閏亡可知也。」通關並同蔚之議，三月末祥。

大明五年七月，有司奏：「故永陽縣開國侯劉叔子夭喪，年始四歲，傍親服制有疑。」太學博士虞龢、領軍長史周景遠、司馬朱膺之、前太常丞庾蔚之等議，並云「宜同成人之服。東平沖王服殤，實由追贈，異於已受茅土」。博士司馬興之議：「應同東平殤服。」左丞荀萬秋等參議：「南面君國，繼體承家，雖則佩觿，未闕成德，君父名正，臣子不容服殤〔六三〕，故云『臣不殤君，子不殤父』。推此，則知傍親故依殤制。東平沖王已經前議。若升仕朝列，則爲大成，故鄱陽哀王追贈太常，親戚不降。愚謂下殤以上，身居封爵，宜同成人。年在無服之殤，以登官爲斷。今永陽國臣，自應全服，至於旁親，宜從殤禮。」詔「景遠議爲允」。

後廢帝元徽二年七月，有司奏：「第七皇弟訓養母鄭脩容喪。未詳服制，下禮官正議。」太學博士周山文議：「案庶母慈己者，小功五月。鄭玄云：『其使養之不命爲母子〔六四〕，亦服庶母慈己之服。』愚謂第七皇弟宜從小功之制。」參議並同。

漢、魏廢帝喪親三年之制，而魏世或爲舊君服三年者。至晉泰始四年，尚書何楨奏〔六五〕：「故辟舉綱紀吏，不計違適，皆反服舊君齊衰三月。」於是詔書下其奏，所適無貴賤，悉同依古典。

魏武以正月崩，魏文以其年七月設伎樂百戲，是魏不以喪廢樂也。晉武帝以來，國有大喪未除，正會亦廢樂。太安元年，太子喪未除，正會亦廢樂。穆帝永和中，爲中原山陵未脩復，頻年會，輒廢樂。是時太后臨朝，后父褚裒薨，元會又廢樂。

晉世孝武太元六年〔六六〕，爲皇后王氏喪，亦廢樂。宋大喪則廢樂。

漢獻帝建安末，魏武帝作終令曰：「古之葬者，必在瘠薄之地，其規西原上爲壽陵。因高爲基，不封不樹。周禮，冢人掌公墓之地，凡諸侯居左右以前，卿大夫居後。漢制亦謂之陪陵。其公卿大臣列將有功者，宜陪壽陵。其廣爲兆域，使足相容。」魏武以送終制衣服四篋，題識其上，春秋冬夏日有不諱，隨時以斂。金珥珠玉銅鐵之物，一不得送。文帝遵奉，無所增加。及受禪，刻金璽，追加尊號。不敢開埏，乃爲石室，藏璽埏首，示陵中無金銀諸物也。漢禮明器甚多，自是皆省矣。

文帝黃初三年，又自作終制：「禮，國君即位，爲椑，存不忘亡也。壽陵因山爲體，無封無樹，無立寢殿，造園邑，通神道。夫葬者，藏也。欲人之不能見也。禮不墓祭，欲存亡之不黷也。皇后及貴人以下，不隨王之國者，有終沒，皆葬澗西，前又已表其處矣。」此詔藏之宗廟，副在尚書、祕書、三府，明帝亦遵奉之。明帝性雖崇奢，然未遽營陵墓也。

晉宣帝豫自於首陽山爲土藏，不墳不樹，作顧命終制，斂以時服，不設明器。文、景皆謹奉成命，無所加焉。

景帝崩，喪事制度，又依宣帝故事。

武帝泰始四年，文明王皇后崩，將合葬，開崇陽陵。使太尉司馬望奉祭，進皇帝密璽綬於便房神坐。魏氏金璽，此又儉矣。

泰始二年，詔曰：「昔舜葬蒼梧，農不易畝；禹葬會稽，市不改肆。上惟祖考清簡之旨，外欲移陵十里内居人，一切停之。」江左元、明崇儉，且百度草創，山陵奉終，省約備矣。

成帝咸康七年，杜后崩。詔外官五日一入臨，内官旦一入而已。過葬虞祭禮畢止。有司奏：「大行皇后陵所作凶門柏歷，門號顯陽端門。」詔曰：「門如所處〔六七〕，凶門柏歷，大爲煩費，停之。」案蔡謨説，以二瓦器盛死者之祭，繫於木表，裹以葦席〔六八〕，置於庭中近南，名爲重。今之凶門，是其象也。禮，既虞而作主。今未葬，未有主，故以重當之。禮稱爲主道，此其義也。范堅又曰：「凶門非古。古有懸重，形似凶門。後人出之門外以表喪，俗遂行之。薄帳，即古弔幕之類也。」是時又詔曰：「重壤之下，豈宜崇飾無用。陵中唯潔掃而已。」有司又奏依舊選公卿以下六品子弟六十人爲挽郎。詔又停之。

孝武帝太元五年九月〔六九〕，皇后王氏崩。詔曰：「終事唯從儉速。」又詔：「遠近不得遣山陵使。」有司奏選挽郎二十四人。詔停。

宋文帝元嘉十七年，元皇后崩，詔亦停選挽郎。

漢儀五供畢則上陵，歲歲以爲常。魏則無定禮。齊王在位九載，始一謁高平陵，而曹爽誅。其後遂廢，終魏世。

晉宣帝遺詔：「子弟羣官，皆不得謁陵。」於是景、文遵旨。至武帝猶再謁崇陽陵，一謁峻平陵，然遂不敢謁高原陵。至惠帝復止也。逮江左初，元帝崩後，諸公始有謁陵辭陵之事，蓋由眷同友執，率情而舉，非洛京之舊也。成帝時，中宮亦年年拜陵，議者以爲非禮，於是遂止，以爲永制。至穆帝時，褚太后臨朝，又拜陵，帝幼故也。至孝武崩，驃騎將軍司馬道子命曰：「今雖權制釋服，至於朔望諸節，自應展情陵所，以一周爲斷。」於是至陵變服單衣帢，煩瀆無準，非禮意也。至安帝元興元年，尚書左僕射桓謙奏曰：「百僚拜陵，起於中興，非晉舊典。積習生常，遂爲近法。尋武皇帝詔，乃不使人主諸王拜陵，豈唯百僚。謂宜遵奉。」於是施行。及義熙初，又復江左之舊。

宋明帝又斷羣臣初拜謁陵，而辭如故。自元嘉以來，每歲正月，輿駕必謁初寧陵，復漢儀也。世祖、太宗亦每歲拜初寧、長寧陵。

漢以後，天下送死奢靡，多作石室石獸碑銘等物。建安十年，魏武帝以天下雕弊，下令不得厚葬，又禁立碑。魏高貴鄉公甘露二年，大將軍參軍太原王倫卒，倫兄俊作表德論，以述倫遺美，云「祗畏王典，不得爲銘，乃撰録行事，就刊於墓之陰云爾」。此則碑禁尚嚴也。此後復弛替。

晉武帝咸寧四年，又詔曰：「此石獸碑表，既私褒美，興長虚僞，傷財害人，莫大於此。一禁斷之。其犯者雖會赦令，皆當毁壞。」至元帝太興元年，有司奏：「故驃騎府主簿故恩營葬舊君顧榮，求立碑。」詔特聽立。自是後，禁又漸頽。大臣長吏，人皆私立。義熙中，尚書祠部郎中裴松之又議禁斷，於是至今。

順帝昇明三年四月壬辰，御臨軒，遣使奉璽綬禪位於齊王，懸而不樂。

宋明帝泰始二年九月，有司奏：「皇太子所生陳貴妃禮秩既同儲宮，未詳宮臣及朝臣並有敬不？妃主在內相見，又應何儀？」博士王慶緒議：「百僚內外禮敬貴妃，應與皇太子同。其東朝臣隸，理歸臣節。」太常丞虞愿等同慶緒。尚書令建安王休仁議稱：「禮云，妾既不得體君，班秩視子爲序。母以子貴，經著明文。內外致敬貴妃，誠如慶緒議。天子姬嬪，不容通音介於外，雖義可致虔，不應有牋表。」參詳休仁議爲允。詔可。

泰豫元年，後廢帝即位，崇所生陳貴妃爲皇太妃。有司奏：「皇太妃位亞尊極，未詳國親舉哀格當一同皇太后？爲有降異？又於本親朞以下，當猶服與不？」前曹郎王燮之議：「案喪服傳，『妾服君之黨，得與女君同』。如此，皇太妃服宗與太后無異。但太后既以尊降無服，太妃儀不應殊，故悉不服也。計本情舉哀，其禮不異。又禮，『諸侯絕朞』。皇太妃雖云不居尊極，不容輕於諸侯。謂本親朞以下，一無所服。有慘自宜舉哀。親疏二儀，準之太后。」兼太常丞司馬燮之議：「禮，『妾服君之庶子及女君之黨』。皆謂大夫士耳。妾名雖總，而班有貴賤。三夫人九嬪，位視公卿。大夫猶有貴妾，而況天子。諸侯之妾爲他妾之子無服，既不服他妾之子，豈容服君及女君餘親。況皇太后妃貴亞相極，禮絕羣后，崇輝盛典，有踰東儲，尚不服朞，太妃豈應有異。若本親有慘，舉哀之儀，宜仰則太后。」參議以燮之議爲允。太妃於國親無服，故宜緣情爲諸王公主於至尊是朞服者反，其太妃王妃三夫人九嬪各舉哀。

宋孝武帝孝建三年八月戊子，有司奏：「雲杜國解稱國子檀和之所生親王，求除太夫人。檢無國子除太夫人先例，法又無科。下禮官議正。」太學博士孫豁之議：「春秋，『母以子貴』。王雖爲妾，是和之所生。案五等之例，鄭伯許男同號夫人，國子體例，王合如國所生。」太常丞庾蔚之議：「『母以子貴』，雖春秋明義，古今異制，因革不同。自頃代以來，所生蒙榮，唯有諸王。既是王者之嬪御，故宜見尊於蕃國。若功高勳重，列爲公侯，亦有拜太夫人之禮。凡此皆朝恩曲降，非國之所求。子男妾母，未有前比。」祠部郎中朱膺之議以爲：「子不得爵父母，而春秋有『母以子貴』。當謂傳國嗣君母〔七〇〕，本先公嬪媵，所因藉有由故也。始封之身，所不得同。若殊績重勳，恩所特錫，時或有之，不由司存。」所議參議，以蔚之爲允。詔可。

大明二年六月，有司奏：「凡侯伯子男世子喪，無嗣，求進次息爲太子〔七一〕。檢無其例，下禮官議正。」博士孫武議：「案晉濟北侯荀勗長子連卒，以次子輯拜世子。先代成準，宜爲今例。」博士傅郁議：「禮記，微子立衍，商禮斯行。仲子舍孫，姬典攸貶。歷代遵循，靡替于舊。今胙土之君在而世子卒，厥嗣未育，非捨孫之謂〔七二〕。愚以爲次子有子，自宜紹爲世孫。若其未也，無容遠搜輕屬，承綱繼體，傳之有由。父在立子，允稱情典。」曹郎諸葛雅之議：「案春秋傳云，『世子死，有母弟則立之〔七三〕，無則立長，年均擇賢，義均則卜』。古之制也。今長子早卒，無嗣，進立次息以爲世子，取諸左氏，理義無違。又孫武所據晉濟北侯荀勗長子卒，立次子，亦近代成例。依文採比，竊所允安。謂宜開許，以爲永制。」參議爲允。詔可。

大明十二年十一月〔七四〕，有司奏：「興平國解稱國子袁愍孫母王氏，應除太夫人。檢無國子除太夫人例。下禮官議正。」太學博士司馬興之議：「案禮，下國卿大夫之妻，皆命天子。以斯而推，則子男之母，不容獨異。」博士程彥議以爲：「五等雖差，而承家事等。公侯之母，崇號得崇〔七五〕，子男於親，尊秩宜顯。故春秋之義，『母以子貴』。固知從子尊與國均也。彥參議，以興之議爲允。除王氏爲興平縣開國子太夫人。」詔可。

大明四年九月，有司奏：「陳留國王曹虔秀長兄虔嗣早卒〔七六〕，秀襲封之後，生子銑以繼虔嗣。今依例應拜世子，未詳應以銑爲世子？爲應立次子鍇？」太學博士王溫之、江長議，並爲應以銑爲正嗣。太常陸澄議立鍇〔七七〕。右丞徐爰議謂：「禮後大宗，以其不可乏祀。諸侯世及，春秋成義。虔嗣承家傳爵，身爲國王，雖薨没無子，猶列昭穆。立後之日，便應即纂國統。于時既無承繼，虔秀以次襲紹〔七八〕。虔嗣既列廟饗，故自與世數而遷。

豈容蒸嘗無闕，橫取他子爲嗣。爲人胤嗣，又應恭祀先父。案禮文，公子不得禰諸侯。虔嗣無緣降廟就寢〔七九〕。銑本長息，宜還爲虔秀世子。」詔如爰議。

宋文帝元嘉十三年七月，有司奏：「御史中丞劉式之議，『每至出行，未知制與何官分道，應有舊科。法唯稱中丞專道，傳詔荷信，詔喚衆官，應詔者行，得制令無分別他官之文，既無盡然定則，準承有疑。謂皇太子正議東儲，不宜與衆同例，中丞應與分道。揚州刺史、丹陽尹、建康令，並是京輦土地之主，或檢校非違，或赴救水火，事應神速，不宜稽駐，亦合分道。又尋六門則爲行馬之内，且禁衞非違，並由二衞及領軍，未詳京尹、建康令門内之徒及公事，亦得與中丞分道與不〔八〇〕？其准參舊儀，告報參詳所宜分道』。聽如臺所上，其六門内，既非州郡縣部界，則不合依門外。其尚書令、二僕射所應分道，亦悉與中丞同。」

孝武帝大明六年五月，詔立凌室藏冰。有司奏，季冬之月，冰壯之時，凌室長率山虞及輿隸取冰於深山窮谷涸陰沍寒之處，以納于凌陰。務令周密，無泄其氣。先以黑牡秬黍祭司寒於凌室之北〔八一〕。中春之月，春分之日，以黑羔秬黍祭司寒。啓冰室，先薦寢廟。

二廟夏祠用鑑盛冰，室一鑑，以禦温氣蠅蚋。三御殿及太官膳羞，並以鑑供冰。自春分至立秋〔八二〕，有臣妾喪，詔贈祕器。自立夏至立秋，不限稱數以周喪事。繕制夷盤，隨冰借給〔八三〕。凌室在樂游苑内，置長一人，保舉吏二人。

三公黄閤，前史無其義。史臣按，禮記「士韠與天子同，公侯大夫則異」。鄭玄注：「士賤，與君同，不嫌也。」夫朱門洞啓，當陽之正色也。三公之與天子，禮秩相亞，故黄其閤，以示謙不敢斥天子，蓋是漢來制也。張超與陳公箋，「拜黄閤將有日月」是也。

史臣按：今朝士詣三公，尚書丞、郎詣令、僕射、尚書，並門外下車，履，度門閫乃納屐。漢世朝臣見三公，並拜。丞、郎見八座，皆持板揖，事在漢儀及漢舊儀，然則並有敬也。陳蕃爲光禄勳，范滂爲主事，以公儀詣蕃，執板入閤，至坐，蕃不奪滂板，滂投板振衣而去。郭泰責蕃曰：「以階級言之，滂宜有敬；以類數推之，至閤宜省。」然後敬止在門，其來久矣。

校勘記

〔一〕其萬民利害爲一書　「民」，原作「人」，晉書卷二一禮志下、册府卷一六一作「姓」，今據周禮秋官小行人職文改。

〔二〕元嘉四年二月乙卯　「乙卯」，原作「己卯」，據局本、本書卷五文帝紀改。按是年二月乙巳朔，十一日乙卯，是月無己卯。

〔三〕登城三戰及先大將家并青泥關頭敗没餘口　「家」，原作「軍」，據本書卷五文帝紀改。「青泥」，原作「貴泥」，孫虨考論卷一：「當作『青泥』。」按孫説是，今據改。

〔四〕明詳旨申勒　「勒」，原作「勤」，孫虨考論卷一：「『勤』當作『勒』。」按孫説是，今據改。

〔五〕某曹關司徒長史王甲啓辭　「王甲」，原作「壬申」，北監本、殿本作「王申」，今據南監本、局本、通典卷七一禮三一改。錢大昕考異卷二三：「『申』當作『甲』，『王甲』、『李乙』、『丙丁』，皆設爲姓名。」下文並改。

〔六〕報聽如所上　通典卷七一禮三一作「告報聽如所上」。

〔七〕右令日下司徒　「右」字原闕，據通典卷七一禮三一補。

〔八〕某宣攝奉行如故事　「奉」字原闕，據通典卷七一禮三一補。

〔九〕年月朔日子　南監本、北監本、汲本、殿本、局本、通典卷七一禮三一作「年月朔日甲子」。按文選卷四四陳琳檄吴將校部曲文亦作「年月朔日子」。

〔一〇〕年月日侍御史某甲受　此行原在「右令書板文準於詔事板文」一行之下，據通典卷七一禮三一，前後對易。

〔一二〕奏行如故事　「奏」，通典卷七一禮三一作「奉」，疑是。

〔一三〕制曰右除糞土臣及稽首云云　「臣」字原闕，據南監本、局本、通典卷七一禮三一補。「云」字原不疊，據局本、通典卷七一禮三一補。

〔一四〕太史每歲上其年曆　「其」，原作「某」，據晉書卷一九禮志上、通典卷七〇禮三〇改。

〔一五〕傅咸曰　「傅咸」，原作「博咸」，三朝本作「搏咸」，據南監本、北監本、殿本、局本、晉書卷一九禮志上改。

〔一六〕晉成帝咸和五年六月丁未　按是月丙寅朔，無丁未。

〔一七〕不應著緗幘遂改用素　「不」，原作「上」，據局本、御覽卷六八七引晉氏要事、册府卷五七六改。按既改用素，當即不著緗幘。本書卷一八禮志五記此事云：「晉哀帝初，博士曹弘之等議：『立秋御讀令，不應緗幘。求改用素。』詔從之。宋文帝元嘉六年，奉朝請徐道娛表『不應素幘』。詔門下詳議，帝執宜如舊。遂不改。」

〔一八〕王者四時之服正云駕倉龍　「云」，原作一字空格，南監本、北監本、汲本、殿本、局本作「見」，今據册府卷五七六補。

〔一九〕其後太祖常讀土令　「讀」，原作「謂」，據局本改。按讀土令爲五時令之一，本卷上文：「而不明無讀土令之文。」

〔二〇〕劉楨魯都賦　「劉楨」，原作「劉禎」。按劉楨字公幹，則作「楨」是，今改正。

〔二〇〕使得收斂送終　「使」字原闕，據局本、漢書卷八宣帝紀補。

〔二一〕建光元年　「建光」，原作「建元」，據局本改。按後漢書卷五安帝紀、卷四六陳忠傳亦作「建光」，漢安帝年號有「建光」，無「建元」。

〔二二〕至延熹元年　「元年」，局本作「二年」，疑是。按後漢書卷七桓帝紀，延熹二年「三月，復斷刺史二千石行三年喪」。

〔二三〕帝以正月庚子崩辛丑即殯是月丁卯葬　三國志卷一魏書武帝紀云魏武建安二十五年「二月丁卯，葬高陵」。按是年正月戊寅朔，無丁卯，二月丁未朔，丁卯爲月之二十一日。疑「是月」乃「二月」之訛。

〔二四〕其後吴令孟仁聞喪輒去　「孟仁」，三國志卷四七吴書吴主傳作「孟宗」。

〔二五〕陸遜陳其素行　「行」字原闕，據南監本、北監本、殿本、局本、三國志卷四七吴書吴主傳、通典卷八〇禮四〇、册府卷一九一、卷二〇九補。

〔二六〕故未皆得返情素　「素」字上，局本、晉書卷二〇禮志中有「太」字。

〔二七〕何心一旦便易此情於所天　「便」，原作「使」，據南監本、汲本、局本、晉書卷二〇禮志中、通典卷八〇禮四〇改。

〔二八〕誠聖人稱心立衷　「衷」，局本作「哀」。

〔二九〕言用斷絶　「斷」，原作「繼」，據南監本、殿本、局本、晉書卷二〇禮志中改。

〔三〇〕主者具行備　「具」，原作「奏」，據晉書卷二〇禮志中、册府卷二七改。按下文亦有「主者便具行備」語。

〔三一〕文明皇后崩及武元楊后崩　前一「崩」字，原作一字空格，南監本、北監本、汲本、殿本並注「闕」字。今據局本、晉書卷二〇禮志中補。

〔三二〕然元康中　「康」，原作一字空格，據南監本、北監本、汲本、殿本、局本、晉書卷二〇禮志中補。

〔三三〕羊祜謂傅玄曰　「傅」，原作一字空格，據南監本、北監本、汲本、殿本、局本補。按晉書卷三四羊祜傳亦作「傅玄」。

〔三四〕自漢文用權禮無復□禁歷代遵用之　空格處疑當作「樂」。按漢書卷四文帝紀載文帝臨終遺詔云：「其令天下吏民，令到，出臨三日，皆釋服。（中略）殿中當臨者，皆以旦夕各十五舉音，禮畢罷。」是漢文臨終變古三年喪制，即所謂「權禮」也。晉書卷二〇禮志中：「魏武以正月崩，魏文以其年七月設妓樂百戲，是則魏不以喪廢樂也。武帝以來，國有大喪，輒廢樂終三年。」則魏文即位之初已革舊制，不復禁樂，故「歷代遵用之」也。至下文述晉孝武崩後司馬道子議以一年爲限之樂禁，宋武崩後葬畢即通樂事，皆可爲證。

〔三五〕黄門侍郎王准之議　「王」字原闕，據通典卷八〇禮四〇補。「准之」，原作「準之」，據本書卷六〇王准之傳改。

〔三六〕李太后制三年之制　「三年之制」，通典卷八一禮四一作「三年之服」，疑是。

〔三七〕若衡議已誓不殤則元服之子當斬衰三年　「衡」，原作「行」，據殿本、局本、晉書卷二〇禮志中、明本冊府卷五七四改。又「元服之子」，晉書卷二〇禮志中作「無服之子」。按儀禮喪服：「年十九至十六爲長殤。十五至十二爲中殤。十一至八歲爲下殤。不滿八歲以下，皆爲無服之殤。」無服之子即八歲之下而亡者，時皇太孫司馬尚卒，謝衡建已誓不殤之議，而中書令卞粹駁之，謂謝衡之用禮不當也。疑晉志是。

〔三八〕重嫌於無服　「服」字原闕，據晉書卷二〇禮志中補。

〔三九〕況以天子之尊　「況」，原作「恐」，據南監本、北監本、汲本、殿本、局本、晉書卷二〇禮志中改。

〔四〇〕太孫亦體君傳重　「傳」字原闕，據局本、晉書卷二〇禮志中、明本冊府卷五七四補。

〔四一〕晉康帝建元元年正月晦成恭杜皇后周忌　「正月」下原衍「朔」字，據局本、晉書卷二〇禮志中、通典卷八〇禮四〇刪。按晉書卷七成帝紀、建康實録卷七、通鑑卷九六晉紀皆記成帝杜皇后崩於咸康七年三月戊戌，晉書卷三二后妃下成恭杜皇后傳亦云是年「三月，后崩，年二十一」。咸康七年三月距建元元年正月近二年，此云建元元年正月晦日爲成恭杜皇后周忌，恐非是。

〔四二〕晉孝武太元九年崇德太后褚氏崩　「九年」，原作「元年」，據局本改。錢大昕考異卷二三：「『元年』，當作『九年』。字形相涉而訛。」按晉書卷九孝武帝紀、晉書卷三二后妃下康獻褚皇后傳，崇德太后卒於太元九年。「崇德」，原作「崇憲」，據北監本、汲本、殿本、局本改。按晉書卷二〇禮志中、晉書卷三二后妃下康獻褚皇后傳並作「崇德」。

〔四三〕太學博士徐藻議　「徐藻」，原作「徐恭」，據晉書卷二〇禮志中、卷三二后妃下康獻褚皇后傳、通典卷八〇禮四〇、册府卷五七五改。

〔四四〕文公服三年之喪　「文公」，原作「昭公」，據晉書卷三二后妃下孝武文李太后傳、通典卷八一禮四一改。錢大昕考異卷二三：「『昭公』，徐廣傳作『僖公』。然成風之薨，不在僖公之世。且安帝於李后爲祖母，非僖公於成風之比。竊謂當是『文公』之誤也。」

〔四五〕謂應同於爲祖母後齊衰朞　「齊衰朞」，本書卷五五徐廣傳、晉書卷三二后妃下孝武文李太后傳、通典卷八一禮四一作「齊衰三年」，疑是。

〔四六〕祥禫變除　「祥」字原闕，據通典卷八〇禮四〇補。

〔四七〕太學博士王應之議　「王應之」，南監本、北監本、汲本、殿本、局本、通典卷八〇禮四〇作「王膺之」。

〔四八〕尚有緦月之制　「緦月」，册府卷五七六同，局本、通典卷八〇禮四〇作「緦麻」。

〔四九〕爲兄弟既除喪已　「已」，原作「以」，據局本改。按禮記喪服小記原文作「已」。

〔五〇〕案晉泰始三年武帝以朞除之月欲反重服拜陵　「三年」，疑當作「二年」。按晉書卷二文帝紀、卷三武帝紀，魏咸熙二年八月辛卯司馬昭崩，十二月丙寅司馬炎繼位，改元泰始。魏咸熙二年八月至晉泰始二年八月正爲一周年。

〔五一〕膺之云　「云」字原闕，據南監本、北監本、汲本、殿本、局本、通典卷八〇禮四〇補。

〔五二〕釋素即吉以爲永準詔可　「爲永準詔可」五字原闕，據通典卷八〇禮四〇補。

〔五三〕未詳二御何當得作鼓吹及樂　「二御」，通典卷八二禮四二作「三御」。按二御謂皇太后、皇后，三御謂皇帝、皇太后、皇后。

〔五四〕興之又議　「興之」，原作「興」，據南監本、北監本、汲本、殿本、局本訂正。按上文有博士司馬興之。

〔五五〕既已制服成喪　「喪」，原作「月」，據南監本、北監本、汲本、殿本、局本、通典卷八二禮四二改。

〔五六〕標明禮歸矣　「禮歸」，通典卷八二禮四二、册府卷五七六作「禮婦」，疑是。

〔五七〕太傅長沙景王神主隨子南兗州刺史義欣鎮廣陵　「義欣」，原作「義興」。按本書卷五一宗室長沙景王道憐傳，長沙王道憐子有義欣，無「義興」。義欣元嘉三年爲南兗州刺史。今據改。

〔五八〕南譙王衡陽王爲所生太妃皆居重服　「南」字原闕。按本書卷六八武二王南郡王義宣傳，南譙王義宣，武帝第六子，始封竟陵，改封南譙，後封南郡。今據補。

〔五九〕此先君餘尊之所厭者也　「厭」，原作「廢」，據局本改。「先君餘尊之所厭」，見儀禮喪服。

〔六〇〕詔敬叔白衣領職　「敬叔」，原作「叔敬」，據南監本、局本乙正。按上文云「太常臣敬叔位居宗伯」，作「敬叔」是。

〔六一〕所以追加名器　「以」字原闕，據南監本、北監本、汲本、殿本、局本、通典卷八二禮四二、册府卷五七六補。

〔六二〕譬今年末三十日亡　「今」，原作「人」，據局本、通典卷一〇〇禮六〇改。

〔六三〕雖則佩觿未闕成德君父名正臣子不容服殤　原作「雖則佩觿未關成人得君父名也不容服殤」，南監本作「雖則佩觿未闕成德□君父名正不容服殤」，汲本「不」作「下」，局本同南監本，然無一字空格。文字皆舛訛不可通，今據通典卷八二禮四二改。

〔六四〕其使養之不命爲母子　原作「其使養之命不爲母子」，據局本、儀禮喪服鄭玄注、册府卷五七六改。

〔六五〕尚書何楨奏　「何楨」，原作「何禎」。按三國志卷一一魏書管寧傳附胡昭傳注引文士傳：「楨字元幹，廬江人。（中略）入晉爲尚書，光禄大夫。」當即其人，則「禎」當作「楨」，今改正。參見卷一四禮志一校勘記〔一二〕、〔一三〕。

〔六六〕晉世孝武太元六年　「晉」，原作「宋」，據局本、晉書卷二〇禮志中改。

〔六七〕門如所處　「所」，原作「何」，據晉書卷二〇禮志中、通典卷七九禮三九改。

〔六八〕裹以葦席　「裹」字原闕，據通典卷七九禮三九補。

〔六九〕孝武帝太元五年九月　「五年」，原作「四年」，據局本改。按孝武帝王皇后之崩，晉書卷九孝武帝紀、卷一三天文志下皆記在太元五年九月癸未，晉書卷三二后妃下孝武定王皇后傳亦云王皇后「太元五年崩」。太元五年九月甲戌朔，癸未爲月之初十日。

〔七〇〕當謂傳國嗣君母　「嗣」字原闕，據册府卷五七六補。

〔七一〕求進次息爲太子　「太子」，南監本、北監本、汲本、殿本、局本作「世子」，是。通典卷九三禮五三避唐諱作「代子」。

〔七二〕非捨孫之謂　「捨」字原闕，據通典卷九三禮五三補。

〔七三〕有母弟則立之　「立之」，原作「弟」一字，據左傳襄公三十一年改。

〔七四〕大明十二年十一月　張森楷校勘記：「大明祇八年，無十二年。據上條稱大明二年，下條稱大明四年，此十二年或是大明三年之誤。」

〔七五〕崇號得崇　下一「崇」字，北監本、汲本、殿本、局本作「從」。

〔七六〕陳留國王曹虔秀長兄虔嗣早卒　「曹虔秀」，原作「曹虔季」，據本書卷六孝武帝紀、通典卷九三禮五三改。下文「曹虔季」並改。

〔七七〕太常陸澄議立鍇　本書卷一四禮志一、卷一七禮志四，大明三年末陸澄僅官太常丞。據南齊書卷三九陸澄傳，澄一生未嘗有太常之任，其爲太常丞前所任之太學博士，中軍、衛軍府行佐，太宰參軍，爲太常丞後所任之北中郎行參軍，官皆七品；於明帝泰始初所任之尚書殿中郎亦僅六品。而太常則古之九卿，時位爲三品，澄於大明時位微望淺，不應有此任。疑「太常」後佚「丞」字。

〔七八〕虔秀以次襲紹 「虔秀」，原作「虔嗣」，南監本、北監本、汲本、殿本、局本作「虔季」，今據通典卷九三禮五三改正。

〔七九〕虔嗣無緣降廟就寢 「就」，原作「既」，據局本、通典卷九三禮五三改。

〔八〇〕亦得與中丞分道與不 「不」，原作「有」，通典卷二四職官六作「否」，今據局本改。

〔八一〕先以黑牡秬黍祭司寒於凌室之北 「秬黍」，原作「稈黍」，據南監本、北監本、汲本、殿本、局本、通典卷五五禮一五改。

〔八二〕自春分至立秋 「至」字原闕，據局本補。按通典卷五五禮一五亦有「至」字。

〔八三〕隨冰借給 「借」，局本、通典卷五五禮一五作「供」。

宋書卷十六

志第六

禮三

「國之大事，在祀與戎」。自書契經典，咸崇其義，而聖人之德，莫大於嚴父者也。故司馬遷著封禪書，班固備郊祀志，上紀皇王正祀，下録郡國百神。司馬彪又著祭祀志以續終漢。中興以後，其舊制誕章，粲然弘備。自茲以降，又有異同。故復撰次云爾。

漢獻帝延康元年十一月己丑，詔公卿告祠高廟。遣兼御史大夫張音奉皇帝璽綬策書，禪帝位于魏。是時魏文帝繼王位，南巡在潁陰。有司乃爲壇於潁陰之繁陽故城。庚午，登壇。魏相國華歆跪受璽紱以進於王。既受畢，降壇視燎，成祀而返。未有祖配之事。

魏文帝黄初二年正月，郊祀天地明堂。是時魏都洛京，而神祇兆域明堂靈臺，皆因漢舊事。四年七月，帝將東巡，以大軍當出，使太常以一特牛告祠南郊，自後以爲常。及文帝崩，太尉鍾繇告謚南郊，皆是有事於郊也。

明帝太和元年正月丁未，郊祀武皇帝以配天，宗祀文皇帝於明堂以配上帝。是時二漢郊禋之制具存，魏所損益可知也。

四年八月，帝東巡，過繁昌。使執金吾臧霸行太尉事，以特牛祠受禪壇。後漢紀，章帝詔高邑祠即位壇。此雖前代已行之事，然爲壇以祀天，而壇非神也。今無事於上帝，而致祀於虚壇，未詳所據也。

景初元年十月乙卯，始營洛陽南委粟山爲圓丘。詔曰：「蓋帝王受命，莫不恭承天地，以彰神明；尊祀世統，以昭功德。故先代之典既著，則禘郊祖宗之制備也。昔漢氏之初，承秦滅學之後，採摭殘缺，以備郊祀。自甘泉后土、雍宫五畤，神祇兆位，多不經見，並以興廢無常，一彼一此，四百餘年，廢無禘禮。古代之所更立者，遂有闕焉。曹氏世系，出自有虞氏，今祀圓丘，以始祖帝舜配，號圓丘曰皇皇帝天。方丘所祭曰皇皇后地，以舜妃伊氏配。天郊所祭曰皇天之神，以太祖武皇帝配。地郊所祭曰皇地之祇，以武宣皇后配。

宗祀皇考高祖文皇帝於明堂，以配上帝。」十二月壬子冬至，始祀皇皇帝天于圓丘，以始祖有虞帝舜配。自正始以後，終魏世，不復郊祀。

孫權初稱尊號於武昌，祭南郊告天。文曰：「皇帝臣孫權，敢用玄牡，昭告皇皇后帝。漢饗國二十有四世，歷年四百三十有四〔一〕，行氣數終，禄胙運盡，普天弛絶，率土分崩。孽臣曹丕，遂奪神器。丕子叡繼世作慝，竊名亂制。權生於東南，遭值期運，承乾秉戎，志在拯世，奉辭行罰，舉足爲民。羣臣將相州郡百城執事之人，咸以爲天意已去於漢，漢氏已終於天，皇帝位虚，郊祀無主，休徵嘉瑞，前後雜沓，曆數在躬，不得不受。權畏天命，敢不敬從。謹擇元日，登壇柴燎，即皇帝位。唯爾有神饗之！左右有吴，永綏天極。」其後自以居非中土，不復修設。中年，羣臣奏議，宜修郊祀。權曰：「郊祀當於中土，今非其所。」重奏曰：「普天之下，莫非王土。王者以天下爲家。昔周文、武郊於酆、鎬，非必中土。」權曰：「武王伐紂，即阼於鎬京，而郊其所也。文王未爲天子，立郊於酆，見何經典？」復奏曰：「伏見漢書郊祀志，匡衡奏徙甘泉河東郊於長安，言文王郊於酆。」權曰：「文王德性謙讓，處諸侯之位，明未郊也。經傳無明文，由匡衡俗儒意説，非典籍正義，不可用也。」虞喜志林曰：「吴主糾駮郊祀，追貶匡衡，凡在見者，莫不慨然稱善也。」何承天曰：「案權建號繼天，而南郊享有闕，固非也。末年雖一南郊，而遂無北郊之禮。環氏吳紀：『權思崇嚴父配天之義，追上父堅尊號爲吳始祖。』如此説，則權末年所郊，堅配天也。權卒後，三嗣主終吳世不郊祀，則權不享配帝之禮矣。」

劉備章武元年，即皇帝位，設壇。「建安二十六年夏四月丙午，皇帝臣備，敢用玄牡，昭告皇天上帝、后土神祇。漢有天下，曆數無疆。曩者王莽篡盜，光武皇帝震怒致誅，社稷復享。今曹操阻兵安忍，子丕載其凶逆，竊居神器。羣臣將士以爲社稷墮廢，備宜修之，嗣武二祖，龔行天罰。備惟否德，懼忝帝位，詢于庶民，外及蠻夷君長，僉曰天命不可以不答，祖業不可以久替，四海不可以無主，率土式望，在備一人。備畏天之威，又懼漢邦將湮于地。謹擇元日，與百寮登壇，受皇帝璽綬。修燔瘞，告類于大神。惟大神尚饗！祚于漢家，永綏四海。」

章武二年十月，詔丞相諸葛亮營南北郊于成都。

魏元帝咸熙二年十二月甲子，使持節侍中太保鄭沖、兼太尉司隸校尉李憙奉皇帝璽綬策書〔二〕，禪帝位于晉。丙寅，晉設壇場于南郊，柴燎告類，未有祖配。其文曰：「皇帝臣炎，敢用玄牡，明告于皇皇后帝。魏帝稽協皇運，紹天明命，以命炎曰：『昔者唐堯禪位虞舜，虞舜又以禪禹，邁德垂訓，多歷年載。暨漢德既衰，太祖武皇帝撥亂濟民，扶翼劉氏，又用受禪于漢。粤在魏室，仍世多故，幾於顛墜，寔賴有晉匡拯之德，用獲保厥肆祀，弘濟于艱難。此則晉之有大造于魏也。誕惟四方之民，罔不祇順，開國建侯，宣禮明刑，廓清梁、岷，苞懷揚、越，函夏興仁，八紘同軌，遐邇馳義，祥瑞屢臻，天人協應，無思不服。肆予憲章三后，用集大命于茲。』炎惟德不嗣，辭不獲命。於是羣公卿士，百辟庶僚，黎獻陪隸，暨于百蠻君長，僉曰：『皇天鑒下，求民之瘼，既有成命，固非克讓所得距違。』天序不可以無統，人神不可以曠主，炎虔奉皇運，畏天之威，敢不欽承休命，敬簡元辰，升壇受禪，告類上帝，以永答民望，敷佑萬國。惟明德是饗。」

泰始二年正月，詔曰：「有司前奏郊祀權用魏禮。朕不慮改作之難，今便爲永制。衆議紛互，遂不時定，不得以時供饗神祀，配以祖考，日夕歎企，貶食忘安。其便郊祀。」時羣臣又議：「五帝，即天也，王氣時異〔三〕，故殊其號。雖名有五，其實一神。明堂南郊，宜除五帝之坐。五郊改五精之號，皆同稱昊天上帝，各設一坐而已。北郊又除先后配祀。」帝悉從之。二月丁丑，郊祀宣皇帝以配天，宗祀文皇帝於明堂，以配上帝。是年十一月，有司又議奏：「古者丘郊不異，宜并圜丘方澤於南北郊〔四〕，更修治壇兆。其二至之祀，合於二郊。」帝又從之。一如宣帝所用王肅議也。是月庚寅冬至，帝親祠圓丘於南郊。自是後，圓丘方澤不別立至今矣。

太康十年十月，乃更詔曰：「孝經『郊祀后稷以配天，宗祀文王於明堂，以配上帝』。

而周官云：『祀天旅上帝。』又曰：『祀地旅四望。』四望非地，則明上帝不得爲天也〔五〕。往者衆議除明堂五帝位，考之禮文正經不通。且詩敍曰：『文、武之功，起於后稷。』故推以配天焉。宣帝以神武創業，既已配天，復以先帝配天，於義亦不安。其復明堂及南郊五帝位。」

晉武帝太康三年正月，帝親郊祀。皇太子、皇弟、皇子悉侍祠，非前典也。

愍帝都長安，未及立郊廟而敗。

元帝中興江南，太興元年，始更立郊兆。其制度皆太常賀循依據漢、晉之舊也。三月辛卯〔六〕，帝親郊祀，饗配之禮，一依武帝始郊故事。初尚書令刁協、國子祭酒杜夷議宜須旋都洛邑乃修之。司徒荀組據漢獻帝居許，即便立郊，自宜於此修奉。驃騎王導、僕射荀崧、太常華恒、中書侍郎庾亮皆同組議。事遂施行。按元帝紹命中興，依漢氏故事，宜享明堂宗祀之禮。江左不立明堂，故闕焉。

明帝太寧三年七月，始詔立北郊。未及建而帝崩，故成帝咸和八年正月，追述前旨，於覆舟山南立之。是月辛未，祀北郊，始以宣穆張皇后配地。魏氏故事，非晉舊也。

康帝建元元年正月，將北郊，有疑議。太常顧和表曰：「泰始中，合二至之祀於二郊。北郊之月，古無明文，或以夏至，或同用陽復。漢光武正月辛未，始建北郊。此則與南郊同月。及中興草創，百度從簡，合七郊於一丘。憲章未備，權用斯禮，蓋時宜也。至咸和中，議別立北郊，同用正月。魏承後漢，正月祭天，以地配，而稱周禮，三王之郊，一用夏正。」於是從和議。是月辛未，南郊。辛巳，北郊。帝皆親奉。

安帝元興三年三月，宋高祖討桓玄走之。己卯，告義功于南郊。是年，帝蒙塵江陵未返。其明年應郊。朝議以爲宜依周禮〔七〕，宗伯攝職，三公行事。尚書左丞王訥之獨曰〔八〕：「既殯郊祀，自是天子當陽，有君存焉，稟命而行，何所辨也。郊之與否〔九〕，豈如今日之比乎。」議者又云「今宜郊，故是承制所得命三公行事」。又「郊天極尊，唯一而已，故非天子不祀也。庶人以上，莫不蒸嘗，嫡子居外，庶子執事，禮文炳然。未有不親受命而可祭天者」。又「武皇受禪，用二月郊，元帝中興，以三月郊。今郊時未過，日望輿駕。無爲欲速而無據，使皇輿旋返，更不得親奉。」遂從訥之議。

晉恭帝元熙二年五月〔一〇〕，遣使奉策，禪帝位于宋。永初元年六月丁卯，設壇南郊，受皇帝璽紱，柴燎告類。策曰：「皇帝臣裕，敢用玄牡，昭告皇皇后帝。晉帝以卜世告終，曆數有歸，欽若景運，以命于裕。夫樹君司民，天下爲公，德充帝王，樂推攸集。越俶唐、虞，降暨漢、魏，靡不以上哲格文祖，元勳陟帝位，故能大拯黔黎，垂訓無窮。晉自東遷，四維弗樹，宰輔焉依，爲日已久。難棘隆安，禍成元興，遂至帝王遷播，宗祀湮滅。裕雖地非齊、晉，衆無一旅，仰憤時難，俯悼横流，投袂一麾，則皇祚剋復。及危而能持，顛而能扶，姦宄具殲，僭僞必滅。誠否終必泰，興廢有期。至於撥亂濟民，大造晉室，因藉時運，以尸其勞。加以殊俗慕義，重譯來款，正朔所暨，咸服聲教。至乃三靈垂象，山川告祥，人神和協，歲月兹著。是以羣公卿士，億兆夷人，僉曰皇靈降鑒於上，晉朝款誠於下，天命不可以久淹，宸極不可以暫曠。遂逼羣議，恭兹大禮。猥以寡德，託于兆民之上。雖仰畏天威，略是小節，顧深永懷，祗懼若厲。敬簡元日，升壇受禪，告類上帝，用酬萬國之嘉望〔一〕。克隆天保，永祚于有宋。惟明靈是饗。」

永初元年，皇太子拜告南北郊。

永初二年正月上辛，上親郊祀。

文帝元嘉三年，車駕西征謝晦，幣告二郊。

孝武帝孝建元年六月癸巳，八座奏：「劉義宣、臧質，干時犯順，滔天作戾，連結淮、岱，謀危宗社。質反之始，戒嚴之日，二郊廟社，皆已遍陳。其義宣爲逆，未經同告。輿駕將發，醜徒冰消，質既梟懸，義宣禽獲，二寇俱殄，並宜昭告。檢元嘉三年討謝晦之始，普告二郊、太廟。賊既平蕩，唯告太廟、太社，不告二郊。」禮官博議。太學博士徐宏、孫勃、陸澄議：「禮無不報。始既遍告，今賊已禽，不應不同。」國子助教蘇瑋生議：「案王制，天子巡狩，『歸，假于祖禰』。又曾子問：『諸侯適天子，告于祖，奠于禰，命祝史告于社稷宗廟山川。告用牲幣，反亦如之。諸侯相見，反必告于祖禰，乃命祝史告至于前所告者。』又云：『天子諸侯將出，必以幣帛皮圭，告于祖禰。反必告至〔一二〕。』天子諸侯，雖事有小大，其禮略鈞，告出告至，理不得殊。鄭云：『出入禮同。』其義甚明。天子出征，類于上帝，推前所告者歸必告至，則宜告郊，不復容疑。元嘉三年，唯告廟社，未詳其義。或當以禮記唯云『歸假祖禰』，而無告郊之辭。果立此義，彌所未達。夫禮記殘缺之書，本無備體，折簡敗字，多所闕略。正應推例求意，不可動必徵文。天子反行告社，亦無成記，何故告郊，獨當致嫌。但出入必告，蓋孝敬之心。既以告歸爲義，本非獻捷之禮。今輿駕竟未出宮，無容有告至之文。若陳告不行之禮，則爲未有前准。愚謂祝史致辭，以昭誠信。苟其義舛於禮，自可從實而闕。臣等參議，以應告爲允，宜並用牲告南北二郊、太廟、太社，依舊公卿行事。」詔可。

孝建二年正月庚寅〔一三〕，有司奏：「今月十五日南郊。尋舊儀，廟祠至尊親奉，以太尉亞獻；南郊親奉，以太常亞獻。又廟祠行事之始，以酒灌地；送神則不灌。而郊初灌，同之於廟，送神又灌，議儀不同，於事有疑。輒下禮官詳正。」太學博士王祀之議：「案周禮，大宗伯『佐王保國，以吉禮事鬼神祇，禋祀昊天』。則今太常是也。以郊天，太常亞獻。又周禮外宗云：『王后不與，則贊宗伯。』鄭玄云：『后不與祭，宗伯攝其事。』又說云：『君執圭瓚裸尸，大宗伯執璋瓚亞獻。』中代以來，后不廟祭，則應依禮大宗伯攝亞獻也。而今以太尉亞獻。鄭注禮月令云：『三王有司馬〔一四〕，無太尉。太尉，秦官也。』蓋世代彌久，宗廟崇敬，攝后事重，故以上公亞獻。」又議：「履時之思，情深於霜露；室户之感，有懷於容聲。不知神之所在，求之不以一處。鄭注儀禮有司云，天子諸侯祭於祊而繹。繹又祭也。今廟祠闕送神之裸將，移祭於祊繹，明在於留神，未得而殺。禮郊廟祭殊，故灌送有異。」太常丞朱膺之議：「案周禮，大宗伯使掌典禮，以事神爲上，職總祭祀，而昊天爲首。今太常即宗伯也。又尋袁山松漢百官志云：『郊祀之事，太尉掌亞獻，光禄掌三獻。太常每祭祀，先奏其禮儀及行事，掌贊天子。』無掌獻事。如儀志，漢亞獻之事，專由上可〔一五〕，不由秩宗貴官也。今宗廟太尉亞獻，光禄三獻，則漢儀也。又賀循制太尉由東南道升壇，明此官必預郊祭。古禮雖由宗伯，然世有因革，上司亞獻，漢儀所行。愚謂郊祀禮重，宜同宗廟。且太常既掌贊天子，事不容兼。又尋灌事，禮記曰：『祭求諸陰陽之義也。殷人先求諸陽。』『樂三闋然後迎牲』。則殷人後灌也。『周人先求諸陰』，『灌用鬯。達於淵泉。既灌，然後迎牲』。則周人先灌也。此謂廟祭，非謂郊祠。案周禮天官：『凡祭祀贊王裸將之事。』鄭注云：『裸者，灌也。唯人道宗廟有灌，天地大神至尊不灌。』而郊未始有灌，於禮未詳。淵儒注義，炳然明審。謂今之有灌，相承爲失，則宜無灌。」通關八座丞郎博士，並同曆之議。尚書令建平王宏重參議，謂曆之議爲允。詔可。

大明二年正月丙午朔，有司奏：「今月六日南郊，輿駕親奉。至時或雨。魏世值雨，高堂隆謂應更用後辛。晉時既出遇雨，顧和亦云宜更告〔一六〕。徐禪云：『晉武之世，或用丙，或用己，或用庚。』使禮官議正并詳。若得遷日，應更告廟與不？」博士王燮之議稱：「遇雨遷郊，則先代成議。禮傳所記，辛日有徵。郊特牲曰：『郊之用辛也，周之始郊日以至。』鄭玄注曰：『三王之郊，一用夏正。用辛者，取其齋戒自新也。』又月令曰：『乃擇元日，祈穀于上帝。』注曰：『元日，謂上辛。郊祭天也。』又春秋載郊有二，成十七年九月辛丑，郊。公羊曰：『曷用郊？用正月上辛。』哀元年四月辛巳，郊。穀梁曰：『自正月至于三月，郊之時也。以十二月下辛卜正月上辛。如不從，以正月下辛卜二月上辛。如不從，以二月下辛卜三月上辛。』以斯明之，則郊祭之禮，未有不用辛日者也。晉氏或丙、或己、或庚，並有別議。武帝以十二月丙寅南郊受禪，斯則不得用辛也。又泰始二年十一月己卯，始并圓丘方澤二至之祀合於二郊。三年十一月庚寅冬至祠天，郊于圓丘。是猶用圓丘之禮，非專祈穀之祭，故又不得用辛也。今之郊饗，既行夏時，雖得遷卻，謂宜猶必用辛也。徐禪所據，或爲未宜。又案郊特牲曰：『受命于祖廟，作龜于禰宮。』鄭玄注曰：『受命，謂告退而卜也。』則告義在郊，非爲告日。今日雖有遷，而郊禮不異〔一七〕，愚謂不宜重告。」曹郎朱膺之議：「案先儒論郊，其議不一。周禮有冬至日圜丘之祭。月令孟春有祈穀于上帝。鄭氏說，圜丘祀昊天上帝，以帝嚳配，所謂禘也。祈穀祀五精之帝，以后稷配，所謂郊也。二祭異時，其神不同。諸儒云，圜丘之祭，以后稷配。取其所在，名之曰郊。以形體言之，謂之圜丘。名雖有二，其實一祭。晉武捨鄭而從諸儒，是以郊用冬至日。既以至日，理無常辛。然則晉代中原不用辛日郊，如徐禪議也。江左以來，皆用正月，當以傳云三王之郊，各以其正，晉不改正朔，行夏之時，故因以首歲，不以冬日，皆用上辛，近代成典也。夫祭之禮，『過時不舉』。今在孟春，郊時未過，值雨遷日，於禮無違。既已告日，而以事不從，禋祀重敬，謂宜更告。高堂隆云：『九日南郊，十日北郊。』是爲北郊可不以辛也。」尚書何偃議：「鄭玄注禮記，引易說『三王之郊，一用夏正』。周禮，凡國大事，多用正歲。左傳又啓蟄而郊。則鄭之此說，誠有據矣。衆家異議，或云三王各用其正郊天，此蓋曲學之辯，於禮無取。固知穀梁三春皆可郊之月，真所謂膚淺也。然用辛之說，莫不必同。晉郊庚己，參差未見前徵。愚謂宜從晉遷郊依禮用辛。燮之以受命作龜，知告不在日，學之密也。」右丞徐爰議以爲：「郊禮用辛〔一八〕，有礙遷日，禮官祠曹，考詳已備。何偃據禮，不應重告，愚情所同。尋告郊剋辰，於今宜改，告事而已。次辛十日，居然展齋，養牲在滌，無緣三月。謂毛血告牷之後，雖有事礙，便應有司行事，不容遷郊。」衆議不同。參議：「宜依經，遇雨遷用後辛，不重告。若殺牲薦血之後值雨，則有司行事。」詔可。

明帝泰始二年十一月辛酉〔一九〕，詔曰：「朕載新寶命，仍離多難，戎車遄駕，經略務殷，禋告雖備，弗獲親禮。今九服既康，百祀咸秩，宜聿遵前典，郊謁上帝。」有司奏檢，未有先准。黃門侍郎徐爰議：「虞稱肆類，殷述昭告。蓋以創世成功，德盛業遠，開統肇基，必享上帝。漢、魏以來，聿遵斯典。高祖武皇帝克伐僞楚，晉安帝尚在江陵，即於京師告義功于郊兆。伏惟泰始應符，神武英斷，王赫出討，戎戒淹時，雖司奉弗虧，親謁尚闕。謹尋晉武郊以二月，晉元禋以三月。有非常之慶，必有非常之典，不得拘以常祀，限以正月上辛。愚謂宜下史官，考擇十一月嘉吉，車駕親郊，奉謁昊天上帝，高祖武皇帝配饗。其餘祔食，不關今祭。」尚書令建安王休仁等同爰議。參議爲允。詔可。

泰始六年正月乙亥〔二〇〕，詔曰：「古禮王者每歲郊享，爰及明堂。自晉以來，間年一郊，明堂同日。質文詳略，疎數有分。自今可間二年一郊，間歲一明堂。外可詳議。」有司奏：「前兼曹郎虞愿議：『郊祭宗祀，俱主天神，而同日殷薦，於義爲黷。明詔使圓丘報功，三載一享。明堂配帝，間歲昭薦。詳辰酌衷，寔允懋典。』緣諮參議並同。曹郎王延秀重議：『改革之宜，實如聖旨。前虞愿議，蓋是仰述而已，未顯後例。謹尋自初郊間二載，明堂間一年，第二郊與第三明堂，還復同歲。愿謂自始郊明堂以後，宜各間二年。以斯相推，長得異歲。』通關八座，同延秀議。」

後廢帝元徽二年十月丁巳，有司奏郊祀明堂，還復同日，間年一修。

漢文帝初祭地祇於渭陽，以高帝配，武帝立后土祠於汾陰，亦以高帝配。漢氏以太祖兼配天地，則未以后配地也。王莽作相，引周禮享先妣爲配北郊。夏至祭后土，以高后配，自此始也。光武建武中，不立北郊，故后地之祇，常配食天壇，山川羣望皆在營内，凡一千五百一十四神。中元年，建北郊，使司空馮魴告高廟，以薄后代吕后配地。江左初，未立北壇，地祇衆神，共在天郊也。晉成帝立二郊，天郊則六十二神，五帝之佐、日月五星、二十八宿、文昌、北斗、三台、司命、軒轅、后土、太一、天一、太微、鉤陳、北極、雨師、雷電、司空、風伯、老人六十二神也。地郊則四十四神，五嶽、四望、四海、四瀆、五湖、五帝之佐、沂山、嶽山、白山、霍山、醫無閭山、蔣山、松江、會稽山、錢唐江、先農凡四十四也。江南諸小山，蓋江左所立，猶如漢西京關中小水，皆有祭秩也。二郊所秩，官有其注。

宋武帝永初三年九月，司空羨之、尚書令亮等奏曰：「臣聞崇德明祀，百王之令典；憲章天人，自昔之所同。雖因革殊時，質文異世，所以本情篤教，其揆一也。伏惟高祖武皇帝允協靈祇，有命自天，弘日靜之勤，立蒸民之極，帝遷明德，光宅八表，太和宣被，玄化遐通。陛下以聖哲嗣徽，道乎萬國。祭禮久廢，思光鴻烈，饗帝嚴親，今實宜之。高祖武皇帝宜配天郊；至於地祇之配，雖禮無明文，先代舊章，每所因循，魏、晉故典，足爲前式。謂武敬皇后宜配北郊。蓋述懷以追孝，躋聖敬於無窮，對越兩儀，允洽幽顯者也。明年孟春，有事於二郊，請宣攝内外，詳依舊典。」詔可。

晉武帝太康二年冬，有司奏：「三年正月立春祠，時日尚寒，可有司行事。」詔曰：「郊祀禮典所重，中間以軍國多事，臨時有所妨廢，故每從奏可。自今方外事簡，唯此爲大，親奉禋享，固常典也。」

成帝祠南郊，遇雨。侍中顧和啓：「宜還。更剋日。」詔可。

漢明帝據月令有五郊迎氣服色之禮，因采元始中故事，兆五郊于洛陽，祭其帝與神，車服各順方色。魏、晉依之。江左以來，未遑修建。

宋孝武大明五年四月庚子，詔曰：「昔文德在周，明堂崇祀；高烈惟漢，汶邑斯尊。

所以職祭罔僭，氣令斯正，鴻名稱首，濟世飛聲。朕皇考太祖文皇帝功耀洞元，聖靈昭俗，內穆四門，仁濟羣品，外薄八荒，威憺殊俗，南腦勁越，西髓剛戎。裁禮興稼穡之根，張樂協四氣之紀。匡飾墳序，引無題之外；旌延寶臣，盡盛德之範。訓深劭農，政高刑厝。萬物棣通，百神薦祉。動協天度，下沿地德。故精緯上靈，動殖下瑞，諸侯軌道，河溓海夷。朕仰憑洪烈，入子萬姓，皇天降祐，迄將一紀。思奉揚休德，永播無窮。便可詳考姬典，經始明堂，宗祀先靈，式配上帝，誠敬克展，幽顯咸秩。惟懷永遠，感慕崩心。」有司奏：「伏尋明堂辟雍，制無定文，經記參差，傳説乖舛。名儒通哲，各事所見，或以爲名異實同，或以爲名實皆異。自漢暨晉，莫之能辨。周書云，清廟明堂路寢同制。鄭玄注禮，義生於斯。諸儒又云明堂在國之陽，丙巳之地，三里之內。至於室宇堂个，户牖達向，世代湮緬，難得該詳。晉侍中裴頠，西都碩學，考詳前載，未能制定。以爲尊祖配天，其義明著，廟宇之制，理據未分，直可爲殿，以崇嚴祀[二]。其餘雜碎，一皆除之。參詳鄭玄之注，差有準據；裴頠之奏，竊謂可安。國學之南，地寔丙巳，爽塏平暢，足以營建。其墻宇規範，宜擬則太廟，唯十有二間，以應朞數。依漢汶上圖儀，設五帝位，太祖文皇帝對饗。祭皇天上帝，雖爲差降，至於三載恭祀，理不容異。自郊徂宮，亦宜共日。禮記郊以特牲，詩稱明堂羊牛，吉蠲雖同，質文殊典。且郊有燔柴，堂無禋燎，則鼎俎彝簋，一依廟禮。班行百司，搜材簡工，權置起部尚書、將作大匠，量物商程，剋今秋繕立。」乃依頠議，但作大殿屋雕畫而已，無古三十六户七十二牖之制。六年正月，南郊還，世祖親奉明堂，祠祭五時之帝，以文皇帝配，是用鄭玄議也。官有其注。

大明五年九月甲子，有司奏：「南郊祭用三牛。廟四時祠六室用二牛。明堂肇建，祠五帝，太祖文皇帝配，未詳祭用幾牛？」太學博士司馬興之議：「案鄭玄注禮記大傳稱：『孝經郊祀后稷以配天，配靈威仰也。宗祀文王於明堂，以配上帝，配五帝也。』夫五帝司方，位殊功一，牲牢之用，理無差降。太祖文皇帝躬成天地，則道兼覆載；左右羣生，則化洽四氣。祖、宗之稱，不足彰無窮之美；金石之音，未能播勳烈之盛。故明堂聿修，聖心所以昭玄極；汎配宗廟，先儒所以得禮情。愚管所見，謂宜用六牛。」博士虞龢議：「祀帝之名雖五，而所生之實常一。五德之帝，迭有休王，各有所司，故有五室。宗祀所主，要隨其王而饗焉。主一配一，合用二牛。」祠部郎顏奂議：「祀之爲義，並五帝以爲言。帝雖云五，牲牢之用，謂不應過郊祭廟祀。宜用二牛。」

明帝泰始七年十月庚子，有司奏：「來年正月十八日，祠明堂。尋舊南郊與明堂同日，並告太廟。未審今祀明堂，復告與不？」祠部郎王延秀議：「案鄭玄云：『郊者祭天之名，上帝者，天之別名也。神無二主，故明堂異處，以避后稷。』謹尋郊宗二祀，既名殊實同，至於應告，不容有異。」守尚書令袁粲等並同延秀議。

魏明帝世，中護軍蔣濟奏曰：「夫帝王大禮，巡狩爲先；昭祖揚禰，封禪爲首。是以自古革命受符，未有不蹈梁父，登泰山，刊無竟之名，紀天人之際者也。故司馬相如謂有文以來七十二君，或從所繇於前，謹遺跡於後。太史公曰：『主上有聖明而不宣布，有司之過也。』然則元功懿德，不刊山、梁之石，無以顯帝王之功，布生民不朽之觀也。語曰，當君而歎堯、舜之美，譬猶人子對厥所生，譽他人之父。今大魏振百王之弊亂〔二三〕，拯流遁之艱危，接千載之衰緒〔二四〕，繼百世之廢治。自武、文至于聖躬，所以參成天地之道，綱維人神之化，上天報應，嘉瑞顯祥，以比往古，其優衍豐隆，無所取喻。至於歷世迄今，未發大禮。雖志在掃盡殘盜，蕩滌餘穢，未遑斯事。若爾，三苗堀彊於江海，大舜當廢東巡之儀，徐夷跳梁於淮、泗，周成當止岱嶽之禮也。且昔歲破吴虜於江、漢，今茲屠蜀賊於隴右。其震蕩内潰，在不復淹，就當探其窟穴，無累於封禪之事也。此儀久廢，非倉卒所定。宜下公卿，廣纂其禮，卜年考時，昭告上帝，以副天下之望。臣待罪軍旅，不勝大願，冒死以聞。」詔曰：「聞濟斯言，使吾汗出流足。自開闢以來，封禪者七十餘君爾。故太史公曰：『雖有受命之君，而功有不洽，是以中間曠遠者千有餘年，近數百載。其儀闕不可得記。』

吾何德之修，敢庶茲乎。濟豈謂世無管仲，以吾有桓公登泰山之志乎。吾不敢欺天也。濟之所言，華則華矣，非助我者也。公卿、侍中、尚書、常侍省之而已，勿復有所議，亦不須答詔也。」帝雖拒濟議，而實使高堂隆草封禪之儀。以天下未一，不欲便行大禮。會隆卒，故不行。

晉武帝平吳，混一區宇。太康元年九月庚寅，尚書令衞瓘、尚書左僕射山濤、右僕射魏舒〔二四〕、尚書劉寔、張華等奏曰：「聖德隆茂，光被四表，諸夏乂清，幽荒率從。神策廟筭，席卷吳越，孫晧稽顙，六合爲家，巍巍之功，格于天地。宜同古典，勒封東嶽，告三府太常爲儀制。」瓘等又奏：「臣聞肇自生民，則有后辟，載祀之數，莫之能紀。立德濟世，揮揚仁風，以登封泰山者七十有四家，其謚號可知者，十有四焉。沈淪寂寞，曾無遺聲者，不可勝記。自黃帝以前，古傳昧略，唐、虞以來，典謨炳著。三王代興，體業繼襲，周道既没，秦氏承之，至于漢、魏，而質文未復。大晉之德，始自重、黎，實佐顓頊，至于夏、商，世序天地，其在于周，不失其緒。金德將升，世濟明聖，外平蜀漢，海內歸心，武功之盛，實由文德。至于陛下受命踐阼，弘建大業，羣生仰流，唯獨江湖沅湘之表，凶桀負固，歷代不賓。神謀獨斷，命將出討，兵威暫加，數旬蕩定，羈其鯨鯢，赦其罪逆。雲覆雨施，八方來同，聲教所被，達于四極。雖黃軒之征，大禹遠略，周之奕世，何以尚今。若夫玄石素文，底號前載，象以姓表，言以事告，河圖、洛書之徵，不是過也。加以騶虞麟趾，衆瑞並臻。昔夏、殷以丕崇爲祥，周武以烏魚爲美，咸曰休哉；然符瑞之應，備物之盛，未有若今之富者也。宜宣大典，禮中嶽，封泰山，禪梁父，發德號，明至尊，享天休，篤黎庶，勒千載之表，播流後之聲，俾百代之下，莫不興起。斯帝王之盛業，天人之至望也。」詔曰：「今逋寇雖殄，外則障塞有警，內則民黎未康，此盛德之事，所未議也。」瓘等又奏：「今東漸于海，西被流沙，大漠之陰，日南北户，莫不通屬。茫茫禹跡，今實過之，則天人之道已周，巍巍之功已著。宜有事梁父，修禮地祇，登封泰山，致誠上帝，以答人神之願。乞如前奏。」詔曰：「今陰陽未和，政刑未當，百姓未得其所，豈可以勒功告成邪！」瓘又奏：「臣聞處帝王之位者，必有曆運之期，天命之應；濟生民之大功者，必有盛德之容，告成之典。無不可誣，有不可讓，自古道也。而明詔謙沖，屢辭其禮。雖盛德攸在，推而未居。夫三公職典天地，實掌民物，國之大事，取議於此。漢氏封禪，非是官也，不在其事。臣等前奏，蓋陳祖考之功，天命又應，陛下之德，合同四海，述古考今，宜循此禮。至於剋定歲月[二五]，須五府上議，然後奏聞。請寫詔及奏，如前下議。」詔曰：「雖蕩清江表，皆臨事者之勞，何足以告成。方望羣后，思隆大化，以寧區夏，百姓獲乂，與之休息，斯朕日夜之望。無所復下諸府矣。勿復爲煩。」瓘等又奏：「臣聞唐、虞二代，濟世弘功之君，莫不仰答天心，俯協民志，登介丘，履梁父，未有辭焉者，蓋不可讓也。今陛下勳高百王，德無與二，茂績宏規，巍巍之業，固非臣等所能究論。而聖旨勞謙，屢自抑損，時至弗應，推美不居，闕皇代之上儀，塞神祇之款望，使大晉之典謨，不同風於三五。臣等誠不敢奉詔，請如前奏施行。」詔曰：「方當共弘治道，以康庶績。且俟他年，無復紛紜也。」

太康元年冬，王公有司又奏：「自古聖明，光宅四海，封禪名山，著於史籍，作者七十四君矣。舜、禹之有天下，巡狩四嶽，躬行其道。易著『觀民省方』，禮有『升中于天』，詩頌『陟其高山』，皆載在方策。文王爲西伯，以服事殷，周公以魯蕃，列于諸侯，或享于岐山，或有事泰山。徒以聖德，猶得爲其事。自是以來，功薄而僭其義者，不可勝言，號謚不泯，以至于今。況高祖宣皇帝肇開王業，海內有截；世宗景皇帝濟以大功，輯寧區夏；太祖文皇帝受命造晉，蕩定蜀漢；陛下應期龍興，混壹六合，澤被羣生，威震無外。昔漢氏失統，吳、蜀鼎峙，兵興以來，近將百年。地險俗殊，民望絕塞，以爲分外，其日久矣。大業之隆，重光四葉，不羈之寇，二世而平。非聰明神武，先天弗違，孰能巍巍其有成功若茲者歟！臣等幸以千載，得遭運會，親奉大化，目覩太平，至公之美，誰與爲讓。宜祖述先朝，憲章古昔，勒功岱嶽，登封告成，弘禮樂之制，正三雍之典，揚名萬世，以顯祖宗。是以不勝大願，敢昧死以聞。請告太常具禮儀。」上復詔曰：「所議誠前烈之盛事也。方今未可以爾。便報絶之。」

宋太祖在位長久，有意封禪。遣使履行泰山舊道，詔學士山謙之草封禪儀注。其後索虜南寇，六州荒毁，其意乃息。

世祖大明元年十一月戊申，太宰江夏王義恭表曰：「惟皇天崇稱大道，始行揖讓。迄于有晉，雖聿修前緒，而跡淪言廢，蔑記於竹素者，焉可單書。紹乾維，建徽號，流風聲，被絲管，自無懷以來，可傳而不朽者，七十有四君。罔仁厚而道滅，鮮義澆而德宣，鍾律之先，曠世綿絶，難得而聞。丘、索著明者，尚有遺炳。故易稱先天弗違，後天奉時。蓋陶唐姚姒商姬之主，莫不由斯道也。是以風化大洽，光熙于後。炎漢二帝，亦踵曩則，因百姓之心，聽輿人之頌，龍駕帝服，鏤玉梁甫，昌言明稱，告成上靈。況大宋表祥唐虞，受終素德，山龍啓符，金玉顯瑞，異采騰於軫墟，紫煙藹於邦甸，錫冕兆九五之徵，文豹赴天曆之會。誠二祖之幽慶，聖后之冥休。道冠軒、堯，惠深亭毒，而猶執沖約，未言封禪之事，四海竊以恧焉。臣聞惟皇配極，惟帝祀天，故能上稽乾式，照臨黔首，協和穹昊，膺茲多福。高祖武皇帝明並日月，光振八區，拯已溺之晉，濟橫流之世，撥亂寧民，應天受命，鴻徽洽于海表，威稜震乎沙外。太祖文皇帝體聖履仁，述業興禮，正樂頌，作象曆，明達通於神祇，玄澤被乎上下。仁孝命世〔二六〕，叡武英挺，遭運屯否，三才湮滅，迺龍飛五洲，鳳翔九江，身先八百之期，斷出人鬼之表，慶煙應高牙之建，風耀符發迹之辰，親翦凶逆，躬清昏壒，天地革始，夫婦更造，豈與彼承業繼緒，拓復禹跡，車一其軌，書罔異文者，同年而議哉！今龍麟已至，鳳皇已儀，比李已實，靈茅已茂，雕氣降雰於宮榭，珍露呈味於禁林，嘉禾積穗於殿甍，連理合幹於園籞，皆耀質離宮，植根蘭囿。至夫霜毫玄文，素翮赬羽，泉河山嶽之瑞，草木金石之祥，方畿懍塗之謁，抗驛絕祖之奏，彪炳雜沓，粤不可勝言。太平之應，茲焉富矣。宜其從天人之誠，遵先王之則，備萬乘，整法駕，修封泰山，瘗玉岱趾，延喬、松於東序，詔韓、岐於西廂，麾天閽，使啓關，謁紫宮，朝太一，奏鈞天，詠雲門，贊揚幽奥，超聲前古，豈不盛哉！伏願時命宗伯，具茲典度。」詔曰：「太宰表如此。昔之盛王，永保鴻名，常爲稱首，由斯道矣。朕遭家多難，入纂絕業〔二七〕，德薄勳淺，鑒寐崩愧。頃麟鳳表禎，茅禾兼瑞，雖符祥顯見，恧乎猶深，庶仰述先志，拓清中寓，禮祇謁神，朕將試哉。」

四年四月辛亥，有司奏曰：

臣聞崇號建極，必觀俗以樹教；正位居體，必採世以立言。是以重代列聖，咸由厥道。玄勳上烈，融章未分，鳴光委緒，歇而罔藏。若其顯謚□騰軌，則系綴聲采，徽略聞聽。爰洎姬、漢，風流尚存，遺芬餘榮，綿映紀緯。雖年絕世祀，代革精華，可得騰金綵，奏玉潤，鏤迹以燻今，鐫德以麗遠。而四望埋禋歌之禮，日觀弛修封之容，豈非神明之業難崇，功基之迹易泯。自兹以降，訖于季末，莫不欲英弘徽位，詳固洪聲。豈徒深默修文，淵幽馭世而已。諒以縢非虚奏，書匪妄埋，擊雨恕神，淳瘞復樹，安得紫壇肅祇，竹宫載竚，散火投郊，流星奔座。寶緯初基，厭靈命曆，德振弛維，功濟淪象，玄浸紛流，華液幽潤，規存永馭，思詳樹遠。

太祖文皇帝以啓遘泰運，景望震凝，采樂調風，集禮宣度，祖宗相映，軌迹重暉。聖上韞籙蕃河，竚翔衡漢，金波掩照，華耀停明，運動時來，躍飛風舉，澄氛海、岱，開景中區，歇神還靈，頹天重耀，儲正凝位於兼明，衮嶽蕃華於元列。故以祥映昌基，繫發篆素。重以班朝待典，飾令詳儀，纂綜淪蕪，搜騰委逸，奏玉郊宫，禋珪玄畤，景集天廟，脉壤祥農，節至昕陽，川丘夙禮，綢威巡駐，表綏中甸，史流其詠，民挹其風。於是涵迹視陰，振聲威響，歷代之渠，沈□望内，安侯之長，賢王入侍，殊生詭氣，奉俗還鄉，羽族卉儀，懷音革狀，邊帛絶書，權光弛燭。天岱發靈，宗河開寶，崇丘淪鼎，振采泗淵，雲皇王嶽，摛藻□漢，并角即音，栖翔禁籞，衮甲霜咮，翾舞川肆，榮泉流鏡，後昭河源，故以波沸外關，雲蒸内澤。若其雪趾青毳，玄文朱綵，日月郊甸，擇木弄音。重以榮露騰軒，蕭雲掩閣，鎬穎孳萌，移華淵禁，山輿竚衡，雲鶼竦翼，海鰈泳流，江茅吐蔭。校書之列，仰筆以飾辭，濟、代之蕃，獻邑以待禮。豈非神𪗋氣昌，物瑞雲照，蒲軒龜軫，□泉淳芳。

太宰江夏王臣義恭咀道遵英，抽奇麗古〔二八〕，該潤圖史，施詳閎載，表以功懋往初，德耀炎、昊，升文中岱，登牒天關，耀冠榮名，摛振聲號。而道謙稱首，禮以虛挹，將使玄祇缺觀，幽瑞乖期，梁甫無盛德之容，介丘靡升聞之響。加窮泉之野，獻八代之駟，交木之鄉，奠絕金之楛，肅靈重表，珍符兼貺。伏惟陛下謨詳淵載，衍屬休章，依徽聖靈，潤色聲業，諏辰稽古，肅齊警列，儒僚展采，禮官相儀，懸蕤動音，洪鍾竦節，陽路整衛，正途清禁。於是績環珮，端玉藻，鳴鳳竚律，騰駕流文，間綵比象之容，昭明紀數之服。徽焯天陣，容藻神行，翠蓋懷陰，羽華列照。乃詔聯事掌祭，賓客贊儀，金支宿縣，鏞石潤響。命五神以相列，闢九關以集靈，警衛兵而開雲，先雨祇以灑路。霞凝生闕，煙起成宮，臺冠丹光，壇浮素靄。爾乃臨中壇，備盛禮，天降祥錫，壽固皇根，谷動神音，山傳稱響。然後辨年問老，陳詩觀俗，歸薦告神，奉遺清廟。光美之盛，彰乎萬古；淵祥之烈，溢乎無窮。豈不盛歟！

臣等生接昌辰，肅懋明世，束教管聞，未足言道。且章志湮微，代往淪絕，拘採遺文，辯明訓誥□□□□篋訪鄒、魯，草縢書壇玉之禮，具竦石繩金之儀，和芝潤瑛，鐫璽乾封。懼弗軌屬上徽，煇當王則。謹奉儀注以聞。

詔曰：「天生神物，昔王稱愧，況在寡德，敢當鴻貺。今文軌未一，可停此奏。」

漢獻帝建安十八年五月，以河北十郡封魏武帝爲魏公。是年七月，始建宗廟于鄴，自以諸侯禮立五廟也。後雖進爵爲王，無所改易。延康元年，文帝繼王位，七月，追尊皇祖爲太王，丁夫人曰太王后。黄初元年十一月受禪，又追尊太王曰太皇帝，皇考武王曰武皇帝。明帝太和三年六月，又追尊高祖大長秋曰高皇，夫人吴氏曰高皇后，並在鄴廟。廟所祠，則文帝之高祖處士、曾祖高皇、祖太皇帝共一廟，考太祖武皇帝特一廟百世不毁，然則所祠止於親廟四室也。至明帝太和三年十一月，洛京廟成，則以親盡遷處士主，置園邑，使令丞奉薦。而使行太傅太常韓暨、行太廟宗正曹恪持節迎高皇以下神主共一廟〔二九〕，猶爲四室而已。至景初元年六月，羣公有司始更奏定七廟之制，曰：「大魏三聖相承，以成帝業。武皇帝肇建洪基，撥亂夷險，爲魏太祖。文皇帝繼天革命，應期受禪，爲魏高祖。上集成大命，清定華夏，興制禮樂，宜爲魏烈祖。更於太祖廟北爲二祧，其左爲文帝廟，號曰高祖，昭祧，其右擬明帝號曰烈祖，穆祧。三祖之廟，萬世不毁，其餘四廟，親盡迭遷，一如周后稷、文、武廟祧之禮。」孫盛魏氏春秋曰：「夫謚以表行，廟以存容，皆於既殁然後著焉。所以原始要終，以示百世者也。未有當年而逆制祖宗，未終而豫自尊顯。

昔華樂以厚斂致譏，周人以豫凶違禮，魏之羣司，於是乎失正矣。」

文帝甄后賜死，故不列廟。明帝即位，有司奏請追謚曰文昭皇后，使司空王朗持節奉策告祠于陵。三公又奏曰：「自古周人始祖后稷〔三〇〕，又特立廟以祀姜嫄。今文昭皇后之於後嗣，聖德至化，豈有量哉。夫以皇家世妃之尊，神靈遷化，而無寢廟以承享祀，非以報顯德，昭孝敬也。稽之古制，宜依周禮，先妣別立寢廟。」奏可。以太和元年二月，立廟于鄴。四月，洛邑初營宗廟，掘地得玉璽方一寸九分，其文曰：「天子羨思慈親。」明帝爲之改容。以太牢告廟。至景初元年十二月己未，有司又奏文昭皇后立廟京師〔三一〕，永傳享祀。樂舞與祖廟同。廢鄴廟。

魏文帝黃初二年六月，以洛京宗廟未成，乃祠武帝於建始殿，親執饋奠，如家人禮。何承天曰：「案禮，將營宮室，宗廟爲先。庶人無廟，故祭於寢。帝者行之，非禮甚矣。」

漢獻帝延康元年七月，魏文帝幸譙，親祠譙陵，此漢禮也。漢氏諸陵皆有園寢者，承秦所爲也。說者以爲古前廟後寢，以象人君前有朝後有寢也。廟以藏主，四時祭祀，寢有衣冠象生之具以薦新。秦始出寢起於墓側，漢因弗改。陵上稱寢殿，象生之具，古寢之意也。及魏武帝葬高陵，有司依漢，立陵上祭殿。至文帝黃初三年，乃詔曰：「先帝躬履節儉，遺詔省約。子以述父爲孝，臣以繫事爲忠。古不墓祭，皆設於廟。高陵上殿屋皆毀壞，車馬還廄，衣服藏府，以從先帝儉德之志。」及文帝自作終制，又曰：「壽陵無立寢殿，造園邑。」自後至今，陵寢遂絶。

孫權不立七廟，以父堅嘗爲長沙太守，長沙臨湘縣立堅廟而已。權既不親祠，直是依後漢奉南頓故事，使太守祠也。堅廟又見尊曰始祖廟，而不在京師。又以民人所發吳芮冢材爲屋，未之前聞也。於建鄴立兄長沙桓王策廟於朱爵橋南。權疾，太子所禱，即策廟也。權卒，子亮代立。明年正月，於宮東立權廟曰太祖廟，既不在宮南，又無昭穆之序。及孫晧初立，追尊父和曰文皇帝。晧先封烏程侯，即改葬和於烏程西山，號曰明陵，置園邑二百家。於烏程立陵寢，使縣令丞四時奉祠。寶鼎元年，遂於烏程分置吳興郡，使太守執事。有司尋又言宜立廟京邑。寶鼎二年，遂更營建，號曰清廟。遣守丞相孟仁、太常姚信等備官僚中軍步騎，以靈輿法駕迎神主於明陵，親引仁拜送於庭。比仁還，中吏手詔日夜相繼〔三〕，奉問神靈起居動止。巫覡言見和被服顏色如平日，晧悲喜，悉召公卿尚書詣閤下受賜。靈輿當至，使丞相陸凱奉三牲祭於近郊。晧於金城外露宿。明日，望拜於東門之外，又拜廟薦饗。比七日，三祭，倡伎晝夜娛樂。有司奏：「『祭不欲數，數則黷』，宜以禮斷情。」然後止。

劉備章武元年四月，建尊號於成都。是月，立宗廟，祫祭高祖已下。備紹世而起，亦未辨繼何帝爲禰，亦無祖宗之號。劉禪面縛，北地王諶哭於昭烈之廟，此則備廟別立也。

魏元帝咸熙元年，增封晉文帝，進爵爲王，追命舞陽宣文侯爲晉宣王，忠武侯爲晉景王。是年八月，文帝崩，謚曰文王。武帝泰始元年十二月丙寅，受禪。丁卯，追尊皇祖宣王爲宣皇帝，伯考景王爲景皇帝，考文王爲文皇帝，宣王妃張氏爲宣穆皇后，景王夫人羊氏爲景皇后。二年正月，有司奏天子七廟，宜如禮營建。帝重其役，詔宜權立一廟。於是羣臣奏議：「上古清廟一宮，尊遠神祇，逮至周室，制爲七廟，以辨宗祧。聖旨深弘，遠跡上世，敦崇唐、虞。舍七廟之繁華，遵一宮之尊遠。昔舜承堯禪，受終文祖，遂陟帝位，蓋三十載，正月元日，又格于文祖。此則虞氏不改唐廟，因仍舊宮。可依有虞氏故事，即用魏廟。」奏可。於是追祭征西將軍、豫章府君、潁川府君、京兆府君，與宣皇帝、景皇帝、文皇帝爲三昭三穆。是時宣皇未升，太祖虛位，所以祠六世與景帝爲七廟，其禮則據王肅說也。七月，又詔曰：「主者前奏就魏舊廟，誠亦有準。然於祇奉神明，情猶未安。宜更營造，崇正永制。」於是改創宗廟。十一月，追尊景帝夫人夏侯氏爲景懷皇后。

太康元年，靈壽公主修麗祔于太廟，周、漢未有其準。魏明帝則別立廟，晉又異魏也。

八年〔三〕，因廟陷當改治。羣臣又議奏曰：「古者七廟異所，自宜如禮。」詔又曰：「古雖七廟，自近代以來，皆一廟七室，於禮無廢，於情爲敍，亦隨時之宜也。其便仍舊。」至十年，乃更改築於宣陽門内，窮壯極麗。然坎位之制，猶如初爾。廟成，帝率百官遷神主于新廟，自征西以下，車服導從，皆如帝者之儀。摯虞之議也。至世祖武皇帝崩，則遷征西；及惠帝崩，又遷豫章。而惠帝世，愍懷太子、太子二子哀太孫臧、沖太孫尚並祔廟。元帝世，懷帝殤太子又祔廟〔三四〕，號爲陰室四殤。懷帝初，又策謚武帝楊后曰武悼皇后，改葬峻陽陵側。別立弘訓宮，不列於廟。元帝既即尊位，上繼武帝，於禮爲禰，如漢光武上繼元帝故事也。是時西京神主堙滅虜庭，江左建廟，皆更新造。尋以登懷帝之主，又遷潁川。位雖七室，其實五世，蓋從刁協，以兄弟爲世數故也。于時百度草創，舊禮未備，三祖毀主，權居別室。太興三年，將登愍帝之主，於是乃定更制，還復豫章、潁川二主于昭穆之位，以同惠帝嗣武帝故事，而惠、懷、愍三帝自從春秋尊尊之義，在廟不替也。至元帝崩，則豫章復遷。然元帝神位，猶在愍帝之下，故有坎室者十也。至明帝崩，而潁川又遷，猶十室也。于時續廣太廟，故三遷主並還西儲，名之曰祧，以準遠廟。成帝咸和三年，蘇峻覆亂京都，溫嶠等入伐，立行廟於白石，告先帝先后曰：「逆臣蘇峻，傾覆社稷，毀棄三正，汙辱海内。臣亮等手刃戎首，龔行天罰。惟中宗元皇帝、肅祖明皇帝、明穆皇后之靈，降鑒有罪，剿絶其命，翦此羣兇，以安宗廟。臣等雖隕首摧軀，猶生之年。」咸康七年五月，始作武悼皇后神主，祔于廟，配饗世祖。成帝崩而康帝承統，以兄弟一世，故不遷京兆，始十一室也。康帝崩，京兆遷入西儲，同謂之祧，如前三祖遷主之禮。故正室猶十一也。穆帝崩而哀帝、海西並爲兄弟，無所登降。咸安之初，簡文皇帝上繼元皇帝，世秩登進。於是潁川、京兆二主，復還昭穆之位。至簡文崩，潁川又遷。孝武皇帝太元十六年，改作太廟，殿正室十六間，東西儲各一間，合十八間。棟高八丈四尺，堂基長三十九丈一尺，廣十丈一尺。堂集方石，庭以塼。尊備法駕，遷神主于行廟。征西至京兆四主，及太子太孫，各用其位之儀服。四主不從帝者之儀，是與太康異也。諸主既入廟，設脯醢之奠。及新廟成，帝主還室，又設脯醢之奠。十九年二月，追尊簡文母會稽太妃鄭氏爲簡文皇帝宣太后，立廟太廟道西。及孝武崩，京兆又遷，如穆帝之世四祧故事。安帝隆安四年，以孝武母簡文李太后、帝母宣德陳太后祔于宣鄭太后之廟〔三五〕。

元興三年三月，宗廟神主在尋陽，已立新主于太廟，權告義事。四月，輔國將軍何無忌奉送神主還。丙子〔三六〕，百官拜迎于石頭。戊寅，入廟。安帝崩，未及禘，而天祿終焉。

宋武帝初受晉命爲宋王，建宗廟於彭城，依魏、晉故事，立一廟。初祠高祖開封府君、曾祖武原府君、皇祖東安府君、皇考處士府君、武敬臧后，從諸侯五廟之禮也。既即尊位，乃增祠七世右北平府君、六世相國掾府君爲七廟。永初初，追尊皇考處士爲孝穆皇帝，皇妣趙氏爲穆皇后。三年，孝懿蕭皇后崩，又祔廟〔三七〕。高祖崩，神主升廟，猶從昭穆之序，如魏、晉之制，虛太祖之位也。廟殿亦不改構，又如晉初之因魏也。文帝元嘉初，追尊所生胡婕妤爲章皇太后，立廟西晉宣太后地。孝武昭太后、明帝宣太后並祔章太后廟。

晉元帝太興三年正月乙卯，詔曰：「吾雖上繼世祖，然於懷、愍皇帝，皆北面稱臣。今祠太廟，不親執觴酌，而令有司行事，於情禮不安。可依禮更處。」太常華恒議：「今聖上繼武皇帝，宜準漢世祖故事，不親執觴爵。」又曰：「今上承繼武帝，而廟之昭穆，四世而已。前太常賀循、博士傅純以爲惠、懷及愍宜別立廟。然臣愚謂廟室當以容主爲限〔三八〕，無拘常數。殷世有二祖三宗〔三九〕，若拘七室，則當祭禰而已。推此論之，宜還復豫章、潁川，全祠七廟之禮。」驃騎長史溫嶠議：「凡言兄弟不相入廟，既非禮文。且光武奮劍振起，不策名於孝平，務神其事〔四〇〕，以應九世之讖，又古不共廟，故別立焉。今上以策名而言，殊於光武之事，躬奉烝嘗，於經既正，於情又安矣。太常恒欲還二府君以全七世，嶠謂是宜。」驃騎將軍王導從嶠議。嶠又曰：「其非子者，可直言皇帝敢告某皇帝。又若以一帝爲一世，則不祭禰，反不及庶人。」於是帝從嶠議，悉施用之。孫盛晉春秋曰：「陽秋傳云，『臣子一例也』。雖繼君位，不以後尊，降廢前敬。昔魯僖上嗣莊公，以友于長幼而升之，爲逆。準之古義，明詔是也。」

穆帝永和二年七月，有司奏：「十月殷祭，京兆府君當遷祧室。昔征西、豫章、潁川三府君毀主，中興之初，權居天府，在廟門之西。咸康中，太常馮懷表續奉還於西儲夾室，謂之爲祧，疑亦非禮。今京兆遷入，是爲四世遠祖，長在太祖之上。昔周室太祖世遠，故遷有所歸。今晉廟宣皇爲主，而四祖居之，是屈祖就孫也。殷祫在上，是代太祖也。」領司徒蔡謨議：「四府君宜改築別室，若未展者，當入就太廟之室。人莫敢卑其祖，文、武不先不窋。殷祭之日，征西東面，處宣皇之上。其後遷廟之主，藏於征西之祧，祭薦不絕。」護軍將軍馮懷表議：「禮，『無廟者，爲壇以祭』。可別立室藏之，至殷禘，則祭于壇也。」輔國將軍譙王司馬無忌等議：「諸儒謂太王王季遷主藏於文、武之祧，如此，府君遷主，宜在宣皇帝廟中。然今無寢室，宜變通而改築。又殷祫太廟，征西東面。」尚書郎孫綽與無忌議同。曰：「太祖雖位始九五，而道以從暢，替人爵之尊〔四一〕，篤天倫之道，所以成教本而光百代也。」尚書郎徐禪議：「禮，『去祧爲壇，去壇爲墠，歲祫則祭之』。今四祖遷主，可藏之石室。有禱則祭於壇墠。」又遣禪至會稽訪處士虞喜。喜答曰：「漢世韋玄成等以毀主瘞於園。魏朝議者云應埋兩階之間。且神主本在太廟，若今別室而祭，則不如永藏。又四君無追號之禮，益明應毀而無祭。」於是撫軍將軍會稽王司馬昱、尚書劉劭等奏：「四祖同居西祧，藏主石室，禘祫乃祭，如先朝舊儀。」時陳留范宣兄子問此禮。宣答曰：「舜廟所祭，皆是庶人。其後世遠而毀，不居舜上，不序昭穆。今四君號猶依本，非以功德致禮也。若依虞主之瘞，則猶藏子孫之所；若依夏主之埋，則又非本廟之階。宜思其變，別築一室，親未盡則禘祫，處宣帝之上；親盡則無緣下就子孫之列。」其後太常劉遐等同蔡謨議。博士張憑議：「或疑陳於太祖者，皆其後毀主。憑案古義無別前後之文也。禹不先鯀，則遷主居太祖之上，亦可無疑矣。」

安帝義熙九年四月，將殷祭。詔博議遷毀之禮。大司馬琅邪王司馬德文議：「泰始之初，虛太祖之位，而緣情流遠，上及征西，故世盡則宜毀，而宣皇帝正太祖之位。又漢光武帝移十一帝主於洛邑，則毀主不設，理可推矣。宜從范宣之言，築別室以居四府君之主，永藏而不祀也。」大司農徐廣議：「四府君嘗處廟室之首，歆率土之祭。若靈之幽壤，於情理未必咸盡。謂可遷藏西儲，以爲遠祧，而禘饗永絶也。」太尉諮議參軍袁豹議：「仍舊無革。殷祠猶及四府君，情理爲允。」祠部郎臧燾議〔四二〕：「四府君之主，享祀禮廢，則亦神所不依。宜同虞主之瘞霾矣。」時高祖輔晉，與大司馬議同。須後殷祀行事改制。

晉孝武帝太元十二年五月壬戌，詔曰：「昔建太廟，每事從儉約，思與率土，致力備禮。又太祖虛位，明堂未建。郊祀，國之大事，而稽古之制闕然。便可詳議。」祠部郎徐邈議：「圓丘郊祀，經典無二，宣皇帝嘗辨斯義。而檢以聖典，爰及中興，備加研極，以定南北二郊，誠非異學所可輕改也。謂仍舊爲安。武皇帝建廟，六世三昭三穆，宣皇帝創基之主，寔惟太祖，親則王考，四廟在上，未及遷世，故權虛東向之位也。兄弟相及，義非二世，故當今廟祀，世數未足，而欲太祖正位，則違事七之義矣。又禮曰『庶子王亦禘祖立廟』。蓋謂支胤授位，則親近必復。京兆府君於今六世，宜復立此室，則宣皇未在六世之上，須前世既遷，乃太祖位定爾。京兆遷毀，宜藏主於石室。雖禘祫猶弗及。何者，傳稱毀主升合乎太祖，升者自下之名，不謂可降尊就卑也。太子太孫陰室四主，儲嗣之重，升祔皇祖所配之廟〔四三〕，世遠應遷，然後從食之孫，與之俱毀。明堂圓方之制，綱領已舉，不宜闕配帝之祀。且王者以天下爲家，未必一邦，故周平、光武無廢於二京也。周公宗祀文王，漢明配以世祖，自非惟新之考，孰配上帝。」邈又曰：「明堂所配之神〔四四〕，積疑莫辨。按易，『殷薦上帝，以配祖考』。祖考同配，則上帝亦爲天，而嚴父之義顯。周禮，旅上帝者有故，告天與郊祀常禮同用四圭，故並言之。若上帝者五帝〔四五〕，經文何不言祀天旅五帝，祀地旅四望乎？人帝之與天帝，雖天人之通謂，然五方不可言上帝，諸侯不可言大君也。書無全證，而義容彼此，故泰始、太康二紀之間，興廢迭用矣。」侍中車胤議同〔四六〕。又曰：「明堂之制，既其難詳。且樂主於和，禮主於敬，故質文不同，音器亦殊。既茅茨廣夏，不一其度，何必守其形範，而不知弘本順民乎。九服咸寧，河朔無塵，然後明堂辟雍，可崇而修之。」中書令王珉意與胤同。太常孔汪議〔四七〕：「泰始開元，所以上祭四府君，誠以世數尚近，可得饗祠，非若殷、周先世，王迹所因也。向使京兆爾時在七世之外，自當不祭此四王。推此知既毀之後，則殷禘所絕矣。」吏部郎王忱議：「明堂則天象地，儀觀之大，宜俟皇居反舊，然後修之。」驃騎將軍會稽王司馬道子、尚書令謝石意同忱議〔四八〕。於是奉行一無所改。

晉安帝義熙二年六月，白衣領尚書左僕射孔安國啓云：「元興三年夏，應殷祠。昔年三月，皇輿旋軫。其年四月，便應殷，而太常博士徐乾等議云：『應用孟秋。』臺尋校自太和四年相承皆用冬夏，乾等既伏應孟冬，回復追明孟秋非失。御史中丞范泰議：『今雖既祔之後，得以烝嘗，而無殷薦之比。太元二十一年十月應殷，烈宗以其年九月崩。至隆安三年，國家大吉，乃修殷事。又禮有喪則廢吉祭，祭新主於寢。今不設別寢，既祔，祭於廟。故四時烝嘗，以寄追遠之思，三年一禘，以習昭穆之序，義本各異。三年喪畢，則合食太祖，遇時則殷，無取於限三十月也。當是內臺常以限月成舊。』就如所言，有喪可殷。隆安之初，果以喪而廢矣。月數少多，復遲速失中。至於應寢而修，意所未譬。」安國又啓：「范泰云：『今既祔，遂祭於廟，故四時烝嘗。』如泰此言，殷與烝嘗，其本不同。既祔之後，可親烝嘗而不得親殷也。太常劉瑾云：『章后喪未一周，不應祭。』臣尋升平五年五月，穆皇帝崩，其年七月，山陵，十月，殷。興寧三年二月，哀皇帝崩，太和元年五月，海西夫人庾氏薨，時爲皇后，七月，葬，十月，殷。此在哀皇再周之內，庾夫人既葬之後，二殷策文見在廟。又文皇太后以隆安四年七月崩，陛下追述先旨，躬服重制，五年十月，殷。再周之內，不以廢事。今以小君之哀，而泰更謂不得行大禮。臣尋永和十年至今五十餘載，用三十月輒殷，皆見於注記，是依禮，五年再殷。而泰所言，非真難臣，乃以聖朝所用，遲速失中。請泰爲憲司，自應明審是非，若臣所啓不允〔四九〕，即當責失奏彈，而嚮墮稽停，遂非忘舊。請免泰、瑾官。」丁巳，詔皆白衣領職。於是博士徐乾皆免官。初元興三年四月，不得殷祠進用十月，若計常限〔五〇〕，則義熙三年冬又當殷，若更起端，則應用來年四月。領司徒王謐、丹陽尹孟昶議：「有非常之慶，必有非常之禮。殷祭舊准不差，蓋施於經常爾。至於義熙之慶，經古莫二，雖曰旋幸，理同受命。愚謂理運惟新，於是乎始。宜用四月。」中領軍謝混、太常劉瑾議：「殷無定日，考時致敬，且禮意尚簡。去年十月祠，雖於日有差，而情典允備，宜仍以爲正。」太學博士徐乾議：「三年一祫，五年一禘，經傳記籍，不見補殷之文。」員外散騎侍郎領著作郎徐廣議：「尋先事，海西公太和六年十月，殷祠。孝武皇帝寧康二年十月，殷祠。若依常去前三十月，則應用四月也。于時蓋當有故，而遷在冬，但未詳其事。太元元年十月殷祠，依常三十月，則應用二年四月也。是追計辛未歲十月，未合六十月而再殷〔五一〕。何邵甫注公羊傳云，祫從先君來，積數爲限。『自僖八年至文二年，知爲祫祭』。如此，履端居始，承源成流，領會之節，遠因宗本也。昔年有故推遷，非其常度。寧康、太元前事可依。雖年有曠近之異，然追計之理同矣。愚謂從復常次者，以推歸正之道也。」左丞劉潤之等議：「太元元年四月應殷，而禮官墮失，建用十月。本非正期，不應即以失爲始也。宜以反初四月爲始。當用三年十月。」尚書奏從王謐議，以元年十月爲始也。

宋孝武帝孝建元年十二月戊子，有司奏：「依舊今元年十月是殷祠之月。領曹郎范泰參議〔五二〕，依永初三年例，須再周之外殷祭。尋祭再周來二年三月，若以四月殷，則猶在禫內。」下禮官議正。國子助教蘇瑋生議：「案禮，三年喪畢，然後祫於太祖。又云『三年不祭，唯天地社稷，越紼行事』。且不禫即祭，見譏春秋。求之古禮，喪服未終，固無祼享之義。自漢文以來，一從權制，宗廟朝聘，莫不皆吉。雖祥禫空存，無綅縞之變，烝嘗薦祀，不異平日。殷祠禮既弗殊，豈獨以心憂爲礙。」太學博士徐宏議：「三年之喪，雖從權制，再周祥變〔五三〕，猶服縞素，未爲純吉，無容以祭。謂來四月，未宜便殷，十月則允。」太常丞臣朱膺之議：「虞禮云：『中月而禫，是月也吉祭，猶未配。』謂二十七月既禫祭，當四時之祭日，則未以其妃配，哀未忘也〔五四〕。推此而言，未禫不得祭也。又春秋閔公二年，吉禘于莊公。鄭玄云：『閔公心懼於難，務自尊成以厭其禍，凡二十二月而除喪，又不禫。』云又不禫，明禫內不得禘也。案王肅等言於魏朝云，今權宜存古禮，俟畢三年。舊說三年喪畢，遇禘則禘，遇祫則祫。鄭玄云：『禘以孟夏，祫以孟秋。』今相承用十月。如宏所上公羊之文，如爲有疑，亦以魯閔設服，因言喪之紀制爾。何必全許素冠可吉禘。縱公羊異說，官以禮爲正，亦求量宜。」郎中周景遠參議：「永初三年九月十日奏傅亮議：『權制即吉，御世宜爾。宗廟大禮，宜依古典。』則是皇宋開代成準。謂博士徐宏、太常丞朱膺之議用來年十月殷祠爲允。」詔可。

宋殷祭皆即吉乃行。大明七年二月辛亥，有司奏：「四月應殷祠，若事中未得爲，得用孟秋與不？」領軍長史周景遠議：「案禮記云：『天子祫禘祫嘗祫烝。』依如禮文，則夏秋冬三時皆殷，不唯用冬夏也。晉義熙初，僕射孔安國啓議，自太和四年相承殷祭，皆用冬夏。安國又啓，永和十年至今五十餘年，用三十月輒殷祠。博士徐乾據禮難安國。乾又引晉咸康六年七月殷祠，是不專用冬夏。于時晉朝雖不從乾議，然乾據禮及咸康故事，安國無以奪之。今若以來四月未得殷祠〔五五〕，遷用孟秋，於禮無違。」參議據禮有證，謂用孟秋爲允。詔可。

晉武帝咸寧五年十一月己酉，弘訓羊太后崩〔五六〕，宗廟廢一時之祀，天地明堂去樂，且不上胙。升平五年十月己卯，殷祠，以穆帝崩後，不作樂。初永嘉中，散騎常侍江統議曰：「陽秋之義，去樂卒事。」是爲吉祭有廢樂也。故升平末行之。其後太常江逌表：「穆帝山陵之後十月殷祭，從太常丘夷等議，撤樂。逌尋詳今行漢制，無特祀之別。既入廟吉禘，何疑於樂。」

史臣曰：聞樂不怡，故申情於遏密。至於諒闇奪服，慮政事之荒廢，是以乘權通以設變，量輕重而降屈。若夫奏音之與寢聲，非有損益於機務，縱復回疑於兩端，固宜緣恩而從戚矣。

宋世國有故，廟祠皆懸而不樂。

校勘記

〔一〕歷年四百三十有四　「有四」二字原闕，據三國志卷四七吳書吳主傳裴注引吳録補。

〔二〕兼太尉司隸校尉李憙奉皇帝璽綬策書　「李憙」，原作「李喜」，據殿本改。按晉書卷四一有李憙傳。

〔三〕王氣時異　「王」，南監本、北監本、殿本、局本作「五」。

〔四〕宜并圜丘方澤於南北郊　「圜丘方澤」，原作「圜丘方」，晉書卷一九禮志上、册府卷五六三作「圜丘方丘」，通典卷四二禮二、卷四五禮五作「圓方二丘」，今據南監本、北監本、汲本、殿本、局本補「澤」字。

〔五〕則明上帝不得爲天也　「明」字下原衍「堂」字，據册府卷三二下删。

〔六〕三月辛卯　按是月丁未朔，無辛卯。

〔七〕朝議以爲宜依周禮　「宜」字原闕，據晉書卷一九禮志上、通典卷四二禮二補。

〔八〕尚書左丞王訥之獨曰　「王訥之」，原作「王納之」。世說新語文學劉孝標注引王氏譜曰：「訥之字永言，琅邪人。歷尚書左丞、御史中丞。」當即其人。按古人名字相應，作「訥之」是。今改正。下文並改。

〔九〕郊之與否　「郊」，原作「齊」，據殿本、晉書卷一九禮志上改。「與」，原作「興」，據局本、晉書卷一九禮志上改。

〔一〇〕晉恭帝元熙二年五月　「元熙」，原作「元興」，據南監本、殿本、局本改。按晉恭帝年號元熙。

〔一一〕用酬萬國之嘉望　「用酬」，原作「酬於」，據南監本、北監本、殿本、局本、本書卷三武帝紀下改。

〔一二〕反必告至　「至」，原作「尋」，據南監本、北監本、汲本、殿本、局本改。

〔三〕孝建二年正月庚寅　孝建二年正月癸巳朔，無庚寅。按本書卷六孝武帝紀、南史卷二宋本紀中皆記宋孝武帝南郊在孝建三年正月辛丑。是月丁亥朔，庚寅月之初四，辛丑月之十五。與下文「今月十五日南郊」正相合。疑「二年」爲「三年」之訛。

〔四〕三王有司馬　「有」，原作「右」，據殿本、局本改。按禮記月令鄭注：「三王之官有司馬。」

〔五〕漢亞獻之事專由上可　「上可」，疑當作「上司」。按本卷下文云「上司亞獻，漢儀所行」，續漢書百官志一云太尉「凡郊祀之事，掌亞獻」，上司即太尉。

〔六〕顧和亦云宜更告　「更告」，通典卷四二禮二作「更擇吉日」。

〔七〕而郊禮不異　「禮」，通典卷四二禮二作「祀」。

〔八〕郊禮用辛　「禮」，通典卷四二禮二作「祀」。

〔九〕明帝泰始二年十一月辛酉　泰始二年十一月甲申朔，無辛酉。按下文所載徐爰議，此詔當作於是年九、十月之間。是年九月乙酉朔，無辛酉；十月乙卯朔，辛酉爲月之初七日。疑「十一月」爲「十月」之訛。

〔一〇〕泰始六年正月乙亥　「正月」，原作「五月」，據本書卷八明帝紀、册府卷一九三改。

〔一一〕以崇嚴祀　「祀」，原作「紀」，據南監本、北監本、汲本、殿本、局本、通典卷四四禮四改。

〔一二〕今大魏振百王之弊亂　「振」，晉書卷二一禮志下作「承」，本書蓋避齊諱。「百」，原作一字空格，南監本、北監本、汲本、殿本、局本作「前」，今據晉書卷二一禮志下、册府卷三五補。

〔三〕接千載之衰緒　「緒」字原闕，據晉書卷二一禮志下、册府卷三五補。

〔四〕右僕射魏舒　「右僕射」三字原闕，據晉書卷二一禮志下、册府卷三五補。按晉書卷四一魏舒傳，舒太康初爲右僕射。

〔五〕至於剋定歲月　「歲月」，原作「盛月」，據北監本、殿本、局本、晉書卷二一禮志下、册府卷三五改。

〔六〕仁孝命世　按上言文帝，此下言孝武帝，故有「龍飛五洲，鳳翔九江」之語。則此句上或脱「陛下」二字。

〔七〕入纂絶業　「業」，原作「孝」，據殿本改。

〔八〕抽奇麗古　「抽」，原作「揤」，據南監本、北監本、殿本、局本改。

〔九〕行太廟宗正曹恪持節迎高皇以下神主共一廟　「行太廟宗正」，晉書卷一九禮志上作「行太常宗正」。按曹恪原官宗正，而廟迎禮重，故以其行太常，爲副使迎列祖之神主。疑「太廟」爲「太常」之誤。

〔一〇〕自古周人始祖后稷　「始」，原作「歸」，據三國志卷五魏書后妃文昭甄皇后傳裴注引魏書、晉書卷一九禮志上、册府卷二九改。

〔一一〕有司又奏文昭皇后立廟京師　「立」字原闕，據三國志卷三魏書明帝紀、晉書卷一九禮志上、通典卷四七禮七補。

〔二二〕中吏手詔日夜相繼　「中吏」，三國志卷五九吴書孫和傳裴注引吴書作「中使」。吴金華札迻以作「中使」是。

〔二三〕八年　原作「六月」，南監本、晉書卷一九禮志上、通典卷四七禮七作「六年」。按晉書卷三武帝紀，太廟之壞，在太康八年正月，今改作「八年」。

〔二四〕懷帝殤太子又祔廟　「祔」，原作「被」，據局本、晉書卷一九禮志上改。

〔二五〕以孝武母簡文李太后帝母宣德陳太后祔于宣鄭太后之廟　按晉安帝母陳太后即孝武陳淑媛，隆安三年追尊爲德皇太后。陳后爲安帝母，依例當稱安德陳太后，「宣」乃簡文母鄭太后之謚。疑「宣德」爲「安德」之誤。

〔二六〕丙子　上有「四月」，下有「戊寅」。元興三年四月戊子朔，是月無丙子、戊寅。五月丁巳朔，二十日丙子，二十二日戊寅。疑丙子上脱「五月」二字。按下文「戊寅，入廟」事，晉書卷一〇安帝紀、通鑑卷一一三晉紀皆記在是年五月，是其證。

〔二七〕三年孝懿蕭皇后崩又祔廟　按本書卷四一后妃傳記蕭后崩在少帝景平元年，本書卷四少帝紀、通鑑卷一一九宋紀記蕭后崩在景平元年二月丁丑，祔廟在三月。

〔二八〕然臣愚謂廟室當以容主爲限　「容」，原作「客」，據晉書卷一九禮志上、通典卷四八禮八改。

〔二九〕殷世有二祖三宗　「三宗」，原作「二宗」，據局本、晉書卷一九禮志上、通典卷四八禮八、册府卷五七五改。按史記卷三殷本紀，太甲爲太宗，太戊爲中宗，武丁爲高宗，共三宗。

〔四〇〕務神其事　「務」，原作「豫」，據晉書卷一九禮志上、册府卷五七五改。

〔四一〕替人爵之尊　「替」，原作「贊」，據晉書卷一九禮志上、册府卷五七五改。

〔四二〕祠部郎臧燾議　「臧燾」，原作「臧壽」，據殿本、局本改。按事見本書卷五五臧燾傳。

〔四三〕升祔皇祖所配之廟　「配」，册府卷五七五作「託」。

〔四四〕明堂所配之神　「配」，原作「祀」，據北監本、汲本、殿本、局本、晉書卷一九禮志上改。

〔四五〕若上帝者五帝　「者」，晉書卷一九禮志上、册府卷五七五作「是」。

〔四六〕侍中車胤議同　「同」字原闕，據晉書卷一九禮志上、册府卷五七五補。

〔四七〕太常孔汪議　「孔汪」，原作「孔注」，據晉書卷七八孔愉傳附孔汪傳改。按孔汪，東晉孝武帝世爲太常卿。

〔四八〕尚書令謝石意同忱議　「意」，原作一字空格，據南監本、北監本、汲本、殿本、局本補。

〔四九〕若臣所啓不允　「若」，原作「君」，南監本、北監本、汲本、殿本、局本作「羣」，今據通典卷四九禮九改。

〔五〇〕若計常限　「若」字原闕，據通典卷四九禮九補。

〔五一〕未合六十月而再殷　「未」，原作「來」，據通典卷四九禮九改。

〔五二〕領曹郎范泰參議　「范泰」，通典卷五〇禮一〇作「范義」。本書卷六〇范泰傳，泰位侍中、左光禄大夫，卒於元嘉五年，疑此作「范義」爲是。按范義事又見本書卷五七蔡廓傳附蔡興宗傳、卷七九文五王竟陵王誕傳。

〔五三〕再周祥變　「祥」字原在「周」上，據局本、通典卷五〇禮一〇乙正。

〔五四〕哀未忘也　「忘」，原作「恐」，據殿本、局本、通典卷五〇禮一〇改。

〔五五〕今若以來四月未得殷祠　「以」字原闕，據殿本、局本補。

〔五六〕晉武帝咸寧五年十一月己酉弘訓羊太后崩　按晉書卷三一后妃傳上載羊后薨在咸寧四年，晉書卷三武帝紀、通鑑卷八〇晉紀載羊后薨在咸寧四年六月。據晉書卷三四羊祜傳云：「祜寢疾，求入朝。既至洛陽，會景獻宮車在殯，哀慟至篤。（中略）及侍坐，面陳伐吳之計。」羊祜卒於咸寧四年十一月，其至洛陽而羊后在殯，則羊后之薨，當在咸寧四年。

宋書卷十七

志第七

禮四

宋文帝元嘉三年五月庚午，以誅徐羨之等，讎恥已雪，幣告太廟。

元嘉三年十二月甲寅，西征謝晦，告太廟、太社〔一〕。晦平，車駕旋軫，又告。

元嘉六年七月，太學博士徐道娛上議曰：「伏見太廟烝嘗儀注，皇帝行事畢，出便坐，三公已上獻，太祝送神于門，然後至尊還拜，百官贊拜，乃退。謹尋清廟之道，所以肅安神也。禮曰，廟者貌也。神靈所馮依也。事亡如存，若常在也。既不應有送神之文，自陳豆薦俎，車駕至止，並弗奉迎。夫不迎而送，送而後辭，闇短之情，實用未達。按時人私祠，誠皆迎送，由於無廟，庶感降來格。因心立意，非王者之禮也。儀禮雖太祝迎尸于門，此乃延尸之儀，豈是敬神之典。恐於禮有疑。謹以議上。」有司奏下禮官詳判。博士江邃議：「在始不迎，明在廟也。卒事而送，節孝思也。若不送而辭，是舍親也。辭而後送，是遺神也。故孝子不忍違其親，又不忍遺神。是以祝史送神以成烝嘗之義。」博士賀道期議：「欒以迎來，哀以送往。祭統『迎牲而不迎尸』。詩云：『鐘鼓送尸。』鄭云：『尸，神象也。』與今儀注不迎而後送，若合符契。」博士荀萬秋議：「古之事尸，與今之事神，其義一也。周禮，尸出，送于廟門，拜，尸不顧。詩云：『鐘鼓送尸。』則送神之義，其來久矣。記曰：『迎牲而不迎尸，別嫌也。尸在門外，則疑於君，入廟，則全於臣。是故不出者，明君臣之義。』」邃等三人謂舊儀爲是，唯博士陳珉同道娛議。參詳「邃等議雖未盡，然皆依擬經禮。道娛、珉所據難從。今衆議不一，宜遵舊體」。詔可。

元嘉六年九月，太學博士徐道娛上議曰：「祠部下十月三日殷祠，十二日烝祀。謹按禘祫之禮，三年一，五年再。公羊所謂五年再殷祭也。在四時之間，周禮所謂凡四時之間禮也。蓋歷歲節月無定，天子諸侯，先後弗同。禮稱『天子祫嘗，諸侯烝祫。有田則祭，無田則薦』。鄭注：『天子先祫然後時祭，諸侯先時祭然後祫。有田者既祭又薦新。祭以首時，薦以仲月。』然則大祭四祀，其月各異。天子以孟月殷，仲月烝，諸侯孟月嘗，仲月祫也。春秋僖公八年秋七月，禘。文公二年八月，大事于太廟。穀梁傳曰：『著祫嘗也。』昭公十五年二月，『有事于武宮』。左傳曰：『禮也。』又周禮『仲冬享蒸』。月令『季秋嘗稻』。晉春烝曲沃，齊十月嘗太公，此並孟仲區別不共之明文矣。凡祭必先卜，日用丁巳，如不從，進卜遠日。卜未吉，豈容二事，推期而往，理尤可知。尋殷蒸祀重，祭薦禮輕。輕尚異月，重寧反同。且『祭不欲數，數則瀆』。今隔旬頻享，恐於禮爲煩。自經緯墳誥，都無一月兩獻，先儒舊說，皆云殊朔。晉代相承，未審其原。國事之重，莫大乎祀。愚管膚淺，竊以惟疑。請詳告下議。」寢不報。

元嘉七年四月乙丑，有司奏曰：「禮喪服傳云：『有死於宮中者，則爲之三月不舉祭。』今礿祀既戒〔二〕，而掖庭有故。下太常依禮詳正。太學博士江邃、袁朗、徐道娛、陳珉等議，參互不同。殿中曹郎中領祠部謝元議以爲：『遵依禮傳，使有司行事，於義爲安。』輒重參詳。宗廟敬重，饗祀精明。雖聖情罔極，必在親奉。然苟曰有疑，則情以禮屈。無所稱述，於義有據。請聽如元所上。」詔可。

元嘉十年十二月癸酉，太祝令徐閏刺署：「典宗廟社稷祠祀薦五牲，牛羊豕雞並用雄。其一種市買，由來送雌。竊聞周景王時，賓起見雄雞自斷其尾，曰：『雞憚犧，不祥。』今何以用雌，求下禮官詳正。」勒太學依禮詳據。博士徐道娛等議稱：「案禮孟春之月，

『是月也，犧牲無用牝』。如此，是春月不用雌爾，秋冬無禁。雄雞斷尾，自可是春月。」太常丞司馬操議：「尋月令孟春『命祀山林川澤，犧牲無用牝』。若如學議，春祠三牲以下，便應一時俱改，以從月令，何以偏在一雞。」重更勒太學議答。博士徐道娛等又議稱：「凡宗祀牲牝不一，前惟月令不用牝者，蓋明在春必雄，秋冬可雌，非以山林同宗廟也。四牲不改，在雞偏異，相承來久，義或有由，誠非末學所能詳究。求詳議告報，如所稱令。」參詳閏所稱粗有證據，宜如所上。自今改用雄雞。

孝武帝孝建三年五月丁巳，詔以第四皇子出紹江夏王太子叡爲後。有司奏：「皇子出後，檢未有告廟先例，輒勒二學禮官議正，應告與不？告者爲告幾室？」太學博士傅休議：「禮無皇子出後告廟明文。晉太康四年，封北海王寔紹廣漢殤王後，告于太廟。漢初帝各異廟，故告不必同。自漢明帝以來，乃共堂各室，魏、晉依之。今既共堂，若獨告一室，而闕諸室，則於情未安。」太常丞庾亮之議：「案禮『大事則告祖禰，小事則特告禰』。今皇子出嗣，宜告禰廟。」祠部朱膺之議以爲：「有事告廟，蓋國之常典。今皇子出紹，事非常均。愚以爲宜告。賀循云，古禮異廟，唯謁一室是也。既皆共廟，而闕於諸帝，於情未安。謂循言爲允，宜在皆告。」兼右丞殿中郎徐爰議以爲：「國之大事，必告祖禰。皇子出嗣，不得謂小。昔第五皇子承統廬陵，備告七廟。」參議以爰議爲允。詔可。

大明元年六月己卯朔，詔以前太子步兵校尉祗男歆紹南豐王朗。有司奏：「朗先嗣營陽，告廟臨軒。檢繼體爲舊，不告廟臨軒。」下禮官議正。太學博士王燮之議：「南豐昔別開土宇，以紹營陽，義同始封，故有臨軒告廟之禮。今歆奉詔出嗣，則成繼體，先爵猶存，事是傳襲，不應告廟臨軒。」祠部郎朱膺之議：「南豐王嗣爵封已絕，聖恩垂矜，特詔繼茅土，復申義同始封，爲之告廟臨軒。」殿中郎徐爰議：「營陽繼體皇基，身亡封絕，恩詔追封，錫以一城。既始啓建茅土，故宜臨軒告廟。今歆繼後南豐，彼此俱爲列國，長沙、南豐，自應各告其祖，豈關太廟。事非始封，不合臨軒。同博士王燮之議。」參詳，爰議爲允。詔可。

大明三年六月乙丑，有司奏：「來七月十五日，嘗祠太廟、章皇太后廟，輿駕親奉。而乘輿辭廟親戎，太子合親祠與不？且今月二十四日，第八皇女夭。案禮『宮中有故，三月不舉祭』。皇太子入住上宮，於事有疑。」下禮官議正。太學博士司馬興之議：「竊惟『國之大事，在祀與戎』。皇太子有撫軍之道，而無專御之義，戎既如之，祀亦宜然。案祭統『夫祭之道，孫爲王父尸』。又云，『祭有昭穆，所以別父子』。太子監國，雖不攝，至於宗廟，則昭穆實存，謂事不可亂。又云，『有故則使人』。准此二三，太子無奉祀之道。又皇女夭札，則實同宮一體之哀，理不得異。設令得祀，令猶無親奉之義。」博士郁議〔三〕：「案春秋，太子奉社稷之粢盛，長子主器，出可守宗廟，以爲祭主，易象明文。監國之重，居然親祭。皇女夭札，時既同宮，三月廢祭，於禮宜停。」二議不同。尚書參議，宜以郁議爲允。

詔可。

大明三年十一月乙丑朔，有司奏：「四時廟祠，吉日已定，遇雨及舉哀，舊停親奉，以有司行事。先下使禮官博議，於禮爲得遷日與不？」博士江長議：「禮記祭統：『君之祭也，有故則使人，而君不失其儀。』鄭玄云：『君雖不親，祭禮無闕，君德不損。』愚以爲有故則必使人者，明無遷移之文。苟有司充事，謂不宜改日。」太常丞陸澄議：「案周禮宗伯之職，『若王不與祭祀則攝位』。鄭君曰：『王有故，行其祭事也。』臣以爲此謂在致齋，祭事盡備，神不可瀆，齋不可久，而王有他故，則使有司攝焉。晉泰始七年四月，世祖將親祠于太廟。庚戌，車駕夕牲。辛亥，雨。有司行事。此雖非人故，蓋亦天硋也。求之古禮，未乖周制。案禮記，『孔子答曾子，當祭而日蝕太廟火，如牲至未殺，則廢』。然則祭非無可廢之道也，但權所爲之輕重耳。日蝕廟火，變之甚者，故乃牲至尚猶可廢。推此而降，可以理尋。今散齋之内，未及致齋，而有輕哀甚雨〔四〕，日時展事，可以延敬。不愆義情，無傷正典，改擇令日，夫何以疑。愚謂散齋而有舉哀若雨，可更遷日。唯入致齋及日月逼晚者，乃使有司行事耳。又前代司空顧和啓，南郊車駕已出遇雨，宜遷日更郊，事見施用。

郊之與廟，其敬可均，至日猶遷，況散齋邪。」殿中郎殷淡議：「曾子問『日蝕太廟火，牲未殺則廢』。縱有故則使人。清廟敬重，郊禋禮大，故廟焚日蝕，許以可遷；輕哀微故，事不合改。是以鼷鼠食牛，改卜非禮。晉世祖有司行事，顧司空之改郊月，既不見其當時之宜，此不足爲准。愚謂日蝕廟火，天譴之變，迺可遷日。至於舉哀小故，不宜改辰。」衆議不同。參議，既有理據，且晉氏遷郊，宋初遷祠，並有成准。謂孟月散齋之中，遇雨及舉輕哀，宜擇吉更遷，無定限數。唯入致齋及侵仲月節者，使有司行事。詔可。

大明五年十月甲寅，有司奏：「今月八日烝祠二廟，公卿行事。有皇太子獻妃服。」前太常丞庾蔚之議：「禮所以有喪廢祭，由祭必有樂。皇太子以元嫡之重，故主上服妃，不以尊降。既正服大功，愚謂不應祭。有故，三公行事，是得祭之辰，非今之比。卿卒猶不繹，況於太子妃乎？」博士司馬興之議：「夫緦則不祭，禮之大經。卿卒不繹，春秋明義。又尋魏代平原公主薨，高堂隆議不應三月廢祠，而猶云殯葬之間，權廢事改吉，芬馥享祠。尋此語意，非使有司。此無服之喪，尚以未葬爲廢，況皇太子妃及大功未祔者邪？上尋禮文，下准前代，不得烝祠。」領軍長史周景遠議：「案禮『緦不祭』。大功廢祠，理不俟言。今皇太子故妃既未山塋，未從權制，則應依禮廢烝嘗。至尊以大功之服，於禮不得親奉，非有故之謂，亦不使公卿行事。」右丞徐爰議以爲：「禮，『緦不祭』，蓋惟通議。大夫以尊貴降絶，及其有服，不容復異。祭統云『君有故使人可』者，謂於禮應祭，君不得齋，祭不可闕，故使臣下攝奉。不謂君不應祭，有司行事也。晉咸寧四年，景獻皇后崩，晉武帝伯母，宗廟廢一時之祀，雖名號尊崇，粗可依准。今太子妃至尊正服大功，非有故之比。既未山塋，謂烝祠宜廢。」尋蔚之等議，指歸不殊，闕烝爲允。過卒哭祔廟，一依常典。」詔可。

大明七年二月丙辰，有司奏：「鑾輿巡蒐江左〔五〕，講武校獵，獲肉先薦太廟、章太后廟，并設醯酒，公卿行事，及獻妃陰室，室長行事。」太學博士虞龢議：「檢周禮，四時講武獻牲，各有所施。振旅春蒐，則以祭社；茇舍夏苗，則以享礿；治兵秋獮，則以祀祊〔六〕；大閱冬狩，則以享烝。案漢祭祀志：『唯立秋之日，白郊事畢，始揚威武，名曰「貙劉」。乘輿入囿，躬執弩以射，牲以鹿麑。太宰令謁者各一人，載獲車馳送陵廟。』然則春田薦廟，未有先准。」兼太常丞庾蔚之議：「龢所言是蒐狩不失其時，此禮久廢。今時龢表晏，講武教人，又虔供乾豆，先薦二廟，禮情俱允。社主土神，司空土官，故祭社使司空行事。太廟宜使上公。參議蒐狩之禮，四時異議，禮有損益，時代不同。今既無復四方之祭，三殺之儀，曠廢來久，禽獲牲物，面傷翦毛，未成禽不獻。太宰令謁者擇上殺奉送，先薦廟社二廟，依舊以太尉行事。」詔可。

明帝泰豫元年七月庚申，有司奏：「七月嘗祠，至尊諒闇之內，爲親奉與不？使下禮官通議。伏尋三年之制，自天子達。漢文愍秦餘之弊，於是制爲權典。魏、晉以來，卒哭而祔則就吉。案禮記王制，『三年不祭，唯祭天地社稷，爲越紼而行事』。鄭玄云：『唯不敢以卑廢尊也。』范宣難杜預、段暢，所以闕宗廟祭者，皆人理所奉，哀戚之情，同於生者。譙周祭志稱：『禮，身有喪，則不爲吉祭。緦麻之喪，於祖考有服者，則亦不祭，爲神不饗也。』尋宮中有故，雖在無服，亦廢祭三月，有喪不祭。如或非若三年之內必宜親奉者，則應禘序昭穆。而今必須免喪，然後禘祫，故知未祭之意，當似可思。起居注，晉武有二喪，兩朞之中，並不自祠。亦近代前事也。伏惟至尊孝越姬文，情深明發，公服雖釋，純哀內纏。推訪典例，則未應親奉。有司祇應，祭不爲曠。仰思從敬，竊謂爲允。臣等參議，甚有明證，宜如所上。」詔可。

後廢帝元徽二年十月丙寅，有司奏：「至尊親祠太廟文皇帝太后之日，孝武皇帝及昭皇太后〔七〕，雖親非正統，而嘗經北面，未詳應親執爵與不？」下禮官議。太學博士周山文議：「案禮，尊者尊統上，卑者尊統下。孝武皇帝於至尊雖親非正統，而祖宗之號，列于七廟。愚謂親奉之日，應執觴爵。昭皇太后既親非禮正，宜使三公行事。」博士顏㚆等四人同山文。兼太常丞韓賁議：「晉景帝之於世祖，肅祖之於孝武，皆傍尊也，親執觴杓。今孝武皇帝於至尊，親惟伯父〔八〕，功列祖宗，奉祠之日，謂宜親執。按昭皇太后於主上，親無名秩，情則疏遠，庶母在我，猶子祭孫止，況伯父之庶母。愚謂昭后觴爵，可付之有司。」前左丞孫緬議：「晉世祖宗祠顯宗、烈宗、肅祖，並是晉帝之伯，今朝明準，而初無有司行事之禮。愚謂主上親執孝武皇帝觴爵，有愜情敬。昭皇太后君母之貴，見尊一時，而與章、宣二廟同饗閟宮，非唯不躬奉，迺宜議其毀替。請且依舊，三公行事。」詔緬議爲允。

宋孝武帝孝建元年十月戊辰，有司奏章皇太后廟毀置之禮。二品官議者六百六十三人。太傅江夏王義恭以爲：「經籍殘僞，訓傳異門，諒言之者罔一，故求之者尠究。是以六宗之辯，舛於兼儒，迭毀之論，亂於羣學。章皇太后誕神啓聖，禮備中興，慶流胙胤，德光義遠。宜長代崇芬，奕葉垂則。豈得降侔通倫，反遵常典。夫議者成疑，寔傍紀傳，知一爽二，莫窮書旨。按禮記不代祭，爰及慈母，置辭令有所施。穀梁於孫止，別主立祭。則親執虔祀，事異前志。將由大君之宜，其職彌重，人極之貴，其數特中。且漢代鴻風，遂登配祔，晉氏明規，咸留薦祀。遠考史策，近因闇見，未應毀之，於義爲長。所據公羊，祇足堅秉。安可以貴等帝王，祭從士庶，緣情訪制，顛越滋甚。謂應同七廟，六代乃毀。」六百三十六人同義恭不毀。散騎侍郎王法施等二十七人議應毀。領曹郎中周景遠重參議，義恭等不毀議爲允。詔可。

大明二年二月庚寅，有司奏：「皇代殷祭，無事於章后廟。高堂隆議魏文思后依周姜嫄廟禘祫，及徐邈答晉宣太后殷薦舊事，使禮官議正。」博士孫武議：「按禮記祭法，『置都立邑，設廟祧壇墠而祭之，乃爲親疏多少之數。是故王立七廟，遠廟爲祧』。鄭云：『天子遷廟之主，昭穆合藏於二祧中〔九〕，祫乃祭之。』王制曰：『祫禘。』鄭云：『祫，合也。合先君之主於祖廟而祭之，謂之祫。三年而夏禘，五年而秋祫，謂之五年再殷祭。』又『禘，大祭也』。春秋文公二年，『大事于太廟』。傳曰：『毁廟之主，陳于太祖；未毁廟之主，皆升合食太祖〔一〇〕。』傳曰：『合族以食，序以昭穆。』祭統曰：『有事于太廟，則羣昭羣穆咸在，不失其倫。』今殷祠是合食太祖，而序昭穆。章太后既屈於上，不列正廟。若迎主入太廟，既不敢配列於正序，又未聞於昭穆之外別立爲位。若徐邈議，今殷祠就別廟奉薦，則乖禘祫大祭合食序昭穆之義。邈云：『陰室四殤，不同祫就祭。』此亦其義也。喪服小記，『殤與無後，從祖祔食』。祭法，『王下祭殤』。鄭玄云：『祭適殤於廟之奥，謂之陰厭。』既從祖食於廟奥，是殤有位於奥，非就祭別宫之謂。今章太后廟，四時饗薦，雖不於孫止，若太廟禘祫，獨祭別宫，與四時烝嘗不異，則非禘大祭之義，又無取於祫合食之文。謂不宜與太廟同殷祭之禮。高堂隆答魏文思后依姜嫄廟禘祫，又不辨祫之義，而改祫大饗，蓋有由而然耳。守文淺學，懼乖禮衷。」博士王燮之議：「按禘小祫大，禮無正文，求之情例，如有可準〔一一〕。推尋祫之爲名，雖在合食，而祭典之重，於此爲大。夫以孝饗親，尊愛罔極，因殷薦太祖〔一二〕，亦致盛祀於小廟。譬有事於尊者，可以及卑。故高堂隆所謂獨以祫故而祭之也。是以魏之文思，晉之宣后，雖並不序於太廟，而猶均禘於姜嫄，其意如此。又徐邈所引四殤不祫，就而祭之，以爲別饗之例，斯其證矣。愚謂章皇太后廟，亦宜殷薦。」太常丞孫緬議以爲：「祫祭之名，義在合食，守經據古，孫武爲詳。竊尋小廟之禮，肇自近魏，晉之所行，足爲前準。高堂隆以祫而祭，有附情敬。徐邈引就祭四殤，以證別饗。孫武據殤祔於祖，謂廟有殤位。尋事雖同廟，而祭非合食。且七廟同宮，始自後漢，禮之祭殤，各祔厥祖。既豫祫，則必異廟而祭。愚謂章廟殷薦，推此可知。」祠部朱膺之議：「閟宮之祀，高堂隆、趙怡並云周人祫，歲俱祫祭之。魏、晉二代，取則奉薦，名儒達禮，無相譏非，不嘗不忘，率由舊章。愚意同王燮之、孫緬議。」詔曰：「章皇太后追尊極號，禮同七廟，豈容獨闕殷薦，隔茲盛祠。閟宮遥祫，既行有周，魏、晉從饗，式範無替。宜述附前典，以宣情敬。」

明帝泰始二年正月，孝武昭太后崩。五月甲寅，有司奏：「晉太元中，始正太后尊號，徐邈議廟制，自是以來，著爲通典。今昭皇太后於至尊無親，上特制義服〔一三〕。祔廟之禮，宜下禮官詳議。」博士王略、太常丞虞愿議：「正名存義，有國之徽典；臣子一例，史傳之明文。今昭皇太后正位母儀，尊號允著，祔廟之禮，宜備彝則。母以子貴，事炳聖文，孝武之祀，既百代不毁，則昭后之祔，無緣有虧。愚謂神主應入章后廟。又宜依晉元皇帝之於愍帝，安帝之於永安后，祭祀之日，不親執觴爵，使有司行事。」時太宗宣太后已祔章太后廟，長兼儀曹郎虞龢議以爲：「春秋之義，庶母雖名同崇號，而實異正嫡。是以猶考别宮，而公子主其祀。今昭皇太后既非所生，益無親奉之理。周禮宗伯職云：『若王不與祭，則攝位。』然則宜使有司行其禮事。又婦人無常秩，各以夫氏爲定，夫亡以子爲次。昭皇太后即正位在前，宣太后追尊在後，以從序而言，宜躋新禰于上。」參詳，龢議爲允。詔可。

泰始二年六月丁丑，有司奏：「來七月嘗祀二廟，依舊車駕親奉。孝武皇帝室〔一四〕，至尊親進觴爵及拜伏。又昭皇太后室應拜，及祝文稱皇帝諱。又皇后今月二十五日虔見於禰，拜孝武皇帝、昭皇太后，並無明文，下禮官議正。」太學博士劉緄議：「尋晉元北面稱臣於愍帝，烝嘗奉薦，亦使有司行事。且兄弟不相爲後，著於魯史。以此而推，孝武之室，至尊無容親進觴爵拜伏。其日親進章皇太后廟，經昭皇太后室過，前議既使有司行事，謂不應進拜。昭皇太后正號久定，登列廟祀，詳尋祝文，宜稱皇帝諱。案禮，婦無見兄之典，昭后位居傍尊，致虔之儀，理不容備。孝武、昭后二室，牲薦宜闕。」太常丞虞愿議：「夫烝嘗之禮，事存繼嗣，故傍尊雖近，弟姪弗祀。君道雖高，臣無祭典。按晉景帝之於武帝，屬居伯父，武帝至祭之日，猶進觴爵。今上既纂祠文皇，於孝武室謂宜進拜而已，觴爵使有司行事。按禮『過墓則軾，過祀則下』。凡在神祇，尚或致恭；況昭太后母臨四海，至尊親曾北面，兄母有敬，謂宜進拜，祝文宜稱皇帝諱。尋皇后廟見之禮，本脩虔爲義，今於孝武，論其嫂叔，則無通問之典，語其尊卑，亦無相見之義。又皇后登御之初，昭后猶正位在宮，敬謁之道，久已前備。愚謂孝武、昭太后二室，並不復薦告。」參議以愿議爲允。詔可。

後廢帝元徽二年十月壬寅，有司奏昭太后廟毀置。下禮官詳議。太常丞韓賁議：「按君母之尊，義發春秋，庶後饗薦無間。周典七廟承統，猶親盡則毀。況伯之所生，而無服代祭，稽之前代，未見其準。」都令史殷匪子議：「昭皇太后不係於祖宗，進退宜毀。議者云，『妾祔於妾祖姑』，祔既必告，毀不容異。應告章皇太后一室。按記云：『妾祔於妾祖姑，無妾祖姑，則易牲而祔於女君可也。』始章太后於昭太后，論昭穆而言，則非妾祖姑，又非女君，於義不當。伏尋昭太后名位允極，昔初祔之始，自上祔於趙后，即安于西廟，並皆幣告諸室。古者大事必告，又云每事必告。禮，牲幣雜用。檢魏、晉以來，互有不同。元嘉十六年，下禮官辨正。太學博士殷靈祚議稱：『吉事用牲，凶事用幣。』自茲而後，吉凶爲判，已是一代之成典。今事雖不全凶，亦未近吉，故宜依舊，以幣徧告二廟。又尋昭太后毀主，無義陳列於太祖，博士欲依虞主霾於廟兩階之間。按階間本以霾告幣霾虞主之所。昔虞喜云，依五經典議，以毁主祔於虞主，霾於廟之北牆，最爲可據。昭太后神主毁之霾之後，上室不可不虛置，太后便應上下升之。既升之頃，又應設脯醢以安神。今禮官所議，謬略未周。遷毁事大，請廣詳訪。」左僕射劉秉等七人同匪子〔一五〕。左丞王諶重參議，謂：「以幣徧告二廟，霾毁殷主於北牆。宣太后上室，仍設脯醢以安神，匪子議爲允。」詔可。

魏明帝太和三年，詔曰：「禮，王后無嗣，擇建支子以繼大宗，則當纂正統而奉公義，何得顧私親哉。漢宣繼昭帝，後加悼考以皇號；哀帝以外蕃援立，而董宏等稱引亡秦，或誤朝議，遂尊恭皇，立廟京師，又寵蕃妾，使比長信，僭差無禮，人神弗佑，非皋師丹忠正之諫，用致丁、傅焚如之禍。自是之後，相踵行之。其令公卿有司，深以前代爲誡。後嗣萬一有由諸侯入奉大統，則當明爲人後之義。敢爲佞邪，導諛君上，妄建非正之號，謂考爲皇，稱妣爲后，則股肱大臣，誅之無赦。其書之金策〔一六〕，藏之宗廟，著于令典。」是後高貴、常道援立，皆不外尊也。

晉愍帝建興四年，司徒梁芬議追尊之禮，帝既不從，而左僕射索綝等亦稱引魏制，以爲不可。故追贈吳王爲太保而已。元帝太興二年，有司言琅邪恭王宜稱皇考。賀循議云：「禮典之義，子不敢以己爵加其父號。」帝又從之。二漢此典棄矣。

魏明帝有愛女曰淑，涉三月而夭，帝痛之甚，追封謚爲平原懿公主，葬於南陵，立廟京師。無前典，非禮也。

宋孝武帝孝建元年七月辛酉，有司奏：「東平沖王年稚無後，唯殤服五月。雖臣不殤君〔一七〕，應有主祭，而國是追贈，又無其臣。未詳毁靈立廟，爲當它祔與不？輒下禮官詳議。」太學博士臣徐宏議：「王既無後，追贈無臣，殤服既竟，靈便合毁。記曰：『殤與無後者，從祖祔食。』又曰：『士大夫不得祔於諸侯，祔於祖之爲士大夫者。』按諸侯不得祔於天子。沖王則宜祔諸祖之廟爲王者，應祔長沙景王廟。」詔可。

大明四年丁巳〔一八〕，有司奏：「安陸國土雖建，而奠酹之所，未及營立，四時薦饗，故祔江夏之廟。先王所生夫人〔一九〕，當應祠不？」太學博士傅郁議：「應廢祭。」右丞徐爰議：「按禮，『慈母妾母不世祭〔二〇〕』。鄭玄注：『以其非正，故傳曰子祭孫止。』又云：『爲慈母後者，爲祖庶母可也。』注稱：『緣爲慈母後之義，父妾無子，亦可命己庶子爲之後也。』考尋斯義，父母妾之祭，不必唯子。江夏宣王太子，體自元宰，道戚之胤，遭時不幸，聖上矜悼，降出皇愛，嗣承徽緒，光啓大蕃，屬國爲祖。始王夫人載育明懿，則一國之正，上無所厭，哀敬得申。既未獲祔享江夏，又不從祭安陸，即事求情，愚以爲宜依祖母有爲後之義，謂合列祀于廟。」二議不同，參議以爰議爲允。詔可。

大明六年十月丙寅，有司奏：「故晉陵孝王子雲未有嗣，安廟後三日，國臣從權制除釋，朔望周忌，應還臨與不？祭之日，誰爲主？」太常丞庾蔚之議：「既葬三日，國臣從權制除釋。而靈筵猶存[一二]，朔望及朞忌，諸臣宜還臨哭，變服衣帢，使上卿主祭。王既未有後，又無三年服者，朞親服除[一三]，而國尚存，便宜立廟，爲國之始祖。服除之日，神主暫祔食祖廟。諸王不得祖天子，宜祔從祖國廟，還居新廟之室。未有嗣之前，四時饗薦，常使上卿主之。」左丞徐爰參議，以蔚之議爲允。詔可。

大明七年正月庚子，有司奏：「故宣貴妃加殊禮，未詳應立廟與不？」太學博士虞龢議：「曲禮云：『天子有后，有夫人。』檀弓云：『舜葬蒼梧，三妃未之從。』昏義云：『后之立六宮，有三夫人。』然則三妃即三夫人也。后之有三妃，猶天子之有三公也。按周禮，三公八命，諸侯七命。三公既尊於列國諸侯，三妃亦貴於庶邦夫人。據春秋傳，仲子非魯惠元嫡，尚得考彼別宮。今貴妃是秩，天之崇班，理應立此新廟。」左丞徐爰議：「宣貴妃既加殊命，禮絕五宮，考之古典，顯有成據。廟堂克構，宜選將作大匠。」參詳以龢、爰議爲允。詔可。

大明七年三月戊戌，有司奏：「新安王服宣貴妃齊衰朞，十一月練，十三月縞，十五月禫〔二三〕，心喪三年。未詳宣貴妃祔廟，應在何時？入廟之日，當先有祔，爲但入新廟而已〔二四〕？若在大祥及禫中入廟者〔二五〕，遇四時便得祭不〔二六〕？新安王在心制中，得親奉祭不？」太學博士虞龢議：「春秋傳云：『祔而作主，烝嘗禘於廟。』嘗爲吉祭之名，大祥及禫，未得入廟，應在禫除之後也。新安王心喪之内，若遇時節，便應吉祭於廟，親奉亦在無嫌。祔之爲言，以後亡者祔於先廟也。小記云：『諸侯不得祔於天子。』今貴妃爵視諸侯，居然不得祔於先后。又別考新宫，無所宜祔。且卒哭之後，益無祔理。」左丞徐爰議以：「禮有損益，古今異儀，雖云卒哭而祔，祔而作主，時之諸侯，皆禫終入廟。且麻衣縓緣，革服於元嘉，苫絰變除，申情於皇宋。況宣貴妃誕育叡蕃，葬加殊禮，靈筵廬位，皆主之哲王，考宫創祀，不得闕之朝廷。謂禫除之後，宜親執奠爵之禮。若有故，三卿行事。貴妃上厭皇姑，下絶列國，無所應祔。」參議，龢議大體與爰不異，宜以爰議爲允。詔可。

大明七年十一月癸未，有司奏：「晉陵國刺：孝王廟依廬陵等國例〔二七〕，一歲五祭。二國以王有衡陽王服，今年内不祠。尋國未有嗣王，三卿主祭〔二八〕。應同有服之例與不？」博士顔僧道議：「禮記云：『所祭者亡服則祭〔二九〕。』今晉陵王於衡陽小功，宜依二國同廢。」太常丞庾蔚之議：「緦不祭者，據主爲言也。晉陵雖未有嗣，宜依有嗣致服，依闕祭之限。衡陽爲族伯緦麻，則應祭三月〔三〇〕。」兼左丞徐爰議：「嗣王未立，將來承胤未知疏近。豈宜空計服屬，以虧祭敬。」參議以爰議爲允。詔可。

大明八年正月壬辰，有司奏：「故齊敬王子羽將來立後，未詳便應作主立廟？爲須有後之日？未立廟者，爲於何處祭祀？」游擊將軍徐爰議以爲：「國無後，於制除罷。始封之君，寔存承嗣，皇子追贈，則爲始祖。臣不殤君，事著前準，豈容虛闕烝嘗，以俟有後。謂宜立廟作主〔三一〕，三卿主祭依舊。」通關博議，以爰議爲允。令便立廟。廟成作主，依晉陵王近例，先暫祔廬陵孝獻王廟。祭竟，神主即還新廟。未立後之前，常使國上卿主祭。

禮云：「共工氏之霸九州，其子句龍曰后土，能平九土，故祀以爲社〔三二〕。」周以甲日祭之，用日之始也。「社所以神地之道。地載萬物，天垂象。取財於地，取法於天。是以尊天而親地。故教民美報焉〔三三〕。家主中霤而國主社，示本也。」故言報本反始。烈山氏之有天下，其子曰農，能殖百穀。其裔曰柱，佐顓頊爲稷官，主農事，周棄係之，法施於人，故祀以爲稷。禮：「王爲羣姓立社曰太社，王自爲立社曰王社。」故國有二社，而稷亦有二也。漢、魏則有官社，無稷，故常二社一稷也。晉初仍魏，無所增損。至太康九年，改建宗廟，而社稷壇與廟俱徙。乃詔曰：「社實一神，其并二社之禮〔三四〕。」於是車騎司馬傅咸表曰：「祭法二社各有其義。天子尊事郊廟，故冕而躬耕也者，所以重孝享之粢盛，致殷薦於上帝也。穀梁傳曰：『天子親耕以供粢盛。』親耕，謂自報，自爲立社者，爲耤而報也。國以人爲本，人以穀爲命，故又爲百姓立社而祈報焉。事異報殊，此社之所以有二也。王景侯之論王社，亦謂春祈耤田，秋而報之也。其論太社，則曰『王者布下圻內，爲百姓立之，謂之太社，不自立之於京師也』。景侯此論，據祭法『大夫以下，成羣立社，曰置社』。景侯解曰：『今之里社是也。』景侯解祭法，則以置社爲人間之社矣。而別論復以太社爲人間之社，未曉此旨也。太社，天子爲民而祀〔三五〕，故稱天子社。郊特牲曰：『天子太社，必受霜露風雨。』夫以羣姓之衆，王者通爲立社，故稱太社。若夫置社，其數不一，蓋以里所爲名。左氏傳盟于清丘之社是也。人間之社，既已不稱太矣。若復不立之京都，當安所立乎？祭法又曰：『王爲羣姓立七祀。』言自爲者，自爲而祀也。爲羣姓者，爲羣姓而祀也。太社與七祀，其文正等。說者窮此，因云墳籍但有五祀無七祀也。按祭五祀，國之大祀，七者小祀。周禮所云祭凡小祀，則墨冕之屬也。景侯解大厲曰：『如周杜伯，鬼有所歸，乃不爲厲。』今云無二社者稱景侯，祭法不謂無二，則曰口傳無其文也。夫以景侯之明，擬議而後爲解，而欲以口論除明文。如此，非但二社，當是思惟景侯之後解，亦未易除也。前被敕，尚書召誥『社于新邑，唯一太牢』，不二社之明義也。按郊特牲曰：『社稷太牢。』必援一牢之文，以明社之無二，則稷無牲矣。說者則曰，舉社以明稷。苟可舉社以明稷〔三六〕，何獨不可舉一以明二。『國之大事，在祀與戎』。若有過而除之，不若過而存之。況存之有義，而除之無據乎。周禮封人『掌設社壝』。無稷字。今帝社無稷，蓋出於此。然國主社稷，故經傳動稱社稷。周禮，王祭稷則絺冕。此王社有稷之文也。封人設壝之無稷字，說者以爲略文，從可知也。謂宜仍舊立二社，而加立帝社之稷。」時成粲議稱：「景侯論太社不立京都，欲破鄭氏學。」咸重表以爲：「如粲之論，景侯之解文以此壞。大雅云：『乃立冢土。』毛公解曰：『冢土，太社也。』景侯解詩，即用此說。禹貢『惟土五色』。景侯解曰：『王者取五色土爲太社，封四方諸侯。各割其方色土者覆四方也〔三七〕。』如此，太社復爲立京都也。不知此論從何出而與解乖。上違經記明文，下壞景侯之解。臣雖頑蔽，少長學問，不能默已，謹復續上。」劉寔與咸同。詔曰：「社實一神，而相襲二位，衆議不同，何必改作，其使仍舊〔三八〕，一如魏制。」

至元帝建武元年，又依洛京立二社一稷。其太社之祝曰：「地德普施，惠存無疆。乃建太社，保佑萬邦。悠悠四海，咸賴嘉祥。」其帝社之祝曰：「坤德厚載，王畿是保。乃建帝社，以神地道。明祀惟辰〔三九〕，景福來造。」禮，左宗廟，右社稷。歷代遵之，故洛京社稷在廟之右，而江左又然也。吳時宮東門雩門，疑吳社亦在宮東，與其廟同所也。宋仍舊，無所改作。

魏氏三祖皆親耕藉，此則先農無廢享也。其禮無異聞，宜從漢儀。執事告祠以太牢。晉元、哀帝並欲藉田而不遂〔四〇〕，儀注亦闕略。

宋文帝元嘉二十一年春，親耕，乃立先農壇於藉田中阡西陌南。高四尺，方二丈。爲四出陛。陛廣五尺，外加埒。去阡陌各二十丈。車駕未到，司空、大司農率太祝令及衆執事質明以一太牢告祠。祭器用祭社稷器。祠畢，班餘胙於奉祠者。舊典先農又常列於郊祭云。

漢儀，皇后親桑東郊苑中。蠶室祭蠶神曰苑窳婦人、寓氏公主。祠用少牢。晉武帝太康九年，楊皇后躬桑于西郊，祀先蠶。壇高一丈，方二丈，爲四出陛，陛廣五尺。在採桑壇東南帷宮之外，去帷宮十丈。皇后未到，太祝令質明以一太牢告祠。謁者一人監祠。畢，徹饌，班餘胙於從桑及奉祠者。

魏文帝黄初二年六月庚子，初禮五嶽四瀆，咸秩羣祀，瘞沈珪璋。六年七月，帝以舟軍入淮〔四一〕。九月壬戌，遣使者沈璧于淮，禮也。

魏明帝太和四年八月，帝東巡，遣使者以特牛祠中嶽，禮也。

魏元帝咸熙元年，帝行幸長安，遣使者以璧幣禮華山，禮也。

晉穆帝升平中，何琦論修五嶽祠曰：「唐、虞之制，天子五載一巡狩，省時之方，柴燎五嶽，望于山川，徧于羣神。故曰『因名山升中于天』。所以昭告神祇，饗報功德。是以災厲不作，而風雨寒暑以時。降逮三代，年數雖殊，而其禮不易。五嶽視三公，四瀆視諸侯，著在經記，所謂有其舉之，莫敢廢也。及秦、漢都西京，涇、渭、長水，雖不在祀典，以近咸陽，故盡得比大川之祠。而正立之禮〔四二〕，可以闕哉！自永嘉之亂，神州傾覆，茲事替矣。唯灊之天柱，在王略之內，舊臺選百石吏卒，以奉其職。中興之際，未有官守，廬江郡常遣大吏兼假，四時禱賽，春釋寒而冬請冰。咸和迄今，已復墮替。計今非典之祠，可謂非一。考其正名，則淫昏之鬼；推其糜費，則四民之蠹〔四三〕。而山川大神，更爲簡闕，禮俗頹紊，人神雜擾，公私奔蹙〔四四〕，漸以滋繁。良由頃國家多難，日不暇給，草建廢滯，事有未遑。今元憝已殲，宜修舊典。嶽瀆之域，風教所被，來蘇之人，咸蒙德澤，而神祇禋祀，未之或甄，巡狩柴燎，其廢尚矣。崇明前典，將俟皇輿北旋，稽古憲章，大釐制度。其五嶽、四瀆宜遵修之處，但俎豆牲牢，祝嘏文辭，舊章靡記。可令禮官作式，歸諸誠簡，以達明德馨香，如斯而已。其諸妖孽，可粗依法令〔四五〕，先去其甚。俾邪正不瀆。」不見省。

宋孝武帝大明七年六月丙辰，有司奏：「詔奠祭霍山，未審應奉使何官？用何牲饌？進奠之日，又用何器？」殿中郎丘景先議：「脩祀川嶽，道光列代；差秩珪璋，義昭聯冊。但業曠中葉，儀漏典文。尋姬典事繼宗伯，漢載持節侍祠，血祭霾沈，經垂明範，酒脯牢具，悉有詳例。又名山著珪幣之異，大冢有嘗禾之加。山海祠霍山，以太牢告玉，此準酌記傳，其可言者也。今皇風緬暘，輝祀通嶽，愚謂宜使以太常持節，牲以太牢之具，羞用酒脯時穀，禮以赤璋纁幣。又鬯人之職，『凡山川四方用脤』，則盛酒當以蠡桮，其餘器用，無所取説。按郊望山瀆，以質表誠，器尚陶匏，籍以茅席，近可依準。山川以兆，宜爲壇域。」參議景先議爲允。令以兼太常持節奉使，牲用太牢，加以璋幣，器用陶匏，時不復用脤，宜同郊祀，以爵獻。凡肴饌種數，一依社祭爲允。詔可。

晉武帝咸寧二年春，久旱。四月丁巳〔四六〕，詔曰：「諸旱處廣加祈請。」五月庚午，始祈雨于社稷山川。六月戊子，獲澍雨。此雩禜舊典也。

太康三年四月、十年二月，又如之。是後脩之至今。

魏文帝黃初二年正月，詔曰：「昔仲尼資大聖之才，懷帝王之器，當衰周之末，無受命之運，乃退考五代之禮，脩素王之事，因魯史而制春秋，就太師而正雅、頌，俾千載之後，莫不宗其文以述作〔四七〕，仰其聖以成謀。茲可謂命世大聖，億載之師表者也。以遭天下大亂，百祀隳廢，舊居之廟，毀而不脩，褒成之後，絶而莫繼，闕里不聞講頌之聲，四時不覩烝嘗之位，斯豈所謂崇化報功，盛德百世必祀者哉〔四八〕！其以議郎孔羨爲宗聖侯，邑百户，奉孔子祀。命魯郡脩舊廟，置百户吏卒，以守衞之。」

晉武帝泰始三年十一月，改封宗聖侯孔震爲奉聖亭侯。又詔太學及魯國四時備三牲以祀孔子。

明帝太寧三年，詔給事奉聖亭侯孔亭四時祠孔子祭直，如泰始故事。亭五代孫繼之博塞無度，常以祭直顧進，替慢不祀。宋文帝元嘉八年，有司奏奪爵。至十九年，又授孔隱之。兄子熙先謀逆，又失爵。二十八年，更以孔惠雲爲奉聖侯。後有重疾，失爵。孝武大明二年，又以孔邁爲奉聖侯。邁卒，子莽嗣〔四九〕，有辠，失爵。

魏齊王正始二年三月，帝講論語通，五年五月，講尚書通，七年十二月，講禮記通〔五〇〕，並使太常釋奠，以太牢祀孔子於辟雝，以顏淵配。

晉武帝泰始七年，皇太子講孝經通，咸寧三年，講詩通，太康三年，講禮記通，惠帝元康三年，皇太子講論語通〔五一〕，元帝太興三年，皇太子講論語通，太子並親釋奠，以太牢祠孔子，以顏淵配。成帝咸康元年，帝講詩通，穆帝升平元年三月，帝講孝經通，孝武寧康三年七月，帝講孝經通，並釋奠如故事。穆帝、孝武並權以中堂爲太學。

宋文帝元嘉二十二年四月，皇太子講孝經通，釋奠國子學，如晉故事。

漢東海恭王薨，明帝出幸津門亭發哀。魏時會喪及使者弔祭，用博士杜希議，皆去玄冠，加以布巾。

魏武帝少時，漢太尉橋玄獨先禮異焉。故建安中，遣使祠以太牢。文帝黃初六年十二月，過梁郡，又以太牢祠之。

黃初二年正月，帝校獵至原陵，遣使者以太牢祠漢世祖。

宋文帝元嘉二十五年四月丙辰，車駕行幸江寧，經司徒劉穆之墓，遣使致祭焉。

孝武帝大明三年二月戊申，行幸耤田，經左光禄大夫袁湛墓，遣使致祭。

大明五年九月庚午〔五二〕，車駕行幸，經司空殷景仁墓，遣使致祭。

大明七年十一月，南巡。乙酉，遣使祭晉大司馬桓温、征西將軍毛璩墓〔五三〕。

劉禪景耀六年，詔爲丞相諸葛亮立廟於沔陽。先是所居各請立廟，不許，百姓遂私祭之。而言事者或以爲可立於京師，乃從人意，皆不納。步兵校尉習隆、中書侍郎向充等言於禪曰〔五四〕：「昔周人懷邵伯之美，甘棠爲之不伐；越王思范蠡之功，鑄金以存其象。自漢興已來，小善小德，而圖形立廟者多矣；況亮德範遐邇，勳蓋季世，興王室之不壞，實斯人是賴。而烝嘗止於私門，廟象闕而莫立，百姓巷祭，戎夷野祀，非所以存德念功，述追在昔也。今若盡從人心，則瀆而無典；建之京師，又逼宗廟。此聖懷所以惟疑也。愚以爲宜因近其墓，立之於沔陽，使屬所以時賜祭。凡其故臣欲奉祠者，皆限至廟。斷其私祀，以崇正禮。」於是從之。何承天曰：「周禮：『凡有功者祭於大烝。』故後代遵之，以元勳配饗。充等曾不是式〔五五〕，禪又從之，並非禮也。」

漢時城陽國人以劉章有功於漢，爲之立祠。青州諸郡，轉相放效，濟南尤盛。至魏武帝爲濟南相，皆毀絕之。及秉大政，普加除翦，世之淫祀遂絕。至文帝黄初五年十一月〔五六〕，詔曰：「先王制祀〔五七〕，所以昭孝事祖，大則郊社，其次宗廟，三辰五行〔五八〕，名山川澤，非此族也，不在祀典。叔世衰亂〔五九〕，崇信巫史，至乃宮殿之内，户牖之間，無不沃酹，甚矣其惑也。自今其敢設非禮之祭，巫祝之言，皆以執左道論，著于令。」明帝青龍元年，又詔：「郡國山川不在祀典者，勿祠。」

晉武帝泰始元年十二月，詔：「昔聖帝明王，脩五嶽、四瀆，名山川澤，各有定制。所以報陰陽之功，而當幽明之道故也。然以道莅天下者，其鬼不神，其神不傷人也。故祝史薦而無媿詞〔六〇〕，是以其人敬慎幽冥，而淫祀不作。末代信道不篤，僭禮瀆神，縱欲祈請，曾不敬而遠之，徒偷以求幸〔六一〕，妖妄相扇，舍正爲邪，故魏朝疾之。其按舊禮，具爲之制，使功著於人者，必有其報，而妖淫之鬼，不亂其間。」二年正月，有司奏：「春分祠厲殃及禳祠。」詔曰：「不在祀典，除之。」

宋武帝永初二年，普禁淫祀。由是蔣子文祠以下，普皆毀絶。孝武孝建初，更脩起蔣山祠，所在山川，漸皆脩復。明帝立九州廟於雞籠山，大聚羣神。蔣侯宋代稍加爵，位至相國、大都督中外諸軍事，加殊禮，鍾山王。蘇侯驃騎大將軍。四方諸神，咸加爵秩。

漢安帝元初四年，詔曰：「月令，『仲秋，養衰老，授几杖，行麋鬻』。方今八月按比之時，郡縣多不奉行。雖有麋鬻，糠秕泥土相和半，不可飲食。」按此詔，漢時猶依月令施政事也。

校勘記

〔一〕「宋文帝元嘉三年五月庚午」至「元嘉三年十二月甲寅西征謝晦告太廟太社」　元嘉三年五月己卯朔，無庚午。據本書卷五文帝紀、南史卷二宋本紀中、通鑑卷一二〇宋紀，文帝以元嘉三年正月丙寅誅徐羨之、傅亮等；二月庚申，西征謝晦；同月己卯，謝晦被擒；三月辛巳，車駕還京都。據古征伐及功成告廟之例，文帝誅徐羨之、傅亮後，應即告廟，西征謝晦之告廟則當在行前數日。疑「五月」乃「正月」之誤；「十二月」乃「二月」之誤。按是年正月辛亥朔，丙寅爲月之十六日，庚午爲月之二十日；二月庚戌朔，甲寅爲月之初五日，庚申爲月之十一日。時間正相合。

〔二〕今礿祀既戒　「礿」，原作「禮」，據局本、通典卷五二禮一二改。按禮記王制：「天子諸侯宗廟之祭，春曰礿，夏曰禘，秋曰嘗，冬曰烝。」鄭玄注：「此蓋夏殷之祭名，周則改之，春曰祠，夏曰礿。」

〔三〕博士郁議　按本書卷一四禮志一大明三年有博士傅郁議南郊事，當即其人。嚴可均全宋文收此議在傅郁名下。

〔四〕而有輕哀甚雨　「哀」，原作一字空格，據南監本、北監本、汲本、殿本、局本補。

〔五〕鑾輿巡蒐江左 「江左」，本書卷六孝武帝紀記大明七年春正月癸未詔作「江右」。按孝武帝是年所巡爲南豫、南兗二州，地在長江北，不應稱江左。疑「江左」爲「江右」之訛。南齊書卷五六倖臣茹法亮傳云宋孝武帝「末年作酒法，鞭罰過度，校獵江右，選白衣左右百八十人，皆面首富室，從至南州，得鞭者過半。」是其證。

〔六〕則以祀祊 「祊」，原作「方」，據周禮夏官大司馬職文改。

〔七〕孝武皇帝及昭皇太后 「昭皇太后」，原作「昭穆太后」，據局本、通典卷四七禮七改。按文帝路淑媛謚昭皇太后，見本書卷四一后妃傳。

〔八〕親惟伯父 「惟」，北監本、汲本、殿本、局本作「爲」。張元濟校勘記：「『爲』字文義較勝。」

〔九〕昭穆合藏於二祧中 「二」字原闕，據禮記祭法鄭玄注原文補。

〔一〇〕皆升合食太祖 「太祖」，原作「太廟」，據公羊傳文公二年原文訂正。

〔一一〕如有可準 「可準」二字原闕，據通典卷四七禮七補。

〔一二〕因殷薦太祖 「因」，南監本、北監本、殿本、局本作「既」。通典卷四七禮七亦作「既」，且「太祖」上有「於」字。

〔一三〕上特制義服 「上」，原作「正」，據通典卷四七禮七改。

〔一四〕孝武皇帝室 「室」字原闕，據通典卷四七禮七補。

〔一五〕左僕射劉秉等七人同匪子 「劉秉」，原作「劉康」。按時無左僕射名劉康者，蓋是「劉秉」之訛。秉爲左僕射見本書卷五一宗室長沙景王道憐傳附劉秉傳。

〔一六〕其書之金策　「金」，原作「令」，據南監本、北監本、汲本、殿本、局本、三國志卷三魏書明帝紀、晉書卷一九禮志上、册府卷六二改。「之」字原闕，據三國志卷三魏書明帝紀、晉書卷一九禮志上、册府卷六二補。

〔一七〕雖臣不殤君　「臣」字原闕，據通典卷五二禮一二補。

〔一八〕大明四年丁巳　有日無月，「丁巳」上應有脱文。

〔一九〕先王所生夫人　「先王」，北監本、汲本、殿本、局本作「宣王」。

〔二〇〕慈母妾母不世祭　「世」，原作「代」，蓋唐人避諱所改，今據禮記喪服小記原文改正。

〔二一〕國臣從權制除釋而靈筵猶存　「釋而」，原作「而釋」。孫虨考論卷一：「『而』字疑在『釋』字下，屬下句。」按孫説是，今乙正。

〔二二〕朞親服除　「除」字下原衍「之」字，據通典卷五二禮一二删。

〔二三〕十五月禫　「禫」，原作「祥」，據南監本、北監本、殿本、局本改。按禮記雜記下，期之喪「十五月而禫」。

〔二四〕爲但入新廟而已　「爲」字原闕，據通典卷四七禮七補。

〔二五〕若在大祥及禫中入廟者　「祥」下，局本、通典卷四七禮七有「未」字。

〔二六〕遇四時便得祭不　「得」字原闕，據通典卷四七禮七補。

〔一七〕孝王廟依廬陵等國例　「廬陵」下原有「平王」二字，據通典卷五二禮一二刪。

〔一八〕二國以王有衡陽王服今年内不祠尋國未有嗣王三卿主祭　「有衡陽王服今年内不祠尋國未有嗣王」十六字原闕，據局本、通典卷五二禮一二補。

〔一九〕所祭者亡服則祭　「則祭」，原作「則不祭」。按禮記曾子問原文作「所祭於死者無服則祭」。「不」字衍，今删去。

〔二〇〕則應祭三月　孫彪考論卷一：「『則應祭三月』，又當云『不祭』，有『不』字。」

〔二一〕謂宜立廟作主　「宜」字原闕，據局本、通典卷五二禮一二補。

〔二二〕故祀以爲社　「祀」，原作「土」，據局本改。按禮記祭法作「祀」。

〔二三〕故教民美報焉　原作「教人美報焉」，據禮記郊特牲原文訂補。蓋後人爲避唐諱改「民」作「人」，又佚「故」字。

〔二四〕其并二社之禮　「禮」，晉書卷一九禮志上、通典卷四五禮五、册府卷五七四作「祀」。

〔二五〕太社天子爲民而祀　「民」，原作「人」，晉書卷一九禮志上、册府卷五七四作「百姓」。蓋後人爲避唐諱所改，本書當作「民」。今改回。

〔二六〕苟可舉社以明稷　此句原脱去，據晉書卷一九禮志上、通典卷四五禮五、册府卷五七四補。

〔二七〕各割其方色土者覆四方也　「土」，原作「王」，據晉書卷一九禮志上、通典卷四五禮五改。

〔二八〕其便仍舊　「便」，原作「使」，據晉書卷一九禮志上、通典卷四五禮五、册府卷五七四改。

〔三九〕明祀惟辰　「祀」，原作「祝」，據晉書卷一九禮志上、御覽卷五三二、册府卷五七四改。

〔四〇〕晉元哀帝並欲耤田而不遂　「晉元」，原作「晉武」，據局本改。按本書卷一四禮志一，晉武帝曾親耕籍田，元帝、哀帝並欲籍田而不遂。

〔四一〕六年七月帝以舟軍入淮　按三國志卷二魏書文帝紀云黃初六年「八月，帝遂以舟師自譙循渦入淮」，通鑑卷七〇魏紀黃初六年同。

〔四二〕而正立之禮　「禮」，晉書卷一九禮志上、册府卷五七五作「祀」。

〔四三〕則四民之蠹　「四民」，原作「四人」，晉書卷一九禮志上、通典卷五五禮一五、册府卷五七五作「百姓」。蓋沈約本作「四民」，後人以避唐諱追改。今改回。

〔四四〕公私奔躄　「私」，原作「以」，據局本、晉書卷一九禮志上、册府卷五七五改。

〔四五〕可粗依法令　「粗」，原作「俎」，南監本、北監本、汲本、殿本、局本作「俱」，今據晉書卷一九禮志上、通典卷五五禮一五、册府卷五七五改。

〔四六〕四月丁巳　按是月辛巳朔，無丁巳。

〔四七〕莫不宗其文以述作　「宗」，原作「采」，據局本、三國志卷二魏書文帝紀、册府卷四九改。

〔四八〕盛德百世必祀者哉　「百世」，原作「百代」，蓋唐人避諱追改，非本書原文。今據三國志卷二魏書文帝紀、册府卷四九改。

〔四九〕子莽嗣　「莽」，南監本、局本作「莩」。

〔五〇〕講禮記通　「禮記」，原作「禮」，據局本、三國志卷四魏書齊王芳紀、晉書卷一九禮志上訂正。

〔五一〕太康三年講禮記通惠帝元康三年皇太子講論語通　「講禮記通惠帝元康三年皇太子」十三字原闕，據晉書卷一九禮志上補。

〔五二〕大明五年九月庚午　「九月」二字原闕。按本書卷六孝武帝紀，大明五年九月「丁卯，行幸琅邪郡」。當是「庚午」上脱「九月」二字，今補。是月甲寅朔，十四日丁卯，十七日庚午。

〔五三〕遣使祭晉大司馬桓温征西將軍毛璩墓　「大」字原闕，據本書卷六孝武帝紀補。按晉書卷九八桓温傳，桓温爲晉大司馬。

〔五四〕步兵校尉習隆中書侍郎向充等言於禪曰　「向充」，原作「向允」，據三國志卷三五蜀書諸葛亮傳裴注引襄陽記、通典卷五三禮一三、册府卷五九六改正。

〔五五〕充等曾不是式　「充」，原作「允」，據通典卷五三禮一三、册府卷五九六改。

〔五六〕至文帝黄初五年十一月　「十一月」，三國志卷二魏書文帝紀、册府卷一五九作「十二月」。

〔五七〕先王制祀　「祀」，局本、三國志卷二魏書文帝紀、册府卷一五九作「禮」。

〔五八〕三辰五行　「三辰」，原作「三神」，據局本、三國志卷二魏書文帝紀改。按三辰指日月星。

〔五九〕叔世衰亂　「世」，原作「代」，據三國志卷二魏書文帝紀、册府卷一五九改。

〔六〇〕故祝史薦而無媿詞　「祝」字原闕，據晉書卷一九禮志上、通典卷五五禮一五、册府卷一五五九補。

〔六二〕徒偷以求幸　「求」，原作「其」，據局本、晉書卷一九禮志上、册府卷一五九改。

宋書卷十八

志第八

禮五

秦滅禮學，事多違古。漢初崇簡，不存改作，車服之儀，多因秦舊。至明帝始乃修復先典，司馬彪輿服志詳之矣。魏代唯作指南車，其餘雖小有改易〔一〕，不足相變。晉立服制令，辨定衆儀，徐廣車服注，略明事目〔二〕，並行於今者也。故復敍列，以通數代典事。

上古聖人見轉蓬，始爲輪，輪行可載，因爲輿。任重致遠，流運無極。後代聖人觀北斗魁方杓曲攜龍角，爲帝車，曲其輈以便駕。系本云：「奚仲始作車。」案庖羲畫八卦而爲大輿，服牛乘馬，以利天下。奚仲乃夏之車正，安得始造乎。系本之言非也。「車服以庸」，著在唐典。夏建旌旗，以表貴賤。周有六職，百工居其一焉。一器而羣工致其巧，車最居多。明堂記曰：「鸞車，有虞氏之路也。大路，殷路也。乘路，周路也。」殷有山車之瑞，謂桑根車，殷人制爲大路。禮緯曰：「山車垂句。」句，曲也。言不揉治而自曲也。周之五路，則有玉、金、象、革、木。五者之飾，備於考工記。輿方法地，蓋圓象天，輻以象日月，二十八弓以象列宿。玉、金、象者，飾車諸末，因爲名也。革者漆革，木者漆木也。玉路，建大常以祀；金路，建大旂以賓；象路，建大赤以朝；革路，建大白以戎；木路，建大麾以田。黑色，夏所尚也。

秦閱三代之車，獨取殷制。古曰桑根車，秦曰金根車也。漢氏因秦之舊，亦爲乘輿，所謂乘殷之路者也。禮論輿駕議曰：「周則玉輅最尊，漢之金根，亦周之玉路也。」漢制，乘輿金根車，輪皆朱斑，重轂兩轄，飛軨。轂外復有轂，施轄，其外復設轄，施銅貫其中。東京賦曰：「重輪貳轄，疏轂飛軨。」飛軨以赤油爲之，廣八寸，長注地〔三〕，繫軸頭〔四〕，謂之飛軨也。以金薄繆龍〔五〕，爲輿倚較。較在箱上。櫝文畫蕃。蕃，箱也。文虎伏軾，龍首銜軛，鸞雀立衡，櫝文畫輈，翠羽蓋黃裏，所謂黃屋也。金華施橑末，建大常十二旒，畫日月升龍，駕六黑馬，施十二鸞，金爲叉髦，插以翟尾。又加氂牛尾，大如斗，置左騑馬軛上，所謂左纛輿也。路如周玉路之制。應劭漢官鹵簿圖，乘輿大駕，則御鳳皇車，以金根爲副。又五色安車、五色立車各五乘。建龍旂，駕四馬，施八鸞，餘如金根之制，猶周金路也。其車各如方色，所謂五時副車，俗謂爲「五帝車」也。江左則闕矣。白馬者，朱其鬣，安車者，坐乘。又有建華蓋九重。甘泉鹵簿者，道車五乘，游車九乘，在乘輿車前。又有象車，最在前，試橋道。晉江左駕猶有之。凡婦人車皆坐乘，故周禮王后有安車而王無也。漢制乘輿乃有之。

天子所御駕六，其餘副車皆駕四。案書稱朽索御六馬。逸禮王度記曰：「天子駕六，諸侯駕五，卿駕四，大夫三，士二，庶人一。」楚平王駕白馬。梁惠王以安車駕三送淳于髡，大夫之儀。周禮，四馬爲乘。毛詩，「天子至大夫同駕四，士駕二」。袁盎諫漢文馳六飛。魏時天子亦駕六。晉先蠶儀，皇后安車駕六，以兩轅安車駕五爲副。江左以來，相承無六，駕四而已。

宋孝武大明三年〔六〕，使尚書左丞荀萬秋造五路。禮圖，玉路，建赤旗〔七〕，無蓋，改造依擬金根，而赤漆櫄畫，玉飾諸末，建青旂，十有二旒，駕玄馬四，施羽葆蓋，以祀。即以金根爲金路，建大青旂，十有二旒，駕玄馬四，羽葆蓋，以賓。象、革、木路，周官、輿服志、禮圖並不載其形段，並依擬玉路，漆櫄畫，羽葆蓋，象飾諸末，建立赤旂，十有二旒，以視朝。革路，建赤旂，十有二旒，以即戎。木路，建赤麾，以田。象、革駕玄，木駕赤，四馬。舊有大事，法駕出，五路各有所主，不俱出也。大明中，始制五路俱出。親耕藉田，乘三蓋車，一名芝車，又名耕根車，置耒耜於軾上。

戎車立乘，夏曰鉤車，殷曰寅車，周曰元戎。建牙麾，邪注之，載金鼓羽幢，置甲弩於軾上。

獵車，輞轖，輪畫繆龍繞之。一名蹋猪車。魏文帝改曰蹋虎車。

指南車，其始周公所作，以送荒外遠使。地域平漫，迷於東西，造立此車，使常知南北。鬼谷子云：「鄭人取玉，必載司南，爲其不或也。」至于秦、漢，其制無聞。後漢張衡始復創造。漢末喪亂，其器不存。魏高堂隆、秦朗，皆博聞之士，爭論於朝，云無指南車，記者虛説。明帝青龍中，令博士馬鈞更造之而車成。晉亂復亡。石虎使解飛，姚興使令狐生又造焉。安帝義熙十三年，宋武帝平長安，始得此車。其制如鼓車，設木人於車上，舉手指南。車雖回轉，所指不移。大駕鹵簿，最先啓行。此車戎狄所制，機數不精，雖曰指南，多不審正。回曲步驟，猶須人功正之。范陽人祖沖之，有巧思，常謂宜更構造。宋順帝昇明末，齊王爲相，命造之焉。車成，使撫軍丹陽尹王僧虔、御史中丞劉休試之。其制甚精，百屈千回，未常移變。晉代又有指南舟。索虜拓跋燾使工人郭善明造指南車，彌年不就。扶風人馬岳又造，垂成，善明酖殺之。

記里車，未詳所由來，亦高祖定三秦所獲。制如指南，其上有鼓，車行一里，木人輒擊一槌。大駕鹵簿，以次指南。

輂車，周禮王后五路之卑者也。后宮中從容所乘，非王車也。漢制乘輿御之，或使人輓，或駕果下馬。漢成帝欲與班婕妤同輦是也。後漢陰就外戚驕貴，亦輂。井丹譏之曰：「昔桀乘人車，豈此邪！」然則輂夏后氏末代所造也。井丹譏陰就乘人，而不云僭上，豈貴臣亦得乘之乎？未知何代去其輪。傅玄子曰：「夏曰余車，殷曰胡奴，周曰輜車。」輜車，即輂也。魏、晉御小出，常乘馬，亦多乘輿車。輿車，今之小輿。

犢車，軿車之流也。漢諸侯貧者乃乘之，其後轉見貴。孫權云「車中八牛」，即犢車也。江左御出，又載儲偫之物。漢代賤軺車而貴輜軿，魏、晉賤輜軿而貴軺車。又有追鋒車，去小平蓋〔八〕，加通幰，如軺車，而駕馬。又以雲母飾犢車，謂之雲母車，臣下不得乘，時以賜王公。晉氏又有四望車，今制亦存。又漢制，唯賈人不得乘馬車，其餘皆乘之矣。除吏赤蓋杠，餘則青蓋杠云。

周禮王后亦有五路，重翟、厭翟、安車、翟車、輦車，凡五也。漢制，太皇太后、皇太后、皇后法駕乘重翟羽蓋金根車，駕青交路，青帷裳，雲檳畫輈〔九〕，黃金塗五末，蓋爪施金華，駕三馬，左右騑。其非法駕則紫罽軿車〔一〇〕。按字林，軿車有衣蔽，無後轅。其有後轅者謂之輜。應劭漢官，明帝永平七年，光烈陰皇后葬，魂車，鸞路青羽蓋，駕駟馬，龍旂九旒〔一〕，前有方相。鳳皇車，大將軍妻參乘，太僕妻、御女騎夾轂，此前漢舊制也。

晉先蠶儀注，皇后乘油畫雲母安車，駕六騩馬。騩，淺黑色也。油畫兩轅安車，駕五騩馬爲副。公主油畫安車，駕三。三夫人青交路安車，駕三。皆以紫絳罽軿車，駕三爲副。九嬪世婦軿車〔二〕，駕二。宮人輜車，駕一。王妃、公侯特進夫人、封君皁交路安車，駕三。

漢制，貴人、公主、王妃、封君油軿皆駕二，右騑而已。

漢制，太子、皇子皆安車，朱斑輪，倚虎較，伏鹿軾，黑櫖文畫藩，青蓋，金華施橑末，黑櫖文畫轓，金塗五末。皇子爲王，錫以此乘，故曰王青蓋車。皆左右騑駕，五旂，旂九旒，畫降龍。皇孫乘綠車，亦駕三。魏、晉之制，太子及諸王皆駕四。

晉元帝太興三年，太子釋奠。詔曰：「未有高車，可乘安車。」高車，即立乘車也。公及列侯安車，朱斑輪，倚鹿較，伏熊軾，黑藩者謂之軒，皁繒蓋，駕二，右騑。王公旂八旒，侯七旒，卿五旒，皆降龍。公卿中二千石二千石郊陵，法駕出，皆大車立乘，駕四。後導從大車，駕二，右騑。他出乘安車。其去位致仕，皆賜安車四馬。中二千石皆皁蓋、朱轓，銅五末，駕二，右騑。晉令，王公之世子攝命治國者〔三〕，安車，駕三，旂七旒，其侯世子，五

塗。

傅暢故事，三公安車，駕三。特進駕二。卿一。漢制，公、列侯、中二千石、二千石夫人會廟及蠶〔一四〕，各乘其夫之安車，右騑，加皂交路、帷裳。非公會，則乘漆布輜軿，銅五末。晉武帝太康四年，詔依漢故事，給九卿朝車駕及安車各一乘。傅暢故事，尚書令軺車，黑耳後户。僕射但後户無耳。中書監令如僕射。

漢制，乘輿御大駕，公卿奉引，太僕御〔一五〕，大將軍參乘，備千乘萬騎。屬車八十一乘。古者諸侯貳車九乘，秦滅九國，兼其車服，故八十一乘也。漢遵弗改。漢都長安時，祠天於甘泉用之。都洛陽，上原陵，又用之，大喪又用之。法駕則河南尹、洛陽令奉引，奉車郎御，侍中參乘。屬車三十六乘。凡屬車皆皂蓋赤裏。後漢祠天郊用法駕，祠宗廟用小駕。小駕，減損副車也。前驅有九斿雲罕〔一六〕，皮軒鸞旗，車皆大夫載之。鸞旗者〔一七〕，編羽旄列繫幢傍也。金鉦黄鉞，黄門鼓車，乘輿之後有屬車，尚書、御史載之。最後一車懸豹尾。豹尾以前，比於省中。每出警蹕清道，建五旗。太僕奉駕條上鹵簿，尚書郎侍御史令史皆執注以督整車騎，所謂護駕也。春秋上陵，尤省於小駕。直事尚書一人從，其餘令史以下皆從行，所謂先置也。薛綜東京賦注以雲罕九斿爲旌旗別名，亦不辨其形。案魏命晉王建天子旌旗，置旄頭雲罕。是知雲罕非旌旗也。徐廣車服注以爲九斿，斿車九乘。雲罕疑是罼罕。詩敍曰：「齊侯田獵罼弋，百姓苦之。」罼罕本施遊獵，遂爲行飾乎？潘岳藉田賦先敍五路九旗，次言瓊鈒雲罕。若罕爲旗，則岳不應頻句於九旗之下。又以其物匹鈒戟，宜是今罼網明矣。此説爲得之。皮軒，以虎皮爲軒也。徐又引淮南子「軍正執豹皮以制正其衆。」禮記「前有士師，則載虎皮」。乘輿豹尾，亦其義類乎？五旗者，五色各一旗，以木牛承其下。徐又云：「木牛，蓋取其負重而安穩也。」五旗纏竿，即禮記德車結旌不盡飾也，戎事乃散之。又武車綏旌，垂舒之也。史臣案：今結旌綏旌同，而德車武車之所不建。又木牛之義，亦未灼然可曉。又案周禮辨載法物，莫不詳究，然無相風、罼網、旄頭之屬，此非古制明矣。何承天謂戰國並爭，師旅數出，懸烏之設，務察風祲，宜是秦矣。晉武嘗問侍臣：「旄頭何義？」彭推對曰：「秦國有奇怪，觸山截水，無不崩潰，唯畏旄頭，故虎士服之，則秦制也。」張華曰：「有是言而事不經。臣謂壯士之怒，髮踊衝冠，義取於此。」摯虞決疑無所是非也。徐爰曰：「彭、張之説，各言意義，無所承據。案天文畢昴之中謂之天街，故車駕以罼罕前引，畢方昴圓，因其象。星經，昴一名旄頭，故使執之者冠皮毛之冠也。」

輕車，古之戰車也。輪輿洞朱，不巾不蓋，建矛戟幢麾，置弩於軾上，駕二。射聲校尉司馬吏士載，以次屬車。

漢儀曰：「出稱警，入稱蹕。」說者云，車駕出則應稱警，入則應稱蹕也，而今俱唱之。史臣以爲警者，警戒也，蹕者，止行也。今從乘輿而出者，並警戒以備非常也。從外而入乘輿相干者，蹕而止之也。董巴、司馬彪云：「諸侯王遮迾出入，稱警設蹕。」

武剛車，有巾有蓋，在前爲先驅。又在輕車之後爲殿也。駕一。史記，衞青征匈奴，以武剛車爲營是也。

漢制，大行載轀輬車，四輪。其飾如金根，加施組連壁，交路，四角金龍首銜璧，垂五采，析羽流蘇，前後雲氣畫帷裳，櫝文畫曲蕃，長與車等。太僕御，駕六白駱馬，以黑藥灼其身爲虎文，謂之布施馬。既下，馬斥賣，車藏城北祕宮。今則馬不虎文，不斥賣，車則毀也。自漢霍光、晉安平、齊王、賈充、王導、謝安、宋江夏王葬以殊禮者，皆大輅黄屋，載轀輬車。

晉令曰：「乘傳出使，遭喪以上，即自表聞，聽得白服乘騾車，到副使攝事。」徐廣車服注：「傳聞騾車者，犢車裝而馬車轅也。」又車無蓋者曰科車。

晉武帝時，護軍將軍羊琇乘羊車，司隸校尉劉毅奏彈之。詔曰：「羊車雖無制，猶非素者所服。」江左來無禁也。

舊有充庭之制，臨軒大會，陳乘輿車輦旌鼓於殿庭。張衡東京賦云：「龍路充庭，鸞旗拂霓。」晉江左廢絶。宋孝武大明中修復。

上古寢處皮毛，未有制度。後代聖人見鳥獸毛羽及其文章與草木華采之色，因染絲綵以作衣裳，爲玄黄之服，以法乾坤上下之儀；觀鳥獸冠胡之形，制冠冕纓蕤之飾。虞氏作繢，采章彌文，夏后崇約，猶美黻冕。咎繇陳謨，則稱五服五章。皆後王所不得異也。周監二代，典制詳密，故弁師掌六冕，司服掌六服，設擬等差，各有其序。禮記冠義曰：「冠者禮之始，嘉事之重者也〔八〕。」太古布冠，齊則緇之。夏曰毋追，殷曰章甫，周曰委貌，此皆三代常所□□周之祭冕，繅采備飾，故夫子曰「服周之冕」，以盡美稱之。至秦以戰國即天子位，滅去古制，郊祭之服，皆以袀玄。至漢明帝始採周官、禮記、尚書諸儒説，還備衮冕之服。魏明帝以公卿衮衣黼黻之文，擬於至尊，復損略之。晉以來無改更也。天子禮郊廟，則黑介幘，平冕，今所謂平天冠也〔九〕。皂表朱綠裏，廣七寸，長尺二寸，垂珠十二旒。以朱組爲纓〔一〇〕，衣皂上絳下，前三幅，後四幅，衣畫而裳繡，爲日、月、星辰、山、龍、華、蟲、藻、火、粉米、黼、黻之象，凡十二章也。素帶廣四寸，朱裏，以朱緣裨飾其側〔一一〕。中衣以絳緣其領袖。赤皮蔽膝。蔽膝，古之韍也。絳袴，絳襪，赤舄。未元服者〔一二〕，空頂介幘。其釋奠先聖，則皂紗裙，絳緣中衣〔一三〕，絳袴袜，黑舄。其臨軒亦衮冕也。其朝服，通天冠，高九寸，金博山顏，黑介幘，絳紗裙，皂緣中衣。其拜陵，黑介幘，蔞單衣。其雜服，有青赤黃白緗黑色介幘，五色紗裙，五梁進賢冠，遠遊冠，平上幘，武冠。其素服，白帢單衣。漢儀，立秋日獵服緗幘。晉哀帝初，博士曹弘之等議：「立秋御讀令，不應緗幘。求改用素。」詔從之。宋文帝元嘉六年，奉朝請徐道娛表「不應素幘」。詔門下詳議，帝執宜如舊。遂不改。

進賢冠，前高七寸，後高三寸，長八寸，梁數隨貴賤，古之緇布冠也。文儒者之所服。王公、卿助祭於郊廟〔二四〕，皆平冕，王公八旒，卿七旒，以組爲纓，色如其綬。王公衣山龍以下，九章也；卿衣華蟲以下，七章也。行鄉射禮，則公卿委貌冠，以皂絹爲之，形如覆杯，與皮弁同制。長七寸，高四寸。衣黑而裳素。其中衣以皂緣領袖。其執事之人皮弁，以鹿皮爲之。

武冠，昔惠文冠，本趙服也，一名大冠。凡侍臣則加貂蟬。應劭漢官曰：「說者以金取堅剛，百鍊不耗；蟬居高食絜，口在腋下〔二五〕；貂內勁悍而外溫潤。」此因物生義，非其實也。其實趙武靈王變胡，而秦滅趙，以其君冠賜侍臣，故秦、漢以來，侍臣有貂蟬也。徐廣車服注稱其意曰：「北土寒涼，本以貂皮暖額，附施於冠，因遂變成首飾乎？」侍中左貂，常侍右貂。

法冠，本楚服也。一名柱後，一名獬豸。説者云：「獬豸獸知曲直，以角觸不正者也。」秦滅楚，以其君冠賜法官。

謁者高山冠，本齊服也。一名側注冠。秦滅齊，以其君冠賜謁者。魏明帝以其形似通天、遠遊，乃毁變之。

樊噲冠，廣九寸，制似平冕，殿門衞士服之。漢將樊噲常持鐵盾。鴻門之會，項羽欲害漢王，乃裂裳以苞盾，戴入見羽。漢承秦制，冠有十三種，魏、晉以來，不盡施用。今志其施用者也。

幘者，古賤人不冠者之服也。漢元帝額有壯髮，始引幘服之。王莽頂禿，又加其屋也。漢注曰：「冠進賢者宜長耳，今介幘也。冠惠文者宜短耳，今平上幘也〔二六〕。知時各隨所宜，後遂因冠爲别。」介幘服文吏，平上服武官也。童子幘無屋者，示未成人也。又有納言幘，後收，又一重，方三寸。又有赤幘，騎吏、武吏、乘輿鼓吹所服。救日蝕，文武官皆免冠，著赤幘，對朝服，示威武也。宋乘輿鼓吹，黑幘武冠。

漢制，祀事五郊，天子與執事所服各如方色；百官不執事者，自服常服以從。常服，絳衣也。

魏祕書監秦靜曰：「漢氏承秦，改六冕之制，但玄冠絳衣而已。」晉名曰五時朝服；有四時朝服，又有朝服。

凡兵事，總謂之戎。尚書云：「一戎衣而天下定。」周禮：「革路以即戎。」又曰：「兵事韋弁服。」以韎韋爲弁，又以爲衣裳。春秋左傳：「戎服將事。」又云：「晉郤至衣韎韋之跗。」注，先儒云：「韎，絳色。」今時伍伯衣。說者云，五霸兵戰，猶有綬紱、冠纓、漫胡，則戎服非袴褶之制，未詳所起。近代車駕親戎中外戒嚴之服，無定色，冠黑帽，綴紫褾。褾以繒爲之，長四寸，廣一寸。腰有絡帶，以代鞶革。中官紫褾，外官絳褾。又有纂嚴戎服，而不綴褾。行留文武悉同。其畋獵巡幸，則唯從官戎服，帶鞶革；文官不下纓，武官脫冠。宋文帝元嘉中，巡幸蒐狩皆如之；救宮廟水火，亦如之。

漢制，太后入廟祭神服，紺上皂下，親蠶，青上縹下，皆深衣。深衣，即單衣也。首飾剪氂幗。

漢制，皇后謁廟服，紺上皂下。親蠶，青上縹下。首飾，假髻，步搖，八雀，九華，加以翡翠。晉先蠶儀注，皇后十二鏌，步搖，大手髻，衣純青之衣，帶綬佩。今皇后謁廟服袿襴大衣，謂之褘衣。公主三夫人大手髻，七鏌蔽髻。九嬪及公夫人五鏌。世婦三鏌。公主會見，大手髻。其長公主得有步搖。公主封君以上皆帶綬，以采組爲緄帶〔二七〕，各如其綬色。公特進列侯夫人、卿校世婦、二千石命婦年長者，紺繒幗〔二八〕。佐祭則皂絹上下。助蠶則青絹上下。自皇后至二千石命婦，皆以蠶衣爲朝服。

劉向曰：「古者天子至于士，王后至于命婦，必佩玉，尊卑各有其制。」禮記曰：「天子佩白玉而玄組綬，公侯山玄玉而朱組綬，卿大夫水蒼玉而緇組綬，士佩瓀玟而緼組綬。」緼，赤黃色。綬者，所貫佩相承受也。上下施韍如蔽膝，貴賤亦各有殊。五霸之後，戰兵不息，佩非兵器，韍非戰儀，於是解去佩韍，留其繫襚而已〔一九〕。秦乃以采組連結於襚，轉相結受，謂之綬。漢承用之。至明帝始復制佩，而漢末又亡絕。魏侍中王粲識其形，乃復造焉。今之佩，粲所制也。皇后至命婦所佩，古制不存，今與外同制，秦組綬，仍又施之。

漢制，自天子至于百官，無不佩刀。司馬彪志具有其制。漢高祖爲泗水亭長，拔劍斬白蛇。雋不疑云：「劍者，君子武備。」張衡東京賦，「紆黃組，腰干將。」然則自人君至士人，又帶劍也。自晉代以來，始以木劍代刃劍。

乘輿六璽，秦制也。漢舊儀曰：「皇帝行璽，皇帝之璽，皇帝信璽，天子行璽，天子之璽，天子信璽。」此則漢遵秦也。初高祖入關，得秦始皇藍田玉璽，螭虎紐，文曰「受天之命，皇帝壽昌」。高祖佩之，後代名曰傳國璽。與斬白蛇劍俱爲乘輿所寶。傳國璽，魏、晉至今不廢；斬白蛇劍，晉惠帝武庫火燒之，今亡。晉懷帝沒胡，傳國璽沒於劉聰，後又屬石勒。及石勒弟石虎死，胡亂，晉穆帝代，乃還天府。虞喜志林曰：「傳國璽，自在六璽之外，天子凡七璽也。」漢注曰：「璽，印也。自秦以前，臣下皆以金玉爲印，龍虎紐，唯所好。秦以來，以璽爲稱，又獨以玉，臣下莫得用。」漢制，皇帝黄赤綬，四采，黄、赤、縹、紺。皇后金璽，綬亦如之。於禮，士綬之色如此，後代變古也。吴無刻玉工，以金爲璽。孫晧造金璽六枚是也。又有麟鳳龜龍璽，馳馬鴨頭雜印，今代則闕也。

皇太子，金璽，龜紐，纁朱綬，四采，赤、黄、縹、紺。給五時朝服，遠遊冠，亦有三梁進賢冠。佩瑜玉。

諸王，金璽，龜紐，纁朱綬，四采，赤、黄、縹、紺。給五時朝服，遠遊冠，亦有三梁進賢冠。佩山玄玉。

郡公，金章，玄朱綬。給五時朝服，進賢三梁冠，佩山玄玉。太宰、太傅、太保、丞相、司徒、司空，金章，紫綬。給五時朝服，進賢三梁冠。佩山玄玉。相國則緑綟綬，三采，緑、紫、紺。綟，草名也，其色緑。大司馬、大將軍、太尉、凡將軍位從公者，金章，紫綬。給五時朝服，武冠。佩山玄玉。郡侯，金章，青朱綬。給五時朝服，進賢三梁冠。佩水蒼玉。

驃騎、車騎將軍〔三〇〕、凡諸將軍加大者，征、鎮、安、平、中軍、鎮軍、撫軍、前、左、右、後將軍，征虜、冠軍、輔國、龍驤將軍，金章，紫綬。給五時朝服，武冠。佩水蒼玉〔三一〕。

貴嬪、夫人、貴人，金章，文曰貴嬪、夫人、貴人之章。紫綬。佩于闐玉。

淑妃、淑媛、淑儀、脩華、脩容、脩儀、婕妤、容華、充華，銀印，文曰淑妃、淑媛、淑儀、修華、修容、修儀、婕妤、容華、充華之印。青綬。佩五采瓊玉。

皇太子妃，金璽，龜紐，纁朱綬。佩瑜玉。

諸王太妃、妃、諸長公主、公主、封君〔三二〕，金印，紫綬。佩山玄玉。

諸王世子〔三三〕，金印，紫綬。五時朝服，進賢兩梁冠。佩山玄玉。

郡公侯太夫人、夫人〔三四〕，銀印，青綬。佩水蒼玉。

郡公侯世子，銀印，青綬。給五時朝服，進賢兩梁冠。佩水蒼玉。

侍中、散騎常侍及中常侍，給五時朝服，武冠。貂蟬，侍中左，常侍右〔三五〕。皆佩水蒼玉。

尚書令、僕射，銅印，墨綬。給五時朝服，納言幘，進賢兩梁冠。佩水蒼玉。

尚書，給五時朝服，納言幘，進賢兩梁冠。佩水蒼玉。

中書監令、祕書監，銅印，墨綟綬。給五時朝服，進賢兩梁冠。佩水蒼玉。

光祿大夫、卿、尹、太子保、傅、大長秋、太子詹事，銀章，青綬。給五時朝服，進賢兩梁冠。佩水蒼玉。

衞尉，則武冠。衞尉，江左不置。宋孝武孝建初始置，不檢晉服制，止以九卿皆文冠及進賢兩梁冠，非舊也。

司隸校尉、武尉、左右衞、中堅、中壘、驍騎、游擊、前軍、左軍、右軍、後軍、寧朔、建威、振威、奮威、揚威、廣威、建武、振武、奮武、揚武、廣武、左右積弩、彊弩諸將軍、監軍，銀章，青綬。給五時朝服，武冠。佩水蒼玉。

領軍、護軍、城門五營校尉、東南西北中郎將，銀印，青綬。給五時朝服，武冠。佩水蒼玉。

縣、鄉、亭侯，金印，紫綬。朝服，進賢三梁冠。

鷹揚、折衝、輕車、揚烈、威遠、寧遠、虎威、材官、伏波、淩江諸將軍，銀章，青綬。給五時朝服，武冠。

奮武護軍、安夷撫軍、護軍、軍州郡國都尉、奉車、駙馬、騎都尉、諸護軍將兵助郡都尉、水衡、典虞、牧官、典牧都尉、度支中郎將、校尉、都尉、司鹽都尉〔三六〕、材官校尉、王國中尉、宜禾伊吾都尉〔三七〕、監淮南津都尉，銀印，青綬。五時朝服，武冠。

州刺史，銅印，墨綬。給絳朝服，進賢兩梁冠。

御史中丞、都水使者，銅印，墨綬。給五時朝服，進賢兩梁冠。佩水蒼玉。

謁者僕射，銅印，墨綬。給四時朝服，高山冠。佩水蒼玉。

諸軍司馬，銀章，青綬。朝服，武冠。

給事中、黄門侍郎、散騎侍郎、太子中庶子、庶子，給五時朝服，武冠。

中書侍郎，給五時朝服，進賢一梁冠。

冗從僕射、太子衞率，銅印，墨綬。給五時朝服，武冠。

虎賁中郎將、羽林監，銅印，墨綬。給四時朝服，武冠。其在陛列及備鹵簿，鶡尾，絳紗縠單衣。鶡鳥似雞，出上黨。爲鳥彊猛，鬬不死不止。復著鶡尾。

北軍中候、殿中監，銅印，墨綬。給四時朝服，武冠。

護匈奴中郎將、護羌夷戎蠻越烏丸西域戊己校尉，銅印，青綬。朝服，武冠。

郡國太守、相、内史，銀章，青綬。朝服，進賢兩梁冠。江左止單衣幘。其加中二千石者，依卿、尹。

牙門將，銀章，青綬。朝服，武冠。

騎都督、守，銀印，青綬。朝服，武冠。

尚書左右丞、祕書丞，銅印，黄綬。朝服，進賢一梁冠。

尚書祕書郎、太子中舍人、洗馬、舍人，朝服，進賢一梁冠。

黃沙治書侍御史，銀印，墨綬。朝服，法冠。

侍御史，朝服，法冠。

關内、關中名號侯，金印，紫綬。朝服，進賢兩梁冠。

諸博士，給皂朝服，進賢兩梁冠。佩水蒼玉。

公府長史、諸卿尹丞、諸縣署令秩千石者，銅印，墨綬。朝服，進賢兩梁冠。江左公府長史無朝服，縣令止單衣幘。宋後廢帝元徽四年，司徒右長史王儉議公府長史應服朝服。曰：「春秋國語云：『皃者情之華，服者心之文。』巖廊盛禮，衣冠爲大。是故軍國異容，内外殊序。而自頃承用，每有乖違。府職掌人，教四方是則。臣居毗佐，志在當官，永言先典，載懷夕惕。按晉令，公府長史，官品第六，銅印，墨綬，朝服，進賢兩梁冠。掾、屬，官品第七，朝服，進賢一梁冠。晉官表注，亦與令同。而今長史、掾、屬，但著朱服而已，此則公違明文，積習成謬。謂宜依舊制，長史兩梁冠，掾、屬一梁冠，並同備朝服。中單韋舄，率由舊章。若所上蒙允，并請班司徒二府及諸儀同三府，通爲永準。又尋舊事，司徒公府領步兵者職僚悉同降朝不領兵者。主簿祭酒，中單韋舄並備，令史以下，唯著玄衣。今府既開公，謹遵此制。其或有署臺位者，玄服爲疑。按令稱諸有兼官，皆從重官之例。尋内官爲重，其署臺位者，悉宜著位之服，不在玄服之例。若署諸卿寺位兼府職者，雖三品，而卿寺爲卑，則宜依公府玄衣之制。服章事重，禮義所先，請臺詳服。」儀曹郎中沈俣之議曰〔三八〕：「制珪象德，損替因時；裁服象功，施用隨代。車旗變於商、周，冠佩革於秦、漢，豈必殊代襲容，改尚沿物哉。夫邊貂假幸侍之首，賤幘登尊極之顏，一適時用，便隆後制。況朱裳以朝，緬傾百祀，韋舄不加，浩然惟舊。服爲定章，事成永則。其儉之所秉，會非古訓。青素相因，代有損益，何事棄盛宋之興法，追往晉之積典。變改空煩，謂不宜革。」儉又上議曰：「自頃服章多闕，有違前準，近議依令文，被報不宜改革，又稱左丞劉議，『按令文，凡有朝服，今多闕亡。然則文存服損，非唯鉉佐，用捨既久，即爲舊章』。如下旨。伏尋皇宋受終，每因晉舊制，律令條章，同規在昔。若事有宜，必合懲改，則當上關詔書，下由朝議，縣諸日月，垂則後昆。豈得因外府之乖謬，以爲盛宋之興典，用晉氏之律令，而謂其儀爲積法哉。順違從失，非所望於高議；申明舊典，何改革之可論。又左丞引令史之闕服，以爲鉉佐之明比。夫名位不同，禮數異等，令史從省，或有權宜；達官簡略，爲失彌重。又主簿、祭酒，備服於王庭；長史、掾、屬，朱衣以就列。於是倫比，自成矛盾。此而可忍，孰不可安。將引令以遵舊，臺據失以爲例，研詳符旨，良所未譬。當官而行，何彊之有，制令昭然，守以無貳。」俣之又議：「雲火從物，沿損異儀，帝樂五殊，王禮三變，豈獨大宋造命，必咸仍於晉舊哉！夫宗社疑文，庭廟闕典，或上降制書，下協朝議，何乃鉉府佐屬裳黻，稍改白虎之詔，斷宣室之疇咨乎。又許令史之從省，咎達官之簡略。律苟可遵，固無辨於貴賤；規若必等，亦何關於權宜。一用一舍，彌增其滯。且佐非韋舄之職，吏本朝服之官，凡在班列，罔不如一，此蓋前令違而遂改，今制允而長用也。爵異服殊，寧會矛盾之譬；討論疑制，焉取彊弱之辨。府執既革之餘文，臺據永行之成典，良有期於無固，非所望於行迷。」參詳並同，儉議遂寢。

諸軍長史、諸卿尹丞、獄丞、太子保傅詹事丞、郡國太守相內史、丞、長史、諸縣署令長相、關谷長、王公侯諸署令、長、司理、治書、公主家僕，銅印，墨綬。朝服，進賢一梁冠。江左太子保傅卿尹詹事丞，皂朝服。郡丞、縣令長，止單衣幘。

公車司馬、太史、太醫、太官、御府、內省令、太子諸署令、僕、門大夫、陵令，銅印，墨綬。朝服，進賢一梁冠。

太子率更、家令、僕，銅印，墨綬。給五時朝服，進賢兩梁冠。

黃門諸署令、僕、長，銅印，墨綬。四時朝服，進賢一梁冠。

黃門冗從僕射監、太子寺人監，銅印，墨綬。給四時朝服，武冠。

公府司馬、諸軍城門五營校尉司馬、護匈奴中郎將護羌戎夷蠻越烏丸戊己校尉長史、司馬，銅印，墨綬。朝服，武冠。江左公府司馬無朝服，餘止單衣幘。

廷尉正、監、平，銅印，墨綬。給皂零辟朝服，法冠。

王郡公侯郎中令、大農，銅印，青綬。朝服，進賢兩梁冠。

北軍中候丞，銅印，黃綬。朝服，進賢一梁冠。

太子常從虎賁督、千人督、校督、司馬、虎賁督〔三九〕，銅印，墨綬。朝服，武冠。

殿中將軍，銀章，青綬。四時朝服，武冠。宋末不復給章綬。

水衡、典虞、牧官、典牧、材官、州郡國都尉、司馬，銅印，墨綬。朝服，武冠。

諸謁者，朝服，高山冠。

門下中書通事舍人令史、門下主事令史，給四時朝服，武冠。

尚書典事、都水使者參事、散騎集書中書尚書令史、門下散騎中書尚書令史、録尚書中書監令僕省事史、祕書著作治書、主書、主璽、主譜令史、蘭臺殿中蘭臺謁者都水使者令史、書令史，朝服，進賢一梁冠。江左凡令史無朝服。

節騎郎，朝服，武冠。其在陛列及備鹵簿，著鶡尾，絳紗縠單衣。

殿中中郎將校尉、都尉、黃門中郎將校尉、殿中太醫校尉、都尉，銀印，青綬。四時朝服，武冠。

關外侯，銀印，青綬。朝服，進賢兩梁冠。

左右都候、閶闔司馬、城門候，銅印，墨綬。朝服，武冠。

王郡公侯中尉，銅印，墨綬。朝服，武冠。

部曲督護、司馬史、部曲將，銅印。朝服，武冠。司馬史，假墨綬。

太中中散諫議大夫、議郎、郎中、舍人，朝服，進賢一梁冠〔四〇〕。秩千石者，兩梁。

城門令史，朝服，武冠。江左凡令史無朝服。

諸門僕射佐史、東宮門吏，皂零辟朝服。僕射東宮門吏，卻非冠。佐史，進賢冠。

宮內游徼、亭長，皂零辟朝服，武冠。

太醫校尉、都尉、總章協律中郎將校尉、都尉，銀印，青綬。朝服，武冠。

小黃門，給四時朝服，武冠。

黃門謁者，給四時朝服，進賢一梁冠。朝賀通謁時，著高山冠。

黃門諸署史，給四時朝服，武冠。

中黃門黃門諸署從官寺人，給四時科單衣，武冠。

殿中司馬及守陵者、殿中太醫司馬，銅印，墨綬。給四時朝服，武冠。

太醫司馬，銅印。朝服，武冠。

總章監鼓吹監司律司馬，銅印，墨綬。朝服。鼓吹監總章協律司馬，武冠。總章監司律司馬，進賢一梁冠。

諸縣署丞、太子諸署丞、王公侯諸署及公主家丞，銅印，黃綬。朝服，進賢一梁冠。

太醫丞，銅印。朝服，進賢一梁冠。

黃門諸署丞，銅印，黃綬。給四時朝服，進賢一梁冠。

黃門稱長、園監，銅印，黃綬。給四時朝服，武冠。

諸縣尉、關谷塞護道尉，銅印，黃綬。朝服，武冠。江左止單衣幘。

洛陽鄉有秩〔四一〕，銅印，青綬。朝服，進賢一梁冠。

宣威將軍以下至裨將軍，銅印。朝服，武冠。其以此官爲刺史、郡守，若萬人司馬、虎賁督以上及司馬史者，皆假青綬。

平虜武猛中郎將、校尉、都尉〔四二〕，銀印。朝服，武冠。其以此官爲千人司馬、虎賁督以上及司馬史者，皆假青綬。

別部司馬、軍假司馬，銀印。朝服，武冠。

圖像都匠行水中郎將、校尉、都尉，銀印，青綬。朝服，武冠。若非以工伎巧能特加此官者，不假綬。羽林郎、羽林長郎〔四三〕，佩武猛都尉以上印者，假青綬。別部司馬以下，假墨綬。朝服，武冠。其長郎壯士，武弁冠。在陛列及鹵簿，服絳縠單衣。

陛下甲僕射主事吏將騎、廷上五牛旗假使虎賁，在陛列及備鹵簿，服錦文衣，武冠，鶡尾。陛長，假銅印，墨綬。旄頭。

羽林在陛列及備鹵簿，服絳科單衣，上著韋畫要襦。假旄頭。

畢輦跡禽前驅由基彊弩司馬、守陵虎賁，佩武猛都尉以上印者，假青綬。別部司馬以下，假墨綬。守陵虎賁，給絳科單衣，武冠。

殿中冗從虎賁、殿中虎賁及守陵者持鈒戟冗從虎賁，佩武猛都尉以下印者，假青綬。別部司馬以下，假墨綬。絳科單衣〔四四〕，武冠。

持椎斧武騎虎賁、五騎傳詔虎賁、殿中羽林及守陵者太官尚食虎賁、稱飯宰人、諸宮尚食虎賁，佩武猛都尉以上印者，假青綬。別部司馬以下，假墨綬。給絳褠，武冠。其在陛列及備鹵簿，五騎虎賁，服錦文衣，鶡尾。宰人服離支衣。

黃門鼓吹、及釘官僕射、黃門鼓吹史主事、諸官鼓吹、尚書廊下都坐門下守閤、殿中威儀騶、虎賁常直殿黃雲龍門者，門下左右部虎賁羽林騶、給傳事者諸導騶、門下中書守閤，給絳褠，武冠。南書門下虎賁羽林騶、蘭臺五曹節藏射廊下守閤〔四五〕、威儀、發符騶、都水使者黃沙廊下守閤、謁者、録事、威儀騶、河隄謁者騶、諸官謁者騶，絳褠，武冠。給其衣服，自如故事。大誰士皂科單衣，樊噲冠。衞士墨布褠，却敵冠。凡此前衆職，江左多不備，又多闕朝服。

諸應給朝服佩玉，而不在京都者給朝服〔四六〕，非護烏丸羌夷戎蠻諸校尉以上及刺史、西域戊己校尉，皆不給佩玉。其來朝會，權時假給，會罷輸還。凡應朝服者，而官不給，聽自具之。諸假印綬而官不給鞶囊者，得自具作。其但假印不假綬者，不得佩綬。

鞶，古制也。漢代著鞶囊者，側在腰間。或謂之傍囊，或謂之綬囊。然則以此囊盛綬也。或盛或散，各有其時乎。

朝服一具，冠幘各一，絳緋袍、皂緣中單衣領袖各一領，革帶袷袴各一，舄、袜各一量，簪導餉自副。四時朝服者，加絳絹黄緋青緋皂緋袍單衣各一領；五時朝服者，加給白絹袍單衣一領。

諸受朝服，單衣七丈二尺，科單衣及褠五丈二尺，中衣絹五丈，緣皂一丈八尺，領袖練一匹一尺，絹七尺五寸。給袴練一丈四尺，縑二丈。袜布三尺。單衣及褠袷帶縑各一段，長七尺。江左止給絹，各有差。宋元嘉末，斷不復給，至今。山鹿、豽、柱豽、白豽、施毛狐白領、黄豹、斑白鼲子、渠搜裘、步摇、八鑷蔽結、多服蟬、明中、櫂白，又諸織成衣帽、錦帳、純金銀器、雲母從廣一寸以上物者，皆爲禁物。

諸在官品令第二品以上，其非禁物，皆得服之。第三品以下，加不得服三鏁以上、蔽結、爵叉、假真珠翡翠校飾纓佩、雜采衣、梧文綺、齊繡黼、鑷離、袿袍。第六品以下，加不得服金鏁、綾、錦、錦繡、七緣綺、貂豽裘、金叉鐶鉺、及以金校飾器物、張絳帳。第八品以下，加不得服羅、紈、綺、縠，雜色真文。騎士卒百工人，加不得服大絳紫襈、假結、真珠璫珥、犀、瑇瑁、越疊，以銀飾器物、張帳、乘犢車，履色無過緑、青、白。奴婢衣食客，加不得服白幘、蒨絳、金黄銀叉、鐶、鈴、鑷、鉺，履色無過純青。諸去官及罷卒不禄物故，家人所服，皆得從故官之例。諸王皆不得私作禁物，及罽碧校鞍，珠玉金銀錯刻鏤彫飾無用之物。

天子坐漆牀，居朱屋。史臣按左傳「丹桓宮之楹」，何休注公羊，亦有「朱屋以居」。所從來久矣。漆牀亦當是漢代舊儀，而漢儀不載。尋所以必朱必漆者，其理有可言焉。夫珍木嘉樹，其品非一，莫不植根深岨，致之未易。藉地廣之資，因人多之力，則役苦費深，爲敝滋重。是以上古聖王，采椽不斲，斲之則懼刻桷彫楹，莫知其限也。哲人縣鑑微遠，杜漸防萌，知采椽不愜後代之心，不斲不爲將來之用，故加朱施漆，以傳厥後。散木凡材，皆可入用。遠探幽旨，將在斯乎。

殿屋之爲圓淵方井兼植荷華者，以厭火祥也。

古者貴賤皆執笏，其有事則搢之於腰帶，所謂搢紳之士者，搢笏而垂紳帶也。紳垂三尺。笏者有事則書之，故常簪筆，今之白筆，是其遺象。三臺五省二品文官簪之。王公侯伯子男卿尹及武官不簪。加内侍位者，乃簪之。手板，則古笏矣。尚書令、僕射、尚書手板頭復有白筆，以紫皮裹之，名笏。朝服肩上有紫生袷囊，綴之朝服外，俗呼曰紫荷。或云漢代以盛奏事，負荷以行，未詳也。

魏文帝黄初三年，詔賜漢太尉楊彪几杖，待以客禮〔四七〕。延請之日，使挾杖入朝。又令著鹿皮冠。彪辭讓，不聽。乃使服布單衣皮弁以見。傅玄子曰：「漢末王公名士，多委王服，以幅巾爲雅。是以袁紹、崔鈞之徒，雖爲將帥，皆著縑巾。」魏武以天下凶荒，資財乏匱，擬古皮弁，裁縑帛以爲帢，合乎簡易隨時之義，以色別其貴賤。本施軍飾，非爲國容也。徐爰曰：「俗説帢本未有歧，荀文若巾之，行觸樹枝成歧，謂之爲善，因而弗改。」通以爲慶弔服。巾以葛爲之，形如帢，而横著之，古尊卑共服也。故漢末妖賊以黄爲巾，時謂之「黄巾賊」。今國子太學生冠之，服單衣以爲朝服，執一卷經以代手板。居士野人，皆服巾焉。

徐爰曰：「帽名猶冠也。義取於蒙覆其首。其本纚也。古者有冠無幘，冠下有纚，以繒爲之。後世施幘於冠，因裁纚爲帽。自乘輿宴居，下至庶人無爵者，皆服之。」史臣案晉成帝咸和九年制，聽尚書八座丞郎、門下三省侍郎乘車白帢低幘出入掖門。又二宮直官著烏紗帢。然則士人宴居，皆著帢矣。而江左時野人已著帽，士人亦往往而然，但其頂圓耳。後乃高其屋云。

古者人君有朝服，有祭服，有宴服，有弔服。弔服皮弁疑衰，今以單衣黑幘爲宴會服，拜陵亦如之。以單衣白帢爲弔服〔四八〕，修敬尊秩亦服之也。單衣，古之深衣也。今單衣裁製與深衣同，唯絹帶爲異。深衣絹帽以居喪。單衣素帢以施吉。

晉武帝泰始三年，詔太宰安平王孚服侍中之服，賜大司馬義陽王望袞冕之服。四年，又詔趙、樂安、燕王服散騎常侍之服。十年，賜彭城王袞冕之服。

僞楚桓玄將篡，亦加安帝母弟太宰琅邪王袞冕服。

宋興以來，王公貴臣加侍中、散騎常侍，乃得服貂璫也。

宋孝武孝建元年，丞相南郡王義宣〔四九〕，二年，雍州刺史武昌王渾又有異圖。世祖嫌侯王彊盛，欲加減削。其年十月己未，大司馬江夏王義恭、驃騎大將軍竟陵王誕表改革諸王車服制度，凡九條，表在義恭傳。上因諷有司更增廣條目。奏曰：「車服以庸，虞書茂典；名器慎假，春秋明誡。是以尚方所制，禁嚴漢律，諸侯竊服，雖親必辠。自頃以來，下僭彌盛。器服裝飾，樂舞音容，通于王公〔五〇〕，達于衆庶。上下無辨，民志靡一〔五一〕。今表之所陳，寔允禮度。九條之格，猶有未盡，謹共附益，凡二十四條。聽事不得南向坐，施帳并蜡。藩國官正冬不得跣登國殿，及夾侍國師傳令及油戟。公主王妃傳令，不得朱服。輿不得重杠。鄣扇不得雉尾。劍不得鹿盧形。槊毦不得孔雀白鷺。夾轂隊不得絳襖。平乘誕馬不得過二匹。胡伎不得綵衣。舞伎正冬著袿衣，不得莊面蔽花。正冬會不得鐸舞、杯柈舞。長蹻伎、趫舒、丸劍、博山伎、緣大橦伎、升五案伎〔五二〕，自非正冬會奏舞曲，不得舞。諸妃主不得著袞帶。信幡，非臺省官悉用絳。郡縣内史相及封内官長，於其封君，既非在三，罷官則不復追敬，不合稱臣，正宜上下官敬而已。諸鎮常行，車前後不得過六隊，白直夾轂，不在其限。刀不得過銀銅爲裝〔五三〕。諸王女封縣主、諸王子孫襲封王之妃及封侯者夫人行〔五四〕，並不得鹵簿。諸王子繼體爲王者，婚葬吉凶〔五五〕，悉依諸國公侯之禮，不得同皇弟皇子。車輿不得油幢，軺車不在其限。平乘舫皆平兩頭作露平形，不得擬像龍舟，悉不得朱油。帳鏽不得作五花及豎筍形。若先有器物者，悉輸送臺臧。書到後二十日期，若有竊玩犯禁者，及統司無舉糾，並臨時議罪。」詔可。

車前五百者，卿行旅從，五百人爲一旅。漢氏一統，故去其人，留其名也。

宋孝武孝建二年十一月乙巳，有司奏：「侍中祭酒何偃議：『自今臨軒，乘輿法服，燾華蓋，登殿宜依廟齋以夾御，侍中、常侍夾扶上殿，及應爲王公興，又夾扶，畢，還本位。』求詳議。」曹郎中徐爰參議：「宜如省所稱，以爲永准。」詔可。

孝建三年五月壬戌，有司奏：「案漢胡廣、蔡邕並云古者諸侯貳車九乘，秦滅六國，兼其車服，故王者大駕屬車八十一乘。尚書、御史乘之。最後一車，懸豹尾。法駕則三十六乘。檢晉江左逮至于今，乘輿出行，副車相承五乘。」尚書令建平王宏參議：「八十一乘，義兼九國，三十六乘無所准，並不出經典。自邕、廣傳說，又是從官所乘，非帝者副車正數。江左五乘，儉不中禮。案周官云：『上公九命，貳車九乘。侯伯七命，車七乘。子男五命，車五乘。』然則帝王十二乘。」詔可。

大明元年九月丁未朔，有司奏：「未有皇太后出行副車定數，下禮官議正。」博士王燮之議：「周禮，后六服五路之數，悉與王同，則副車之制，不應獨異。又記云：『古者后立六宮、三夫人、九嬪、二十七世婦、八十一御妻，以聽天下之內治。』『天子立六官、三公、九卿、二十七大夫、八十一元士，以聽天下之外治。』鄭注云：『后象王立六宮而居之，亦正寢一，燕寢五。』推所立每與王同，禮無降亦明矣。皇太后既禮均至極，彌不應殊。謂並應同十二乘。」通關爲允。詔可。

大明四年正月戊辰，尚書左丞荀萬秋奏：「藉田儀注，『皇帝冠通天冠，朱紘，青介幘，衣青紗袍。侍中陪乘，奉車郎秉轡。』案漢輿服志曰：『通天冠，乘輿常服也。』若斯豈可以常服降千畝邪？禮記曰：『昔者天子爲藉千畝，冕而朱紘，躬秉耒耜。』鄭玄注周官司服曰：『六服同冕』，尊故也。時服雖變，冕制不改。又潘岳藉田賦云：『常伯陪乘，太僕秉轡。』推此，輿駕藉田，宜冠冕，璪十二瑬，朱紘，黑介幘，衣青紗袍。常伯陪乘，太僕秉轡。宜改儀注，一遵二禮以爲定儀。」詔可。

大明四年正月己卯，有司奏：「南郊親奉儀注，皇帝初著平天冠，火龍黼黻之服。還，變通天冠，絳紗袍。廟祠親奉，舊儀，皇帝初服與郊不異，而還變著黑介幘，單衣即事，乖體。謂宜同郊還，亦變著通天冠，絳紗袍。又舊儀乘金根車。今五路既備，依禮玉路以祀，亦宜改金根車爲玉路。」詔可。

大明六年八月壬戌，有司奏：「漢儀注〔五六〕『大駕鹵簿，公卿奉引，大將軍參乘，太僕卿御。法駕，侍中參乘，奉車郎御』。晉氏江左，大駕未立，故郊祀用法駕，宗廟以小駕。至於儀服，二駕不異。拜陵，御服單衣幘，百官陪從，朱衣而已，亦謂之小駕，名實乖舛。考尋前記，大駕上陵，北郊。周禮宗廟於昊天有降，宜以大駕郊祀，法駕祠廟，小駕上陵，如爲從序。今改祠廟爲法駕鹵簿，其軍幢多少，臨時配之〔五七〕。至尊乘玉路，以金路象路革路木路小輦輪御軺衣書等車爲副。其餘並如常儀。」詔可。

大明七年二月甲寅，輿駕巡南豫、兗二州，冕服，御玉路，辭二廟。改服通天冠，御木路，建大麾，備春蒐之典。

明帝泰始四年五月甲戌，尚書令建安王休仁參議：「天子之子，與士齒讓，達於辟雍，無生而貴者也。既命而尊，禮同上公。周制五等，車服相涉，公降王者，一等而已。王以金路賜同姓諸侯，象及革、木，以賜異姓侯伯，在朝卿士，亦準斯禮。按如此制，則東宮應乘金路。自晉武過江〔五八〕，禮儀疏舛，王公以下，車服卑雜；唯有東宮，禮秩崇異，上次辰極，下絶侯王。而皇太子乘石山安車，義不見經，事無所出。禮所謂金、玉路者，正以金玉飾輅諸末耳。左右前後，同以漆畫。秦改周輅，制爲金根，通以金薄，周匝四面。漢、魏、二晉，因循莫改。逮于大明，始備五輅。金玉二制，並類金根，造次瞻覩，殆無差別。若錫之東儲，於禮嫌重，非所以崇峻陛級，表示等威。且春秋之義，降下以兩，臣子之義，宜從謙約。謂東宮車服，宜降天子二等，驂駕四馬，乘象輅，降龍碧旂九葉。進不斥尊，退不逼下，沿古酌時，於禮爲衷。」詔可。

泰始四年八月甲寅〔五九〕，詔曰：「車服之飾，象數是遵。故盛皇留範，列聖垂制。朕近改定五路，酌古代今，修成六服，沿時變禮。所施之事，各有條敍。便可付外，載之典章。朕以大冕純玉繅，玄衣黄裳，乘玉輅，郊祀天，宗祀明堂。又以法冕五綵繅，玄衣絳裳，乘金路，祀太廟，元正大會諸侯。又以飾冠冕四綵繅，紫衣紅裳，乘象輅，小會宴饗，餞送諸侯，臨軒會王公。又以繡冕三綵繅，朱衣裳，乘革路，征伐不賓，講武校獵。又以紘冕二綵繅〔六〇〕，青衣裳，乘木輅，耕稼，饗國子。又以通天冠，朱紗袍，爲聽政之服。」

泰始六年正月戊辰，有司奏：「被敕皇太子正冬朝賀〔六一〕，合著衮冕九章衣不？」儀曹郎丘仲起議：「案周禮，公自衮冕以下。鄭注：『衮冕以至卿大夫之玄冕，皆其朝聘天子之服也。』伏尋古之上公，尚得服衮以朝。皇太子以儲副之尊，率土瞻仰。愚謂宜式遵盛典，服衮冕九旒以朝賀。」兼左丞陸澄議：「服冕以朝，實著經典。秦除六冕之制，至漢明帝始與諸儒還備古章。自魏、晉以來，宗廟行禮之外，不欲令臣下服衮冕，故位公者，每加侍官。今皇太子承乾作副，禮絶羣后，宜遵聖王之盛典，革近代之陋制。臣等參議，依禮，皇太子元正朝賀，應服衮冕九章衣。以仲起議爲允。撰載儀注。」詔可。

後廢帝即位，尊所生陳貴妃爲皇太妃，輿服一如晉孝武太妃故事。唯省五牛旗及赤旂。

校勘記

〔一〕「司馬彪輿服志詳之矣」至「其餘雖小有改易」　「司馬彪」之「馬」，原作「小」；「小有改易」之「小」，原作「馬」，南監本、北監本、殿本、局本作「累」，汲本作「小」。張元濟校勘記：「按『小』字當與次行『馬』字互易；『馬』字當與前行『小』字互易。」今從張説改正。

〔二〕徐廣車服注略明事目　「目」，原作「昔」，據局本改。

〔三〕長注地　晉書卷二五輿服志作「長三尺注地」。

〔四〕繫軸頭　晉書卷二五輿服志作「繫兩軸頭」。

〔五〕以金薄繆龍　「以」，原作「金」，據初學記卷二五引沈約宋書、御覽卷七七三引沈約宋書改。

〔六〕宋孝武大明三年　「武」字原闕，據南監本、殿本、局本、通典卷六四禮二四補。

〔七〕玉路建赤旗　「玉」，原作一字空格，南監本、北監本、汲本、殿本、局本並作「金」。按下有「玉飾諸末」語，則此非「金路」，當是「玉路」。晉書卷二五輿服志云玉路以祀天，金路以會萬國之賓，與本卷之玉路以祀，金路以賓正合。今改補「玉」字。又「建」，原作「通」。張元濟校勘記：「『通』爲『建』字之誤。」按張校是，今據改。

〔八〕去小平蓋　「平」，原作「車」，據局本、晉書卷二五輿服志改。

〔九〕雲㰋畫輈　「雲」字原闕，據局本、晉書卷二五輿服志、御覽卷七七三引沈約宋書補。「㰋」，御覽作「靈」。

〔一〇〕其非法駕則紫罽輧車　「非」字原闕，據局本、通典卷六五禮二五、續漢書輿服志上補。

〔一一〕龍旂九鎣　「龍」字原闕，據局本、通典卷七九禮三九補。

〔一二〕九嬪世婦輧車　「世婦」，原作「次婦」，蓋後人避唐諱追改，今據北監本、汲本、殿本、局本、晉書卷二五輿服志、南齊書卷一七輿服志、通典卷六五禮二五改。

〔一三〕王公之世子攝命治國者　「世子」，原作「太子」，據通典卷六五禮二五改。下「其侯世子」之「世子」，原亦作「太子」，亦據通典改。

〔一四〕漢制公列侯中二千石二千石夫人會廟及蠶　「廟」，局本、續漢書輿服志上、晉書卷二五輿服志、通典卷六五禮二五並作「朝」，疑是。按本卷下文云：「自皇后至二千石命婦，皆以蠶衣爲朝服。」

〔一五〕太僕御　「御」字原闕，據續漢書輿服志上補。

〔一六〕前驅有九斿雲罕　「斿」，原作「游」，據續漢書輿服志上改。文選卷三張平子東京賦：「雲罕九斿。」顏師古匡謬正俗卷四：「斿者，旌旗之斿，字從㫃，訓與旒同。桓二年，臧哀伯云鞶厲斿纓是也。」按下文又有「薛綜東京賦注以雲罕九斿爲旌旗別名」，「徐廣車服注以爲九斿，斿車九乘」。凡「斿」字原並作「游」，今並改正。

〔一七〕鸞旗者　「鸞」字原闕，據南監本、北監本、汲本、殿本、局本、續漢書輿服志上補。

〔一八〕嘉事之重者也　「嘉」字原闕，據禮記冠義原文補。

〔一九〕今所謂平天冠也　「天」，原作一字空格，南監本、北監本、汲本、殿本、局本作「頂」，今據南齊書卷一七輿服志補。

〔二〇〕以朱組爲纓　「朱」字原闕，據晉書卷二五輿服志、通典卷五七禮一七補。

〔二一〕以朱緣裨飾其側　「緣」，原作「緑」，據通典卷六一禮二一改。

〔二二〕未元服者　晉書卷二五輿服志、通典卷五七禮一七作「未加元服者」。

〔二三〕絳緣中衣　「緣」字原闕，據晉書卷二五輿服志、通典卷六一禮二一補。按下有「皂緣中衣」，可證此脱「緣」字。

〔二四〕王公卿助祭於郊廟　「王公」，原作「上公」；「助」，原作「初」。並據晉書卷二五輿服志、通典卷五七禮一七改。

〔二五〕蟬居高食絜口在腋下　「食絜」，續漢書輿服志下劉昭注引應劭漢官作「飲絜」，晉書卷二五輿服志作「飲清」。「口」，原作「目」，據續漢書輿服志下劉昭注、晉書輿服志、初學記卷二六引漢官儀改。

〔二六〕今平上幘也　「上」，原作「巾」，據晉書卷二五輿服志改。按下文有「平上服武官也」。

〔二七〕以采組爲緄帶　「組」字原闕，據續漢書輿服志下、晉書卷二五輿服志、通典卷六二禮二二補。

〔二八〕紺繒幗　「幗」字原闕，續漢書輿服志下作「蔮」，今據晉書卷二五輿服志、通典卷六二禮二二補。

〔一九〕留其繫繸而已　「繫繸」，初學記卷二六引董巴輿服志、御覽卷六八二引董巴輿服志作「絲繸」。續漢書輿服志下作「係璲」，劉昭注引徐廣曰：「今名璲爲繸。」按「繫繸」不訛。

〔二〇〕驃騎車騎將軍　「車騎」下，局本、通典卷六三禮二三有「衛」字，疑是。

〔二一〕佩水蒼玉　「佩」字原闕，據局本、通典卷六三禮二三補。

〔二二〕諸王太妃妃諸長公主公主封君　原不疊「妃」字，據晉書卷二五輿服志補。

〔二三〕諸王世子　「世子」，原作「太子」，通典卷六三禮二三作「嗣子」。蓋本書本作「世子」，後人避唐諱追改。今改回。下文「郡公侯世子」之「世子」同改。

〔二四〕郡公侯太夫人夫人　原不疊「夫人」二字，據晉書卷二五輿服志補。

〔二五〕貂蟬侍中左常侍右　原作「貂蟬侍中左右常侍」。孫虨考論卷二：「疑作『侍中左常侍右』，謂貂插異左右也。」按孫說是，今乙正。

〔二六〕司鹽都尉　原作「司監都尉」。按通典卷三七職官一九晉官品有「司鹽都尉」。「司監都尉」當是「司鹽都尉」之誤，今改正。

〔二七〕宜禾伊吾都尉　「宜禾」，原作「宜和」，據局本、通典卷六三禮二三改。按後漢書卷八八西域傳，明帝「置宜禾都尉以屯田」。

〔二八〕儀曹郎中沈俣之議曰　「儀曹」，原作「議曹」，按本書百官志有「儀曹」，無「議曹」。嚴可均全宋文：「俣之，元徽中，爲儀曹郎中。」今改正。

〔三九〕太子常從虎賁督千人督校督司馬虎賁督　「千人」二字原闕，據通典卷六三禮二三補。

〔四〇〕進賢一梁冠　「一」，原作「二」，據北監本、汲本、殿本、局本改。

〔四一〕洛陽鄉有秩　原作「洛陽卿有秩十」，據通典卷六三禮二三改。

〔四二〕平虜武猛中郎將校尉都尉　「校」字原闕，據通典卷六三禮二三補。

〔四三〕若非以工伎巧能特加此官者不假綬羽林郎羽林長郎　「不假綬羽林郎」六字原闕，據通典卷六三禮二三補。按局本無「羽林郎」三字。

〔四四〕絳科單衣　據本志前後文例，「絳科單衣」上當脱「給」字。

〔四五〕蘭臺五曹節藏射廊下守閤　「射」上，隋書卷一一禮儀志六有「僕」字，疑是。

〔四六〕而不在京都者給朝服　「給」字原闕，據局本補。

〔四七〕魏文帝黄初三年詔賜漢太尉楊彪几杖待以客禮　三國志卷二魏書文帝紀、通鑑卷六九魏紀皆記此事在黄初二年十月。疑「三年」爲「二年」之訛。

〔四八〕以單衣白袷爲弔服　「白」字原闕，據局本補。

〔四九〕宋孝武孝建元年丞相南郡王義宣　句有訛脱，疑「義宣」下當有「反」字。按本書卷六孝武帝紀，孝建元年二月，南郡王義宣「舉兵反」。

〔五〇〕通于王公　「于」，原作「玩」，據南監本、殿本、局本改。

〔五一〕民志靡一　「民」，原作「人」，蓋後人避唐諱追改，今據本書卷六一武三王江夏文獻王義恭傳、册府卷一九一改回。

〔五二〕升五案仗　「升」字原闕，據局本、本書卷六一武三王江夏文獻王義恭傳補。

〔五三〕刀不得過銀銅爲裝　「銀」字原闕，據本書卷六一武三王江夏文獻王義恭傳、册府卷一九一、卷二六二、卷二九三補。

〔五四〕諸王女封縣主諸王子孫襲封王之妃及封侯者夫人行　「襲封王之妃」，原作「襲封王王之妃」，據本書卷六一武三王江夏文獻王義恭傳、通鑑卷一二八宋紀孝建二年胡三省注訂正。按此言縣主、襲封王之妃、列侯妻不得用鹵簿，不當疊「王」字。

〔五五〕婚葬吉凶　「婚葬」，原作「婚姻」，據局本、本書卷六一武三王江夏文獻王義恭傳、册府卷二六二、卷二九三改。

〔五六〕漢儀注　原作「漢注儀」。按後漢衞宏撰漢舊儀，隋書卷三三經籍志二著録四卷。漢舊儀本有注，故魏、晉人引漢舊儀，亦稱漢儀注。「漢注儀」當是「漢儀注」之誤。今訂正。

〔五七〕臨時配之　「之」，原作「衣」，據南監本、北監本、汲本、殿本、局本改。

〔五八〕自晉武過江　按晉武帝未有過江事。晉書卷二五輿服志：「自晉過江，禮儀疎舛。王公已下，車服卑雜。」隋書卷一〇禮儀志五：「自晉過江，王公已下，車服卑雜。」疑「武」字衍。

〔五九〕泰始四年八月甲寅　按是年八月甲戌朔，無甲寅。

〔六〇〕又以紘冕二綵纓　「紘」，原作「宏」，據通典卷六一禮二一改。「纓」，原作「繒」。孫彪考論卷一：「『繒』當爲『纅』。」按孫說是，今據改。

〔六二〕被敕皇太子正冬朝賀　「正冬朝賀」，原作「正朝駕」，據通典卷六一禮二一補正。

宋書卷十九

志第九

樂一

易曰：「先王作樂崇德，殷薦之上帝〔一〕，以配祖考。」自黃帝至于三代，名稱不同。周衰凋缺，又爲鄭衞所亂。魏文侯雖好古，然猶昏睡於古樂。於是淫聲熾而雅音廢矣。及秦焚典籍，樂經用亡。漢興，樂家有制氏，但能記其鏗鏘鼓舞，而不能言其義。周存六代之樂，至秦唯餘韶、武而已。始皇改周舞曰五行，漢高祖改韶舞曰文始，以示不相襲也。又造武德舞，舞人悉執干戚，以象天下樂己行武以除亂也。故高祖廟奏武德、文始、五行之舞。周又有房中之樂，秦改曰壽人。其聲，楚聲也，漢高好之，孝惠改曰安世。高祖又作昭容樂、禮容樂。昭容生於武德，禮容生於文始、五行也。漢初又有嘉至樂，叔孫通因秦樂人制宗廟迎神之樂也。文帝又自造四時舞，以明天下之安和。蓋樂先王之樂者，明有法也；樂己所自作者，明有制也。孝景采武德舞作昭德舞，薦之太宗之廟。孝宣采昭德舞爲盛德舞，薦之世宗之廟。漢諸帝奏文始、四時、五行之舞焉。

武帝時，河間獻王與毛生等共采周官及諸子言樂事者，以著樂記，獻八佾之舞，與制氏不相殊。其內史中丞王定傳之，以授常山王禹。禹，成帝時爲謁者，數言其義，獻記二十四卷。劉向校書，得二十三篇，然竟不用也。

至明帝初，東平憲王蒼總定公卿之議，曰：「宗廟宜各奏樂，不應相襲，所以明功德也。承文始、五行、武德爲大武之舞。」又制舞哥一章，薦之光武之廟。

漢末大亂，衆樂淪缺。魏武平荆州，獲杜夔，善八音，嘗爲漢雅樂郎，尤悉樂事，於是以爲軍謀祭酒，使創定雅樂。時又有鄧靜、尹商，善訓雅樂〔二〕，哥師尹胡能哥宗廟郊祀之曲，舞師馮肅、服養曉知先代諸舞，夔悉總領之。遠考經籍，近采故事，魏復先代古樂，自夔始也。而左延年等，妙善鄭聲，惟夔好古存正焉。

文帝黄初二年，改漢巴渝舞曰昭武舞，改宗廟安世樂曰正世樂，嘉至樂曰迎靈樂，武德樂曰武頌樂，昭容樂曰昭業樂，雲翹舞曰鳳翔舞，育命舞曰靈應舞，武德舞曰武頌舞，文始舞曰大韶舞，五行舞曰大武舞。其衆哥詩，多即前代之舊；唯魏國初建，使王粲改作登哥及安世、巴渝詩而已。

明帝太和初，詔曰：「禮樂之作，所以類物表庸而不忘其本者也。凡音樂以舞爲主，自黃帝雲門以下，至於周大武，皆太廟舞名也。然則其所司之官，皆曰太樂，所以總領諸物，不可以一物名。武皇帝廟樂未稱，其議定廟樂及舞，舞者所執，綴兆之制，聲哥之詩，務令詳備。樂官自如故爲太樂。」太樂，漢舊名，後漢依讖改大予樂官，至是改復舊。

於是公卿奏曰：「臣聞德盛而化隆者，則樂舞足以象其形容，音聲足以發其哥詠。故薦之郊廟，而鬼神享其和；用之朝廷，則君臣樂其度。使四海之內，徧知至德之盛，而光煇日新者，禮樂之謂也。故先王殷薦上帝，以配祖考，蓋當其時而制之矣。周之末世，上去唐、虞幾二千年，韶箾、南、籥、武、象之樂，風聲遺烈，皆可得而論也。由斯言之，禮樂之事，弗可以已。今太祖武皇帝樂，宜曰武始之樂。武，神武也。武，又跡也。言神武之始，又王跡所起也。高祖文皇帝樂，宜曰咸熙之舞。咸，皆也。熙，興也。言應受命之運，天下由之皆興也。至於羣臣述德論功，建定烈祖之稱，而未制樂舞，非所以昭德紀功。夫哥以詠德，舞以象事。於文，文武爲斌，兼秉文武，聖德所以章明也。臣等謹制樂舞名章斌之舞。昔簫韶九奏，親於虞帝之庭，武、象、大武，亦振於文、武之阼。特以顯其德教，著其成功，天下被服其光煇，習詠其風聲者也。自漢高祖、文帝各逮其時，而爲武德、四時之舞，上考前代制作之宜，以當今成業之美，播揚弘烈，莫盛於章斌焉。樂志曰：『鐘磬干戚，所以祭先王之廟，又所以獻酬酳酢也。在宗廟之中，君臣莫不致敬；族長之中，長幼無不從和。』故仲尼答賓牟賈之問曰：『周道四達，禮樂交通。』傳云：『魯有禘樂，賓祭用之。』此皆祭禮大享，通用盛樂之明文也。今有事於天地宗廟，則此三舞宜並以爲薦享，及臨朝大享，亦宜舞之。然後乃合古制事神訓民之道，關於萬世，其義益明。又臣等思惟，三舞宜有總名，可名大鈞之樂。鈞，平也。言大魏三世同功，以至隆平也。於名爲美，於義爲當。」尚書奏：「宜如所上。」帝初不許制章斌之樂。三請，乃許之。

於是尚書又奏：「祀圓丘以下，武始舞者，平冕，黑介幘，玄衣裳，白領袖，絳領袖中衣，絳合幅袴，絳袜，黑韋鞮。咸熙舞者，冠委貌，其餘服如前。章斌舞者，與武始、咸熙舞者同服。奏於朝庭，則武始舞者，武冠，赤介幘，生絳袍單衣，絳領袖，皂領袖中衣，虎文畫合幅袴，白布袜，黑韋鞮。咸熙舞者，進賢冠，黑介幘，生黄袍單衣，白合幅袴，其餘服如前。」奏可。史臣案，武始、咸熙二舞，冠制不同，而云章斌與武始、咸熙同服，不知服何冠也？

侍中繆襲又奏：「安世哥本漢時哥名。今詩哥非往詩之文，則宜變改。案周禮注云：安世樂，猶周房中之樂也。是以往昔議者，以房中哥后妃之德，所以風天下，正夫婦，宜改安世之名曰正始之樂。自魏國初建，故侍中王粲所作登哥安世詩，專以思詠神靈及說神靈鑒享之意。襲後又依哥省讀漢安世哥詠，亦說『高張四縣，神來燕享，嘉薦令儀，永受厥福』。無有二南后妃風化天下之言。今思惟往者謂房中爲后妃之歌者，恐失其意。方祭祀娛神，登堂哥先祖功德，下堂哥詠燕享，無事哥后妃之化也。自宜依其事以名其樂哥，改安世哥曰享神哥。」奏可。案文帝已改安世爲正始，而襲至是又改安世爲享神，未詳其義。王粲所造安世詩，今亡。

襲又奏曰：「文昭皇后廟，置四縣之樂，當銘顯其均奏次第，依太祖廟之名，號曰昭廟之具樂。」尚書奏曰：「禮，婦人繼夫之爵，同牢配食者，樂不異文。昭皇后今雖別廟，至於宮縣樂器音均，宜如襲議。」奏可。

散騎常侍王肅議曰：「王者各以其禮制事天地，今說者據周官單文爲經國大體，懼其局而不知弘也。漢武帝東巡封禪還，祠太一于甘泉，祭后土于汾陰，皆盡用其樂。言盡用者，爲盡用宮縣之樂也。天地之性貴質者，蓋謂其器之不文爾，不謂庶物當復減之也。禮，天子宮縣，舞八佾。今祀圜丘方澤，宜以天子制，設宮縣之樂，八佾之舞。」衞臻、繆襲、左延年等咸同肅議。奏可。

肅又議曰：「說者以爲周家祀天，唯舞雲門，祭地，唯舞咸池，宗廟，唯舞大武，似失其義矣。周禮賓客皆作備樂。左傳：『王子穨享五大夫，樂及徧舞〔三〕。』六代之樂也。然則一會之日，具作六代樂矣。天地宗廟，事之大者，賓客燕會，比之爲細。王制曰：『庶羞不踰牲，燕衣不踰祭服。』可以燕樂而踰天地宗廟之樂乎？周官：『以六律、六呂、五聲、八音、六舞大合樂〔四〕，以致鬼神，以和邦國，以諧萬民，以安賓客，以說遠人。』夫六律、六呂、五聲、八音，皆一時而作之，至於六舞獨分擘而用之，所以不厭人心也。又周官：『韎師掌教韎樂，祭祀則帥其屬而舞之，大享亦如之。』韎，東夷之樂也。又：『鞮鞻氏掌四夷之樂與其聲哥，祭祀則吹而哥之〔五〕，燕亦如之。』四夷之樂，乃入宗廟；先代之典，獨不得用。大享及燕日如之者，明古今夷、夏之樂，皆主之於宗廟，而後播及其餘也。夫作先王樂者，貴能包而用之，納四夷之樂者，美德廣之所及也。高皇、太皇帝、太祖、高祖、文昭廟，皆宜兼用先代及武始、大鈞之舞。」有司奏：「宜如肅議。」奏可。肅私造宗廟詩頌十二篇，不被哥。晉武帝泰始二年，改制郊廟哥，其樂舞亦仍舊也。

漢光武平隴、蜀，增廣郊祀，高皇帝配食，樂奏青陽、朱明、西皓、玄冥，雲翹、育命之舞。北郊及祀明堂，並奏樂如南郊。迎時氣五郊：春哥青陽，夏哥朱明，並舞雲翹之舞；秋哥西皓，冬哥玄冥，並舞育命之舞；季夏哥朱明，兼舞二舞。章帝元和二年，宗廟樂，故事，食舉有鹿鳴、承元氣二曲。三年，自作詩四篇，一曰思齊皇姚，二曰六騏驎，三曰竭肅雍〔六〕，四曰陟叱根。合前六曲，以爲宗廟食舉。加宗廟食舉重來、上陵二曲，合八曲爲上陵食舉。減宗廟食舉承元氣一曲，加惟天之命、天之曆數二曲，合七曲爲殿中御食飯舉。又漢太樂食舉十三曲：一曰鹿鳴，二曰重來，三曰初造，四曰俠安，五曰歸來，六曰遠期，七曰有所思，八曰明星，九曰清涼，十曰涉大海，十一曰大置酒，十二曰承元氣，十三曰海淡淡。魏氏及晉荀勗、傅玄並爲哥辭。魏時以遠期、承元氣、海淡淡三曲多不通利，省之。魏雅樂四曲：一曰鹿鳴，後改曰於赫，詠武帝。二曰騶虞，後改曰巍巍，詠文帝。三曰伐檀，後省除。四曰文王，後改曰洋洋，詠明帝。騶虞、伐檀、文王並左延年改其聲。正旦大會，太尉奉璧，羣后行禮，東箱雅樂郎作者是也。今謂之行禮曲，姑洗箱所奏。按鹿鳴本以宴樂爲體，無當於朝享，往時之失也。

晉武泰始五年，尚書奏使太僕傅玄、中書監荀勗、黄門侍郎張華各造正旦行禮及王公上壽酒食舉樂哥詩。詔又使中書郎成公綏亦作。張華表曰：「按魏上壽食舉詩及漢氏所施用，其文句長短不齊，未皆合古。蓋以依詠弦節，本有因循，而識樂知音，足以制聲，度曲法用，率非凡近所能改。二代三京，襲而不變，雖詩章詞異，興廢隨時，至其韻逗曲折，皆繫於舊，有由然也。是以一皆因就，不敢有所改易。」荀勗則曰：「魏氏哥詩，或二言，或三言，或四言，或五言，與古詩不類。」以問司律中郎將陳頎，頎曰：「被之金石，未必皆當。」故勗造晉哥，皆爲四言，唯王公上壽酒一篇爲三言五言，此則華、勗所明異旨也。九年，荀勗遂典知樂事，使郭夏〔七〕、宋識等造正德、大豫之舞，而勗及傅玄、張華又各造此舞哥詩。勗作新律笛十二枚，散騎常侍阮咸譏新律聲高，高近哀思，不合中和。勗以其異己，出咸爲始平相。

晉又改魏昭武舞曰宣武舞，羽籥舞曰宣文舞。

咸寧元年，詔定祖宗之號，而廟樂同用正德、大豫之舞。

至江左初立宗廟，尚書下太常祭祀所用樂名，太常賀循答云：「魏氏增損漢樂，以爲一代之禮，未審大晉樂名所以爲異。遭離喪亂，舊典不存，然此諸樂，皆和之以鐘律，文之以五聲，詠之於哥詞，陳之於舞列，宮縣在下，琴瑟在堂，八音迭奏，雅樂並作，登哥下管，各有常詠，周人之舊也。自漢氏以來，依放此禮，自造新詩而已。舊京荒廢，今既散亡，音韻曲折，又無識者，則於今難以意言。」于時以無雅樂器及伶人，省太樂并鼓吹令。是後頗得登哥，食舉之樂，猶有未備。明帝太寧末，又詔阮孚等增益之。成帝咸和中，乃復置太樂官，鳩習遺逸〔八〕，而尚未有金石也。

初，荀勗既以新律造二舞，又更修正鍾磬，事未竟而勗薨。惠帝元康三年，詔其子黃門侍郎藩修定金石〔九〕，以施郊廟。尋值喪亂，遺聲舊制，莫有記者。庾亮爲荊州，與謝尚共爲朝廷修雅樂，亮尋薨。庾翼、桓温專事軍旅，樂器在庫，遂至朽壞焉。晉氏之亂也，樂人悉没戎虜，及胡亡，鄴下樂人，頗有來者。謝尚時爲尚書僕射，因之以具鍾磬。太元中，破苻堅，又獲樂工楊蜀等，閑練舊樂，於是四箱金石始備焉。

宋文帝元嘉九年，太樂令鍾宗之更調金石。十四年，治書令史奚縱又改之。語在律曆志。晉世曹毗、王珣等亦增造宗廟哥詩，然郊祀遂不設樂。

何承天曰：「世咸傳吴朝無雅樂。案孫晧迎父喪明陵，唯云倡伎晝夜不息，則無金石登哥可知矣。」承天曰：「或云今之神絃，孫氏以爲宗廟登哥也。」史臣案陸機孫權誄「肆夏在廟，雲翹承□」，機不容虚設此言。又韋昭孫休世上鼓吹鐃哥十二曲表曰：「當付樂官善哥者習哥。」然則吴朝非無樂官，善哥者乃能以哥辭被絲管，寧容止以神絃爲廟樂而已乎？

宋武帝永初元年七月，有司奏：「皇朝肇建，廟祀應設雅樂，太常鄭鮮之等八十八人各撰立新哥。黄門侍郎王韶之所撰哥辭七首，並合施用。」詔可。十二月，有司又奏：「依舊正旦設樂，參詳屬三省改太樂諸哥舞詩。黄門侍郎王韶之立三十二章，合用教試，日近，宜逆誦習。輒申攝施行。」詔可。又改正德舞曰前舞，大豫舞曰後舞。

元嘉十八年九月，有司奏：「二郊宜奏登哥。」又議宗廟舞事，録尚書江夏王義恭等十二人立議同，未及列奏，值軍興事寢。二十二年，南郊，始設登哥，詔御史中丞顔延之造哥詩，廟舞猶闕。

孝建二年九月甲午，有司奏：「前殿中曹郎荀萬秋議：按禮，祭天地有樂者，爲降神也。故易曰：『雷出地奮豫。先王以作樂崇德，殷薦之上帝，以配祖考。』周官曰：『作樂於圜丘之上，天神皆降。作樂於方澤之中，地祇皆出。』又曰：『乃奏黄鍾，哥大吕，舞雲門，以祀天神。乃奏大簇，哥應鍾，舞咸池，以祀地祇。』由斯而言，以樂祭天地，其來尚矣。今郊享闕樂，竊以爲疑。祭統曰：『夫祭有三重焉，獻之屬莫重於祼〔一〇〕，聲莫重於升哥，舞莫重於武宿夜，此周道也。』至於秦奏五行，魏舞咸熙，皆以用享。爰逮晉氏，泰始之初，傅玄作晉郊廟哥詩三十二篇。元康中，荀藩受詔成父勗業，金石四縣，用之郊廟。是則相承郊廟有樂之證也〔一一〕。今廟祠登哥雖奏，而象舞未陳，懼闕備禮。夫聖王經世，異代同風，雖損益或殊，降殺迭運，未嘗不執古御今，同規合矩。方茲休明在辰，文物大備，禮儀遺逸，罔不具舉，而況出祇降神，輟樂於郊祭，昭德舞功，有闕於廟享。謂郊廟宜設備樂。」

於是使内外博議。驃騎大將軍竟陵王誕等五十一人並同萬秋議。尚書左僕射建平王宏議以爲：「聖王之德雖同，創制之禮或異，樂不相沿，禮無因襲。自寶命開基，皇符在運，業富前王，風通振古〔一二〕，朝儀國章，並循先代。自後晉東遷，日不暇給，雖大典略備，遺闕尚多。至於樂號廟禮，未該往正。今帝德再昌，大孝御寓，宜討定禮本，以昭來葉。尋舜樂稱韶，漢改文始，周樂大武，秦革五行。眷夫祖有功而宗有德，故漢高祖廟樂稱武德，太宗廟樂曰昭德。魏制武始舞武廟，制咸熙舞文廟。則祖宗之廟，別有樂名。晉氏之樂，正德、大豫，及宋不更名，直爲前後二舞，依據昔代，義舛事乖。今宜釐改權稱，以凱容爲韶舞，宣烈爲武舞。祖宗廟樂，總以德爲名。若廟非不毀，則樂無別稱，猶漢高、文、武，咸有嘉號，惠、景二主，樂無餘名。章皇太后廟，依諸儒議，唯奏文樂。何休、杜預、范甯注『初獻六羽』，並不言佾者，佾則干在其中，明婦人無武事也。郊祀之樂，無復別名，仍同宗廟而已。尋諸漢志，永至等樂，各有義況，宜仍舊不改。爰及東晉〔一三〕，太祝唯送神而不迎神。近議者或云廟以居神，恒如在也，不應有迎送之事，意以爲並乖其衷。立廟居靈，四時致享，以申孝思之情。夫神升降無常，何必恒安所處？故祭義云：『樂以迎來，哀以送往。』鄭注云：『迎來而樂，樂親之來，送往而哀，哀其享否不可知也〔一四〕。』尚書曰：『祖考來格。』漢書安世房中歌曰：『神來宴娭。』詩云：『三后在天〔一五〕。』又詩云：『神保遹歸。』注曰：『歸於天地也。』此並言神有去來，則有送迎明矣。即周肆夏之名，備迎送之樂。古以尸象神，故儀禮祝有迎尸送尸，近代雖無尸，豈可闕迎送之禮？又傅玄有迎神送神哥辭，明江左不迎，非舊典也。」

散騎常侍、丹陽尹建城縣開國侯顏竣議以爲：「德業殊稱，則干羽異容，時無沿制，故物有損益。至於禮失道僣，稱習忘反，中興釐運，視聽所革，先代繆章，宜見刊正。郊之有樂，蓋生周易、周官，歷代著議，莫不援准。夫『掃地而祭，器用陶匏』，唯質與誠，以章天德，文物之備，理固不然。周官曰：『國有故，則旅上帝及四望。』又曰：『四圭有邸，以祀天旅上帝。兩圭有邸，以祀地旅四望。』四望非地，則知上帝非天。孝經云：『郊祀后稷以配天，宗祀文王於明堂，以配上帝。』則豫之作樂，非郊天也〔二六〕。大司樂職，『奏黃鍾，哥大呂，舞雲門，以祀天神』。鄭注：『天神，五帝及日月星辰也。』王者以夏正月祀其所受命之帝於南郊，則二至之祀，又非天地。考之衆經，郊祀有樂，未見明證。宗廟之禮，事炳載籍。爰自漢元，迄乎有晉，雖時或更制，大抵相因，爲不襲名號而已。今樂曲淪滅，知音世希，改作之事，臣聞其語。正德、大豫，禮容具存，宜殊其徽號，飾而用之。以正德爲宣化之舞，大豫爲興和之舞，庶足以光表世烈，悅被後昆。前漢祖宗，廟處各異，主名既革，舞號亦殊。今七廟合食，庭殿共所，舞蹈之容，不得廟有別制。後漢東平王蒼已議之矣。又王肅、韓祇以王者德廣無外，六代四夷之舞，金石絲竹之樂，宜備奏宗廟。愚謂蒼、肅、祇議，合於典禮，適於當今。」

左僕射建平王宏又議：「竣據周禮、孝經，天與上帝，連文重出，故謂上帝非天，則易之作樂，非爲祭天也。按易稱『先王以作樂崇德，殷薦之上帝，以配祖考』。尚書云：『肆類于上帝。』春秋傳曰：『告昊天上帝。』凡上帝之言，無非天也。天尊不可以一稱，故或謂昊天，或謂上帝，或謂昊天上帝，不得以天有數稱，便謂上帝非天。徐邈推周禮『國有故，則旅上帝』，以知禮天，旅上帝，同是祭天。言禮天者，謂常祀也；旅上帝者，有故而祭也。孝經稱『嚴父莫大於配天』，故云『郊祀后稷以配天，宗祀文王於明堂，以配上帝』。既天爲議，則上帝猶天益明也。不欲使二天文同〔一七〕，故變上帝爾。周禮祀天之言再見，故鄭注以前天神爲五帝，後冬至所祭爲昊天。竣又云『二至之祀，又非天地』。未知天地竟應以何時致享？記云：『埽地而祭，器用陶匏。』旨明所用質素，無害以樂降神。萬秋謂郊宜有樂，事有典據。竣又云『東平王蒼以爲前漢諸祖別廟，是以祖宗之廟可得各有舞樂。至於祫祭始祖之廟，則專用始祖之舞。故謂後漢諸祖，共廟同庭，雖有祖宗，不宜入別舞』。此誠一家之意，而未統適時之變也。後漢從儉，故諸祖共廟，猶以異室存別廟之禮〔一八〕。晉氏以來，登哥誦美，諸室繼作。至於祖宗樂舞，何猶不可迭奏〔一九〕。苟所詠者殊，雖復共庭，亦非嫌也。魏三祖各有舞樂，豈復是異廟邪？」

衆議並同宏：「祠南郊迎神，奏肆夏。皇帝初登壇，奏登哥。初獻，奏凱容、宣烈之舞。送神，奏肆夏。祠廟迎神，奏肆夏。皇帝入廟門，奏永至。皇帝詣東壁，奏登哥。初獻，奏凱容、宣烈之舞。終獻，奏永安。送神奏肆夏。」詔可。

孝建二年十月辛未，有司又奏：「郊廟舞樂，皇帝親奉，初登壇及入廟詣東壁，並奏登哥，不及三公行事。」左僕射建平王宏重參議：「公卿行事，亦宜奏登哥。」

有司又奏：「元會及二廟齊祠，登哥伎舊並於殿庭設作〔一〇〕。尋廟祠，依新儀注，登哥人上殿，弦管在下；今元會，登哥人亦上殿，弦管在下。」並詔可。

文帝章太后廟未有樂章，孝武大明中使尚書左丞殷淡造新哥，明帝又自造昭太后宣太后哥詩。

後漢正月旦，天子臨德陽殿受朝賀，舍利從西方來，戲於殿前，激水化成比目魚，跳躍嗽水，作霧翳日；畢，又化成黃龍，長八九丈，出水遊戲，炫燿日光。以兩大絲繩繫兩柱頭，相去數丈，兩倡女對舞，行於繩上，相逢切肩而不傾。

魏、晉訖江左，猶有夏育扛鼎、巨象行乳、神龜抃舞、背負靈岳、桂樹白雪、畫地成川之樂焉。

晉成帝咸康七年，散騎侍郎顧臻表曰：「臣聞聖王制樂，贊揚治道，養以仁義，防其邪淫，上享宗廟，下訓黎民，體五行之正音，協八風以陶氣。以宮聲正方而好義，角聲堅齊而率禮，弦哥鐘鼓金石之作備矣。故通神至化，有率舞之感；移風改俗，致和樂之極。末世之伎，設禮外之觀，逆行連倒，頭足入筥之屬，皮膚外剥，肝心内摧。敦彼行葦，猶謂勿踐，矧伊生民，而不惻愴。加以四海朝覲，言觀帝庭，耳聆雅頌之聲，目覩威儀之序，足以蹋天，頭以履地，反兩儀之順，傷彝倫之大。方今夷狄對岸，外御爲急，兵食七升，忘身赴難，過泰之戲，日廩五斗。方埽神州，經略中甸，若此之事，不可示遠。宜下太常，纂備雅樂，簫韶九成，惟新於盛運；功德頌聲，永著于來葉。此乃詩所以『燕及皇天，克昌厥後』者也。雜伎而傷人者，皆宜除之。流簡儉之德，邁康哉之詠，清風既行，民應如草，此之謂也。愚管之誠，唯垂采察。」於是除高絙、紫鹿、跂行、鼈食及齊王捲衣、笮兒等樂〔二〕。又減其廩。其後復高絙、紫鹿焉。

宋文帝元嘉十三年，司徒彭城王義康於東府正會，依舊給伎。總章工馮大列：「相承給諸王伎十四種，其舞伎三十六人。」太常傅隆以爲：「未詳此人數所由。唯杜預注左傳佾舞云諸侯六六三十六人，常以爲非。夫舞者所以節八音者也，八音克諧，然後成樂，故必以八人爲列〔三〕，自天子至士，降殺以兩，兩者，減其二列爾。預以爲一列又減二人，至士止餘四人，豈復成樂。按服虔注傳云：『天子八八，諸侯六八，大夫四八，士二八。』其義甚允。今諸王不復舞佾，其總章舞伎，即古之女樂也。殿庭八八，諸王則應六八，理例坦然。又春秋，鄭伯納晉悼公女樂二八，晉以一八賜魏絳，此樂以八人爲列之證也。若如議者，唯天子八，則鄭應納晉二六，晉應賜絳一六也。自天子至士，其文物典章，尊卑差級，莫不以兩。未有諸侯既降二列，又列輒減二人，近降太半，非唯八音不具，於兩義亦乖，杜氏之謬可見矣。國典事大，宜令詳正。」事不施行。

民之生，莫有知其始也。含靈抱智，以生天地之間。夫喜怒哀樂之情，好得惡失之性，不學而能，不知所以然而然者也。怒則爭鬬，喜則詠哥，夫哥者，固樂之始也。詠哥不足，乃手之舞之，足之蹈之，然則舞又哥之次也。詠哥舞蹈，所以宣其喜心，喜而無節，則流淫莫反，故聖人以五聲和其性，以八音節其流，而謂之樂，故能移風易俗〔三〕，平心正體焉。

昔有娀氏有二女，居九成之臺，天帝使鷰夜往，二女覆以玉筐，既而發視之，鷰遺二卵，五色，北飛不反。二女作哥，始爲北音。禹省南土，嵞山之女令其妾候禹於嵞山之陽，女乃作哥，始爲南音。夏后孔甲田於東陽萯山，天大風晦冥，迷入民室，主人方乳，或曰：「后來是良日也，必大吉。」或曰：「不勝之子，必有殃。」后乃取以歸，曰：「以爲余子，誰敢殃之？」後析橑，斧破斷其足。孔甲曰：「嗚呼！有命矣。」乃作破斧之哥，始爲東音。周昭王南征，殞於漢中，王右辛餘靡長且多力，振王北濟，周公乃封之西翟，徙宅西河，追思故處作哥，始爲西音。此蓋四方之哥也。

黄帝、帝堯之世，王化下洽，民樂無事，故因擊壤之歡，慶雲之瑞，民因以作哥。其後風衰雅缺，而妖淫靡漫之聲起。周衰，有秦青者，善謳，而薛談學謳於秦青，未窮青之伎而辭歸。青餞之於郊，乃撫節悲歌，聲震林木，響遏行雲。薛談遂留不去，以卒其業。又有韓娥者，東之齊，至雍門，匱糧，乃鬻哥假食，既而去，餘響繞梁，三日不絕。左右謂其人不去也。過逆旅，逆旅人辱之，韓娥因曼聲哀哭，一里老幼，悲愁垂涕相對，三日不食。遽而追之，韓娥還，復爲曼聲長哥，一里老幼，喜躍抃舞，不能自禁，忘向之悲也。乃厚賂遣之。故雍門之人善哥哭，效韓娥之遺聲。衛人王豹處淇川，善謳，河西之民皆化之。齊人綿駒居高唐，善哥，齊之右地，亦傳其業。前漢有虞公者，善哥，能令梁上塵起。若斯之類，並徒哥也。爾雅曰：「徒哥曰謡。」

凡樂章古詞，今之存者，並漢世街陌謡謳，江南可采蓮、烏生、十五、白頭吟之屬是也〔一四〕。吴哥雜曲，並出江東，晉、宋以來，稍有增廣。

子夜哥者，有女子名子夜，造此聲。晉孝武太元中，琅邪王軻之家有鬼哥子夜。殷允爲豫章時，豫章僑人庾僧度家亦有鬼哥子夜〔二五〕。殷允爲豫章，亦是太元中，則子夜是此時以前人也。

鳳將雛哥者，舊曲也。應璩百一詩云：「爲作陌上桑，反言鳳將雛。」然則鳳將雛其來久矣，將由譌變以至於此乎？

前溪哥者，晉車騎將軍沈充所制〔二六〕。

阿子及歡聞哥者，晉穆帝升平初，哥畢輒呼：「阿子！汝聞不？」〔二七〕語在五行志。後人演其聲，以爲二曲。

團扇哥者，晉中書令王珉與嫂婢有情，愛好甚篤，嫂捶撻婢過苦，婢素善哥，而珉好捉白團扇，故制此哥。

督護哥者，彭城内史徐逵之爲魯軌所殺，宋高祖使府内直督護丁旿收斂殯霾之。逵之妻，高祖長女也，呼旿至閤下，自問斂送之事，每問，輒歎息曰：「丁督護！」其聲哀切，後人因其聲，廣其曲焉。

懊憹哥者，晉隆安初，民間譌謡之曲。語在五行志。宋少帝更制新哥，太祖常謂之中朝曲。

六變諸曲，皆因事制哥。

長史變者，司徒左長史王廞臨敗所制〔二八〕。

讀曲哥者，民間爲彭城王義康所作也。其哥云「死罣劉領軍，誤殺劉第四」是也。

凡此諸曲，始皆徒哥，既而被之弦管。又有因弦管金石，造哥以被之，魏世三調哥詞之類是也。

古者天子聽政，使公卿大夫獻詩，耆艾修之，而後王斟酌焉。秦、漢闕采詩之官，哥詠多因前代，與時事既不相應，且無以垂示後昆。漢武帝雖頗造新哥，然不以光揚祖考、崇述正德爲先，但多詠祭祀見事及其祥瑞而已。商周雅頌之體闕焉。

鞞舞，未詳所起，然漢代已施於燕享矣。傅毅、張衡所賦，皆其事也。曹植鞞舞哥序曰：「漢靈帝西園故事〔二九〕，有李堅者，能鞞舞。遭亂，西隨段煨。先帝聞其舊有技，召之。堅既中廢，兼古曲多謬誤，異代之文，未必相襲，故依前曲改作新哥五篇，不敢充之黃門，近以成下國之陋樂焉。」晉鞞舞哥亦五篇，又鐸舞哥一篇，幡舞哥一篇，鼓舞伎六曲，並陳於元會。今幡、鼓哥詞猶存，舞並闕。鞞舞，即今之鞞扇舞也。

又云晉初有栢槃舞、公莫舞。史臣按：栢槃，今之齊世寧也〔三〇〕。張衡舞賦云：「歷七槃而縱躡。」王粲七釋云：「七槃陳於廣庭。」近世文士顏延之云：「遞間關於槃扇。」鮑昭云：「七槃起長袖。」皆以七槃爲舞也。搜神記云：「晉太康中，天下爲晉世寧舞，矜手以接杯槃反覆之。」此則漢世唯有槃舞，而晉加之以杯，反覆之也。

公莫舞，今之巾舞也。相傳云項莊劍舞，項伯以袖隔之，使不得害漢高祖。且語莊云：「公莫。」古人相呼曰「公」，云莫害漢王也。今之用巾，蓋像項伯衣袖之遺式。按琴操有公莫渡河曲，然則其聲所從來已久。俗云項伯，非也。

江左初，又有拂舞。舊云拂舞，吳舞。檢其哥，非吳詞也。皆陳於殿庭。揚泓拂舞序曰：「白到江南，見白符舞，或言白鳧鳩舞，云有此來數十年。察其詞旨，乃是吳人患孫皓虐政，思屬晉也。」

又有白紵舞，按舞詞有巾袍之言，紵本吳地所出，宜是吳舞也。晉俳歌又云：「皎皎白緒，節節爲雙。」吳音呼緒爲紵，疑白紵即白緒〔三〕。

鞞舞故二八，桓玄將即真，太樂遺衆伎，尚書殿中郎袁明子啓增滿八佾，相承不復革。宋明帝自改舞曲哥詞，并詔近臣虞龢並作。

又有西、傖、羌、胡諸雜舞。隨王誕在襄陽，造襄陽樂，南平穆王爲豫州，造壽陽樂，荆州刺史沈攸之又造西烏飛哥曲，並列於樂官。哥詞多淫哇不典正。

前世樂飲，酒酣，必起自舞。詩云「屢舞僊僊」是也。宴樂必舞，但不宜屢爾。譏在屢舞，不識舞也。漢武帝樂飲，長沙定王舞又是也。魏、晉已來，尤重以舞相屬，所屬者代起舞，猶若飲酒以梧相屬也。謝安舞以屬桓嗣是也。近世以來，此風絶矣。

孝武大明中，以鞞、拂、雜舞合之鐘石，施於殿庭。順帝昇明二年，尚書令王僧虔上表言之，并論三調哥曰：「臣聞風、雅之作，由來尚矣。大者繫乎興衰，其次者著於率舞。在於心而木石感，鏗鏘奏而國俗移。故鄭相出郊，辯聲知戚；延陵入聘，觀樂知風。是則音不妄啓，曲豈徒奏。哥倡既設，休戚已徵，清濁是均，山琴自應。斯乃天地之靈和，升降之明節。今帝道四達，禮樂交通，誠非寡陋所敢裁酌。伏以三古缺聞，六代潛響，舞詠與日月偕湮，精靈與風雲俱滅。追餘操而長懷，撫遺器而太息，此則然矣。夫鍾縣之器，以雅爲用，凱容之制，八佾爲體。故羽籥擊拊，以相諧應，季氏獲誚，將在於此。今總章舊佾二八之流，袿服既殊，曲律亦異，推今校古，皎然可知。又哥鐘一肆，克諧女樂，以哥爲稱，非雅器也。大明中，即以宮縣合和鞞、拂，節數雖會，慮乖雅體。將來知音，或譏聖世。若謂鐘舞已諧，不欲廢罷，別立哥鐘，以調羽佾，止於別宴，不關朝享，四縣所奏，謹依雅則，斯則舊樂前典，不墜於地。臣昔已制哥磬，猶在樂官，具以副鐘，配成一部，即義沿理，如或可安。又今之清商，實猶銅雀，魏氏三祖，風流可懷，京洛相高，江左彌重。諒以金縣干戚，事絶於斯。而情變聽改，稍復零落，十數年間，亡者將半。自頃家競新哇，人尚謠俗，務在噍危，不顧律紀，流宕無涯，未知所極，排斥典正，崇長煩淫。士有等差，無故不可以去禮；樂有攸序，長幼不可以共聞。故諠醜之製，日盛於廛里，風味之韻，獨盡於衣冠。夫川震社亡，同災異戒〔三〕，哀思靡漫，異世齊轍。咎徵不殊，而欣畏並用，竊所未譬也。方今塵靜畿中，波恬海外，雅頌得所，寔在茲辰。臣以爲宜命典司，務勤課習，緝理舊聲，迭相開曉，凡所遺漏，悉使補拾。曲全者祿厚，藝敏者位優，利以動之，則人思自勸，風以靡之，可不訓自革，反本還源，庶可跂踵。」詔曰：「僧虔表如此。夫鍾鼓既陳，雅頌斯辨，所以惪感人祇，化動翔泳。頃自金籥弛韻，羽佾未凝，正俗移風，良在茲日。昔阮咸清識，王度昭奇，樂緒增修，異世同功矣。便可付外遵詳。」

樂器凡八音：曰金，曰石，曰土，曰革，曰絲，曰木，曰匏，曰竹。

八音一曰金。金，鍾也，鎛也，錞也，鐲也，鐃也，鐸也。

鍾者，世本云：「黄帝工人垂所造。」爾雅云大鍾曰鏞，書曰「笙鏞以間」是也。中者曰剽。剽音瓢。小者曰棧。棧音醆，晉江左初所得棧鍾是也。縣鍾磬者曰筍虡，横曰筍，從曰虡。蔡邕曰：「寫鳥獸之形，大聲有力者以爲鍾虡，清聲無力者以爲磬虡，擊其所縣，知由其虡鳴焉。」

鏄如鍾而大。史臣案：前代有大鍾，若周之無射，非一，皆謂之鍾；鏄之言，近代無聞焉。

錞，錞于也。圜如碓頭，大上小下，今民間猶時有其器。周禮，「以金錞和鼓」。

鐲，鉦也。形如小鍾，軍行鳴之，以爲鼓節。周禮，「以金鐲節鼓」。

鐃，如鈴而無舌，有柄，執而鳴之。周禮，「以金鐃止鼓」。漢鼓吹曲曰鐃哥。

鐸，大鈴也。周禮，「以金鐸通鼓」。

八音二曰石。石，磬也。世本云叔所造，不知叔何代人。爾雅曰：「形似犂錧，以玉爲之。」大曰毊。毊音囂。

八音三曰土。土，塤也。世本云，暴新公所造〔三三〕，亦不知何代人也。周畿内有暴國，豈其時人乎？燒土爲之，大如鵝卵，銳上平底，形似稱錘，六孔。爾雅云，大者曰嘂，嘂音叫。「小者如鷄子。」

八音四曰革。革，鼓也，鞉也，節也。大曰鼓，小曰鞞。又曰應。應劭風俗通曰：「不知誰所造。」以桴擊之曰鼓，以手摇之曰鞉。鼓及鞉之八面者曰雷鼓、雷鞉。六面者曰靈鼓、靈鞉。四面者曰路鼓、路鞉。周禮：「以雷鼓祀天神〔三四〕，以靈鼓鼓社祭，以路鼓鼓鬼享。」鼓長八尺者曰鼖鼓，以鼓軍事。長丈二尺者曰鼛鼓，凡守備及役事則鼓之。今世謂之下鼛(三五)。鼛，周禮音戚，今世音切豉反。長六尺六寸者曰晉鼓，金奏則鼓之。應鼓在大鼓側，詩云「應朄懸鼓」是也(三六)。小鼓有柄曰鞀。大鞀謂之鞞。月令「仲夏修鞀、鞞」是也。然則鞀、鞞即鞉類也。又有鼉鼓焉。

節，不知誰所造。傅玄節賦云：「黃鍾唱哥，九韶興舞。口非節不詠，手非節不拊。」此則所從來亦遠矣。

八音五曰絲。絲，琴、瑟也，筑也，箏也，琵琶、空侯也。

琴，馬融笛賦云：「宓羲造琴。」世本云：「神農所造。」爾雅「大琴曰離」，二十絃。今無其器。齊桓曰號鍾，楚莊曰繞梁，相如曰燋尾，伯喈曰綠綺，事出傅玄琴賦。世云燋尾是伯喈琴，伯喈傳亦云爾。以傅氏言之，則非伯喈也。

瑟，馬融笛賦云：「神農造瑟。」世本「宓羲所造」。爾雅云：「瑟二十七絃者曰灑。」今無其器。

筑，不知誰所造。史籍唯云高漸離善擊筑。

箏，秦聲也。傅玄箏賦序曰：「世以爲蒙恬所造。今觀其體合法度，節究哀樂，乃仁智之器，豈亡國之臣所能關思哉。」風俗通則曰：「筑身而瑟絃。不知誰所改作也。」

琵琶，傅玄琵琶賦曰：「漢遣烏孫公主嫁昆彌，念其行道思慕，故使工人裁箏、筑，爲馬上之樂。欲從方俗語，故名曰琵琶，取其易傳於外國也。」風俗通云：「以手琵琶，因以爲名。」杜摯云：「長城之役，弦鼗而鼓之。」並未詳孰實。其器不列四廂。

空侯，初名坎侯。漢武帝賽滅南越，祠太一后土用樂，令樂人侯暉依琴作坎侯，言其坎坎應節奏也。侯者，因工人姓爾。後言空，音訛也。古施郊廟雅樂，近世來專用於楚聲。宋孝武帝大明中，吳興沈懷遠被徙廣州，造繞梁，其器與空侯相似，懷遠後亡，其器亦絕。

八音六曰木。木，柷也，敔也。並不知誰所造。樂記曰：「聖人作爲椌、楬、壎、篪。」所起亦遠矣。

柷如漆筩，方二尺四寸，深尺八寸，中有椎柄，連底挏之，令左右擊。敔，狀如伏虎〔三七〕，背上有二十七鉏鋙。以竹長尺名曰籈〔三八〕，橫擽之，以節樂終也。

八音七曰匏。匏，笙也，竽也。

笙，隨所造，不知何代人。列管匏內，施簧管端。宮管在中央，三十六簧曰竽；宮管在左傍，十九簧至十三簧曰笙。其它皆相似也。竽今亡。「大笙謂之巢〔三九〕，小者謂之和」。其笙中之簧，女媧所造也。詩傳云：「吹笙則簧鼓矣。」蓋笙中之簧也。爾雅曰：「笙十九簧者曰巢。」漢章帝時，零陵文學奚景於舜祠得笙，白玉管。後世易之以竹乎。

八音八曰竹。竹，律也，吕也，簫也，管也，篪也，籥也，笛也。律吕在律曆志〔四〇〕。

簫，世本云：「舜所造。」爾雅曰：「編二十三管，長尺四寸者曰言〔四一〕；十六管長尺二寸者筊。」筊音爻。凡簫一名籟。前世有洞簫，其器今亡。蔡邕曰：「簫，編竹有底。」然則邕時無洞簫矣。

管，爾雅曰：「長尺，圍寸，併漆之，有底。」大者曰簥。簥音驕。中者曰篞。小者曰篎。篎音妙。古者以玉爲管，舜時西王母獻白玉琯是也。月令：「均琴、瑟、管、簫。」蔡邕章句曰：「管者，形長尺，圍寸，有孔無底。」其器今亡。

篪，世本云：「暴新公所造〔四二〕。」舊志云，一曰管。史臣案：非也。雖不知暴新公何代人，而非舜前人明矣。舜時西王母獻管，則是已有其器，新公安得造篪乎？爾雅曰：「篪，大者尺四寸，圍三寸，曰沂。」沂音銀。一名翹。「小者尺二寸」。今有胡篪，出於胡吹，非雅器也。

籥，不知誰所造。周禮有籥師，掌教國子秋冬吹籥。今凱容、宣烈舞所執羽籥是也。蓋詩所云「左手執籥，右手秉翟」者也。爾雅云：「籥如笛，三孔而短小。」廣雅云〔四三〕，七孔。大者曰產。中者曰仲。小者曰箹。箹音握。

笛，案馬融長笛賦，此器起近世，出於羌中，京房備其五音。又稱丘仲工其事，不言仲所造。風俗通則曰：「丘仲造笛，武帝時人。」其後更有羌笛爾。三説不同，未詳孰實。篴，杜摯笳賦云：「李伯陽入西戎所造。」漢舊注曰：「箛，號曰吹鞭。」晉先蠶儀注〔四四〕：「車駕住，吹小箛，發，吹大箛。」箛即篴也。又有胡笳。漢舊箏笛録有其曲，不記所出本末。

鼓吹，蓋短簫鐃哥。蔡邕曰：「軍樂也，黄帝岐伯所作，以揚德建武，勸士諷敵也。」周官曰：「師有功則愷樂。」左傳曰，晉文公勝楚，「振旅，凱而入」。司馬法曰：「得意則愷樂愷哥。」雍門周説孟嘗君，「鼓吹于不測之淵」。説者云，鼓自一物，吹自竽、籟之屬，非簫、鼓合奏，別爲一樂之名也。然則短簫鐃哥，此時未名鼓吹矣。應劭漢鹵簿圖，唯有騎執箛。箛即笳，不云鼓吹。而漢世有黄門鼓吹。漢享宴食舉樂十三曲，與魏世鼓吹長簫同。長簫短簫，伎録並云，絲竹合作，執節者哥。又建初録云，務成、黄爵、玄雲、遠期，皆騎吹曲，非鼓吹曲。此則列於殿庭者爲鼓吹，今之從行鼓吹爲騎吹，二曲異也。又孫權觀魏武軍，作鼓吹而還，此又應是今之鼓吹。魏、晉世，又假諸將帥及牙門曲蓋鼓吹，斯則其時謂之鼓吹矣。魏、晉世給鼓吹甚輕，牙門督將五校，悉有鼓吹。晉江左初，臨川太守謝摛每寢，輒夢聞鼓吹。有人爲其占之曰：「君不得生鼓吹，當得死鼓吹爾。」摛擊杜弢戰没，追贈長水校尉，葬給鼓吹焉。謝尚爲江夏太守，詣安西將軍庾翼於武昌咨事，翼與尚射，曰：「卿若破的，當以鼓吹相賞。」尚射破的，便以其副鼓吹給之。今則甚重矣。

角，書記所不載。或云出羌胡，以驚中國馬。或云出吴越。舊志云：「古樂有籟、缶。」今並無。史臣按：爾雅，籟自是簫之一名耳。詩云：「坎其擊缶。」毛傳曰：「盎謂之缶。」

築城相杵者，出自梁孝王。孝王築睢陽城，方十二里，造倡聲，以小鼓爲節，築者下杵以和之。後世謂此聲爲睢陽曲，至今傳之。

魏、晉之世，有孫氏善弘舊曲，宋識善擊節倡和，陳左善清哥，列和善吹笛，郝索善彈箏，朱生善琵琶，尤發新聲。傅玄著書曰：「人若欽所聞而忽所見，不亦惑乎！設此六人生於上世，越古今而無儷，何但夔、牙同契哉！」案此説，則自兹以後，皆孫、朱等之遺則也。

校勘記

〔一〕殷薦之上帝　「薦」字原闕，據三朝本、南監本、北監本、汲本、殿本、局本補。按易豫有「薦」字。

〔三〕善訓雅樂　「訓」，三國志卷二九魏書杜夔傳作「詠」，通典卷一四一樂一作「調」。

〔三〕左傳王子積享五大夫樂及偏舞　「舞」，原作「武」，據南監本、殿本、局本、册府卷五六五改。按左傳莊公二十年作「舞」。

〔四〕周官以六律六呂五聲八音六舞大合樂　「六呂」，周禮春官大司樂職文作「六同」。按六同即六呂，謂陰聲大呂、應鐘、南呂、函鐘、小呂、夾鐘。故沈約變其文。

〔五〕祭祀則吹而哥之　「吹」，原作「次」，據局本、周禮春官鞮鞻氏職文改。

〔六〕三曰竭肅雍　「雍」，原作「雜」，據殿本、册府卷五六五改。

〔七〕使郭夏　「郭夏」，局本、通典卷一四七樂七、册府卷五六六、樂府詩集卷五二作「郭瓊」。

〔八〕鳩習遺逸　晉書卷二三樂志下、通典卷一四一樂一、册府卷五六六作「鳩集遺逸」。

〔九〕詔其子黃門侍郎藩修定金石　「藩」，原作「蕃」，據晉書卷二二樂志上、卷三九荀勖傳附荀藩傳改。下並改。

〔一〇〕獻之屬莫重於祼　「之」字原闕，據南監本、北監本、汲本、殿本、局本、禮記祭統、册府卷五六六補。

〔一一〕是則相承郊廟有樂之證也　「相」字原闕，據南監本、北監本、汲本、殿本、局本、通典卷一四七樂七補。

〔一二〕風通振古　「通」，册府卷五六六作「動」。

〔一三〕爰及東晉　「爰」，原作「宋」，據册府卷五六六改。

〔四〕哀其亨否不可知也　「哀」下，三朝本、南監本、北監本、殿本、局本有「親之返」三字。

〔五〕尚書曰祖考來格漢書安世房中歌曰神來宴娭詩云三后在天　原作「尚書有神天」，汲本、局本作「尚書有神天」，南監本、北監本、殿本作「尚書曰祖考來格」，册府卷五六六作「尚書曰祖天」，今據通典卷一四七樂七訂補。

〔六〕則豫之作樂非郊天也　「也」，原作「地」，據南監本、北監本、殿本、局本、通典卷一四七樂七、册府卷五六六改。

〔七〕不欲使二天文同　「文」，原作「之」，據南監本、北監本、殿本、局本、通典卷一四七樂七、册府卷五六六改。

〔八〕猶以異室存別廟之禮　「廟」，原作「室」，據局本、通典卷一四七樂七改。

〔九〕何猶不可迭奏　「猶」，南監本、北監本、汲本、殿本、局本、通典卷一四七樂七作「獨」。

〔一〇〕登哥伎舊並於殿庭設作　「伎」，局本、通典卷一四一樂一作「依」。

〔一一〕於是除高絙紫鹿跂行鼈食及齊王捲衣笮兒等樂　「笮兒」，南齊書卷一一樂志作「笮鼠」，通典卷一四六樂六作「笮鼠」。沈濤銅熨斗齋隨筆卷五：「案『笮兒』，南齊書樂志作『笮鼠』，則『兒』乃『鼠』字之誤。」

〔一二〕故必以八人爲列　「八人爲列」，原作「八八爲例」，據局本、通典卷一四七樂七、册府卷五六六改。按樂府詩集卷五二：「杜預以爲六六三十六人，而沈約非之，曰：『八音克諧，然後成樂，故必以八人爲列。』」

〔二三〕而謂之樂故能移風易俗　「故」，原在「而」字下，據局本乙正。按殿本考證云：「尋繹文義，『故』字當在『樂』字下。」

〔二四〕江南可采蓮烏生十五白頭吟之屬是也　「烏生十五」，原作「烏生十五子」。按樂府詩集卷二六引張永元嘉技録，相和有十五曲，六曰十五，十二曰烏生。蓋烏生與十五，自是二曲。烏生古辭云：「烏生八九子。」本書以烏生、十五二曲駢連書之，後人又誤加「子」字，合「烏生十五子」爲一曲。今訂正。

〔二五〕豫章僑人庾僧度家亦有鬼哥子夜　「庾僧度」，局本、通典卷一四五樂五、樂府詩集卷四四引宋書樂志作「庾僧虔」。

〔二六〕晉車騎將軍沈充所制　「沈充」，原作「沈玩」，據晉書卷二三樂志下、卷九八王敦傳附沈充傳改。按本書卷六三沈演之傳：「高祖充，晉車騎將軍，吴國内史。」當即其人。舊唐書卷二九音樂志二：「前溪，晉車騎將軍沈珫所制。」「珫」、「充」之本字。

〔二七〕阿子汝聞不　此句下，通典卷一四五樂五多「又呼歡聞否」五字。按上云「阿子及歡聞哥者」云云，則此不當但及「阿子汝聞不」，應有「又呼歡聞否」五字，文義始足。

〔二八〕司徒左長史王廞臨敗所制　據本書文例，「司徒」上應有「晉」字。

〔二九〕漢靈帝西園故事　「故事」，局本、晉書卷二三樂志下、通典卷一四五樂五、樂府詩集卷五三、御覽卷五七四引曹植鞞舞歌序並作「鼓吹」。

〔二〇〕今之齊世寧也　按齊改宋世寧曰齊世昌，則此當作宋世寧。或因本書成於齊世，故改宋世寧稱齊世寧。

〔二一〕吴音呼緒爲紵疑白紵即白緒　「白緒」，原作「白紵」，據南監本、殿本、局本、通典卷一四五樂五、樂府詩集卷五五引宋書樂志改。

〔二二〕同災異戒　原作「同靈畢戒」，據册府卷五六六改。

〔二三〕暴新公所造　「公」字原闕，據本卷下文、御覽卷五八一引世本補。

〔二四〕以雷鼓祀天神　周禮地官鼓人職文原文作「以雷鼓鼓神祀」。

〔二五〕今世謂之下鼙　「鼙」，原作「鼛」，據局本改。

〔二六〕詩云應𪔛懸鼓是也　「應𪔛懸鼓」，詩周頌有瞽作「應田縣鼓」，鄭玄注：「『田』當作『𪔛』。𪔛，小鼓，在大鼓旁，應鞞之屬也。聲轉字誤，變而作『田』。」

〔二七〕敔狀如伏虎　「伏」字原闕，據通典卷一四四樂四補。按爾雅釋樂郭璞注作「敔如伏虎」。

〔二八〕以竹長尺名曰籈　「籈」，原作「止」，據爾雅釋樂改。爾雅釋樂云：「所以鼓柷謂之止，所以鼓敔謂之籈。」

〔二九〕大笙謂之巢　「巢」，原作「簧」，據局本改。按爾雅釋樂「大笙謂之巢」，邢昺疏：「其大者名巢。巢，高也，言其聲高。」

〔四〇〕律呂在律曆志　「律曆志」，原作「律呂志」。按本書有「律曆志」，無「律呂志」，後人曾誤分本書律曆志爲「律志」、「曆志」，今並改正。

〔四一〕長尺四寸者曰言　「長」字原闕，據爾雅釋樂郭璞注、通典卷一四四樂四補。

〔四二〕篪世本云暴新公所造　按御覽卷五八〇引世本，蘇成公造篪。暴新公爲造塤者，與造篪無關。

〔四三〕廣雅云　「廣雅」，原作「爾雅」，據局本、廣雅釋樂改。

〔四四〕晉先蠶儀注　「儀」字原闕，據初學記卷一五引沈約宋書、通典卷一四四樂四、御覽卷五八一補。

宋書卷二十

志第十

樂二

蔡邕論敍漢樂曰：一曰郊廟神靈，二曰天子享宴，三曰大射辟雍，四曰短簫鐃歌。

晉郊祀歌五篇　傅玄造

天命有晉，穆穆明明。我其夙夜，祗事上靈。常于時假，迄用有成。於薦玄牡，進夕其牲。崇德作樂，神祇是聽。

右祠天地五郊夕牲歌一篇。

宣文烝哉，日靖四方。永言保之，夙夜匪康。光天之命，上帝是皇。嘉樂殷薦，靈祚景祥。神祇降假，亨福無疆。

右祠天地五郊迎送神歌一篇。

天祚有晉，其命惟新。受終于魏，奄有兆民。燕及皇天，懷柔百神。不顯遺烈，之德之純。享其玄牡，式用肇禋。神祇來格，福祿是臻。

時邁其猶，昊天子之。祐享有晉，兆民戴之。畏天之威，敬授民時。不顯不承，於猶繹思。皇極斯建，庶績咸熙。庶幾夙夜，惟晉之祺。

宣文惟后，克配彼天。撫寧四海，保有康年。於乎緝熙，肆用靖民。爰立典制，爰修禮紀。作民之極，莫匪資始。克昌厥後，永言保之。

右饗天地五郊歌三篇。

前所作天地郊明堂歌五篇　傅玄造

皇矣有晉，時邁其德。受終于天，光濟萬國。萬國既光，神定厥祥。虔于郊祀，祗事上皇。祗事上皇，百祿是臻。巍巍祖考，克配彼天。嘉牲匪歆，德馨惟饗。受天之祚，神和四暢。

右天地郊明堂夕牲歌。

於赫大晉，膺天景祥。二帝邁德，宣茲重光。我皇受命，奄有萬方。郊祀配享，禮樂孔章。神祇嘉饗，祖考是皇。克昌厥後，保胙無疆。

右天地郊明堂降神歌。

整泰壇，祀皇神。精氣感，百靈賓。蘊朱火，燎芳薪。紫煙游，冠青雲。神之體，靡象形。曠無方，幽以清。神之來，光景照。聽無聞，視無兆。神之至，舉歆歆。靈爽協，動余心。神之坐，同歡娛。澤雲翔，化風舒。嘉樂奏，文中聲。八音諧，神是聽。咸潔齋，並芬芳。烹牷牲〔一〕，享玉觴。神説饗，歆禋祀。祐大晉，降繁祉。胙京邑，行四海。保天年，窮地紀。

右天郊饗神歌。

整泰折〔二〕，竢皇祇。衆神感，羣靈儀。陰祀設，吉禮施。夜將極，時未移。祇之體，無形象。潛泰幽，洞忽荒。祇之出，薆若有。靈無遠，天下母。祇之來，遺光景。照若存，終冥冥。祇之至，舉欣欣。舞象德，歌成文。祇之坐，同歡豫。澤雨施，化雲布。樂八變，聲教敷。物咸享，祇是娛。齋既潔，侍者肅。玉觴進，咸穆穆。饗嘉慶，歆德馨。胙有晉，暨羣生。溢九壤，格天庭。保萬壽，延億齡。

右地郊饗神歌。

經始明堂，享祀匪懈。於皇烈考，光配上帝。赫赫上帝，既高既崇。聖考是配，明德顯融。率土敬職，萬方來祭。常于時假，保胙永世。

右明堂饗神歌。

宋南郊雅樂登歌三篇　　顔延之造

夤威寶命，嚴恭帝祖。表海炳岱，系唐冑楚。靈鑒濬文，民屬叡武。奄受敷錫，宅中拓宇。亘地稱皇，罄天作主。月竁來賓，日際奉土。開元首正，禮交樂舉。六典聯事，九官列序。有牷在滌，有潔在俎。以薦王衷，以答神祐。

右天地郊夕牲歌。

維聖饗帝，維孝饗親。皇乎備矣，有事上春。禮行宗祀，敬達郊禋。金枝中樹，廣樂四陳。陟配在京，降德在民。奔精照夜，高燎煬晨。陰明浮爍，沈禜深淪。告成大報，受釐元神。月御按節，星驅扶輪。遥興遠駕，燿燿振振。

右天地郊迎送神歌。

營泰畤，定天衷。思心叡，謀筮從。建表蕝，設郊宫。田燭置，權火通。曆元旬，律首吉。飾紫壇，坎列室。中星兆，六宗秩。乾宇晏，地區謐。大孝昭，祭禮供。牲日展，盛自躬。具陳器，備禮容。形舞綴，被歌鐘。望帝閽，聳神蹕。靈之來，辰光溢。潔粢酌，娱太一。明煇夜，華晢日。祼既始，獻又終。煙㷋𩰫，報清穹。饗宋德，胙王功，休命永，福履充。

右天地饗神歌。

宋明堂歌　謝莊造

地紐謐，乾樞回。華蓋動，紫微開。旌蔽日，車若雲。駕六氣，乘絪緼。曄帝京，煇天邑。聖祖降，五靈集。構瑤戺，聳珠簾。漢拂幌，月棲檐。舞綴暘，鐘石融〔三〕。駐飛景，鬱行風。懋粢盛，潔牲牷。百禮肅，羣司虔。皇德遠，大孝昌。貫九幽，洞三光。神之安，解玉鑾。景福至，萬寓歡。

右迎神歌詩。依漢郊祀迎神，三言，四句一轉韻。

雍臺辨朔，澤宮練辰。潔火夕照，明水朝陳。六瑚賁室，八羽華庭。昭事先聖，懷濡上靈。肆夏式敬〔四〕，升歌發德。永固鴻基，以綏萬國。

右登歌詞。舊四言。

維天爲大，維聖祖是則〔五〕。辰居萬寓，綴瑬下國。内靈八輔，外光四瀛。蕳宮仰蓋，日館希旟。複殿留景，重檐結風。刮楹接緯，達鄉承虹。設業設虡，在王庭。肇禋祀，克配乎靈。我將我享，維孟之春。以孝以敬，以立我烝民。

右歌太祖文皇帝詞。依周頌體。

參映夕，駟照晨。靈乘震，司青春。鴈將向，桐始蕤。柔風舞，暄光遲。萌動達，萬品新。潤無際，澤無垠。

右歌青帝詞。　三言，依木數。

龍精初見大火中。朱光北至圭景同。帝位在離寔司衡。水雨方降木槿榮。庶物盛長咸殷阜。恩覃四冥被九有。

右歌赤帝辭。　七言，依火數。

履建宅中寓。司繩御四方。裁化遍寒燠。布政周炎涼。景麗條可結。霜明冰可折。凱風扇朱辰。白雲流素節。分至乘結晷。啓閉集恒度。帝運緝萬有。皇靈澄國步。

右歌黃帝辭。　五言，依土數。

百川如鏡，天地爽且明。雲沖氣舉，德盛在素精〔六〕。木葉初下，洞庭始揚波。夜光徹地，飜霜照懸河。庶類收成，歲功行欲寧。浹地奉渥，罄宇承秋靈。

右歌白帝辭。　九言，依金數。

歲既晏，日方馳〔七〕。靈乘坎，德司規。玄雲合，晦鳥路〔八〕。白雲繁，亘天涯。雷在地，時未光。飭國典，閉關梁。四節遍，萬物殿。福九域，祚八鄉。晨晷促，夕漏延。太陰極，微陽宣。鵲將巢，冰已解。氣濡水，風動泉。

右歌黑帝辭。六言，依水數。

蘊禮容，餘樂度。靈方留，景欲暮。開九重，肅五達。鳳參差，龍已沬。雲既動，河既梁。萬里照，四空香。神之車，歸清都。琁庭寂，玉殿虛。睿化凝，孝風熾。顧靈心，結皇思。

右送神歌辭。漢郊祀送神，亦三言。

右天郊饗神歌。

魏俞兒舞歌四篇魏國初建所用，後於太祖廟並作之。王粲造

漢初建國家，匡九州。蠻荊震服，五刃三革休。安不忘備武樂脩。宴我賓師，敬用御天，永樂無憂。子孫受百福，常與松喬遊。蒸庶德，莫不咸歡柔。

右矛俞新福歌。

材官選士，劍弩錯陳。應桴蹈節，俯仰若神。綏我武烈，篤我淳仁。自東自西，莫不來賓。

右弩俞新福歌。

我功既定，庶士咸綏。樂陳我廣庭，式宴賓與師。昭文德，宣武威。平九有，撫民黎。荷天寵，延壽尸。千載莫我違。

右安臺新福歌曲。

神武用師士素厲。仁恩廣覆，猛節横逝。自古立功，莫我弘大。桓桓征四國，爰及海裔。漢國保長慶，垂祚延萬世。

右行辭新福歌曲。

晉宣武舞歌四篇 傅玄造

惟聖皇篇 矛俞第一

惟聖皇，德巍巍，光四海。禮樂猶形影，文武爲表裏。乃作巴俞，肆舞士。劍弩齊列，戈矛爲之始。進退疾鷹鷂，龍戰而豹起。如亂不可亂，動作順其理，離合有統紀。

短兵篇 劍俞第二

劍爲短兵，其勢險危。疾踰飛電，回旋應規。武節齊聲，或合或離。電發星騖，若景若差。兵法攸象，軍容是儀。

軍鎮篇 弩俞第三

弩爲遠兵軍之鎮，其發有機。體難動，往必速，重而不遲。鋭精分鏄，射遠中微。弩俞之樂，壹何奇！變多姿。退若激，進若飛。五聲協，八音諧。宣武象，讚天威。

窮武篇 安臺行亂第四

窮武者喪〔九〕，何但敗北。柔弱亡戰，國家亦廢。秦始徐偃，既已作戒前世。先王鑒其機，脩文整武藝。文武足相濟，然後得光大。亂曰：高則亢，滿則盈。亢必危，盈必傾。去危傾，守以平。沖則久，濁能清。混文武，順天經。

晉宣文舞歌二篇　傅玄造

羽籥舞歌

羲皇之初，天地開元。罔罟禽獸，羣黎以安。神農教耕，創業誠難。民得粒食，澹然無所患。黄帝始征伐，萬品造其端。軍駕無常居，是曰軒轅。軒轅既勤止，堯舜匪荒寧。夏禹治水，湯武又用兵。孰能保安逸，坐致太平？聖皇邁乾乾，天下興頌聲，穆穆且明明。惟聖皇，道化彰。澂四海，清三光。萬機理，庶事康。潛龍升，儀鳳翔。風雨時，物繁昌。却走馬，降瑞祥。揚仄陋，簡忠良。百禄是荷，眉壽無疆。

羽鐸舞歌

昔在渾成時，兩儀尚未分。陽升垂清景，陰降興浮雲。中和含氛氲，萬物各異羣。人倫得其序，衆生樂聖君。三統繼五行，然後有質文。皇王殊運代，治亂亦繽紛。伊大晉，德兼往古。越犧農，邈舜禹。參天地，陵三五。禮唐周，樂韶武。豈唯簫韶，六代具舉。澤霑地境，化充天寓。聖明臨朝，元凱作輔，普天同樂胥。浩浩元氣，遐哉太清。五行流邁，日月代征。隨時變化，庶物乃成。聖皇繼天，光濟羣生。化之以道，萬國咸寧。受茲介福，延于億齡。

晉宗廟歌十一篇　傅玄造

我夕我牲，猗歟敬止。嘉豢孔時，供茲享祀。神鑒厥誠，博碩斯歆。祖考降饗，以虞孝孫之心。

右祠廟夕牲歌。

嗚呼悠哉！日鑒在茲。以時享祀，神明降之。神明斯降，既祐饗之。祚我無疆，受天之祜。赫赫太上，巍巍聖祖。明明烈考，丕承繼序。

右祠廟迎送神歌。

經始宗廟，神明戾止。申錫無疆，祗承享祀。假哉皇祖，綏予孫子。燕及後昆，錫茲繁祉。

右祠征西將軍登歌。

嘉樂肆庭，薦祀在堂。皇皇宗廟，乃祖先皇。濟濟辟公，相予烝嘗。享祀不忒，降福穰穰。

右祠豫章府君登歌。

於邈先后，實司于天。顯矣皇祖，帝祉肇臻。本支克昌，資始開元。惠我無疆，享祚永年。

右祠潁川府君登歌。

於惟曾皇，顯顯令德。高明清亮，匪競柔克。保乂命祐，基命惟則。篤生聖祖，光濟四國。

右祠京兆府君登歌。

於鑠皇祖，聖德欽明。勤施四方，夙夜敬止〔一〇〕。載敷文教，載揚武烈。匡定社稷，龔行天罰。經始大業，造創帝基。畏天之命，于時保之。

右祠宣皇帝登歌。

執競景皇，克明克哲。旁作穆穆，惟祇惟畏。纂宣之緒，耆定厥功。登此儁乂，糾彼羣凶。業業在位，帝既勤止。維天之命，於穆不已。

右祠景皇帝登歌。

於皇時晉，允文文皇。聰明叡智，聖敬神武。萬機莫綜，皇斯清之。虎兕放命，皇斯平之。柔遠能邇，簡授英賢。創業垂統，勳格皇天。

右祠文皇帝登歌。

曰晉是常，享祀時序。宗廟致敬，禮樂具舉。惟其來祭，普天率土。犧樽既奠，清酤既載。亦有和羹，薦羞斯備。蒸蒸永慕，感時興思。登歌奏舞，神樂其和。祖考來格，祐我邦家。敷天之下，罔不休嘉。

肅肅在位，濟濟臣工。四海來格，禮儀有容。鍾鼓振，管絃理。舞開元，歌永始。神胥樂兮。肅肅在位，臣工濟濟。小大咸敬，上下有禮。理管絃，振鼓鍾。舞象德，歌詠功。神胥樂兮。肅肅在位，有來雍雍。穆穆天子，相惟辟公。禮有儀，樂有則。舞象功，歌詠德。神胥樂兮〔一二〕。

右祠廟饗神歌二篇。

晉江左宗廟歌十三篇　曹毗造十一首　王珣造二首

歌高祖宣皇帝　曹毗造

於赫高祖，德協靈符。應運撥亂，釐整天衢。勳格宇宙，化動八區。肅以典刑，陶以玄珠。神石吐瑞，靈芝自敷。肇基天命，道均唐虞。

歌世宗景皇帝

景皇承運，纂隆洪緒。皇維重抗，天暉再舉。蠢矣二寇，擾我揚楚。乃整元戎，以膏齊斧。亹亹神算，赫赫王旅。鯨鯢既平，功冠帝宇。

歌太祖文皇帝

太祖齊聖，王猷誕融。仁教四塞，天基累崇。皇室多難，嚴清紫宮。威厲秋霜，惠過春風。平蜀夷楚，以文以戎。奄有參墟，聲流無窮。

歌世祖武皇帝

於穆武皇，允龔欽明。應期登禪，龍飛紫庭。百揆時序，聽斷以情。殊域既賓，僞吴亦平。晨流甘露，宵映朗星。野有擊壤，路垂頌聲。

歌中宗元皇帝

運屯百六，天羅解貫。元皇勃興，網籠江漢。仰齊七政，俯平禍亂。化若風行，澤猶雨散。淪光更耀，金輝復煥。德冠千載，蔚有餘粲。

歌肅祖明皇帝

明明肅祖，闡弘帝祚。英風夙發，清暉載路。姦逆縱忒，罔式皇度。躬振朱旗，遂豁天步。宏猷淵塞，高羅雲布。品物咸寧，洪基永固。

歌顯宗成皇帝

於休顯宗，道澤玄播。式宣德音，暢物以和。邁德蹈仁，匪禮弗過〔一二〕。敷以純風，濯以清波。連理映阜，鳴鳳棲柯。同規放勛，義蓋山河。

歌康皇帝

康皇穆穆，仰嗣洪德。爲而不宰，雅音四塞。閑邪以誠，鎮物以默。威靜區宇，道宣邦國。

歌孝宗穆皇帝

孝宗夙哲，休音允臧。如彼晨離，燿景扶桑。垂訓華幄，流潤八荒。幽贊玄妙，爰該典章。西平僭蜀，北靜舊疆。高猷遠暢，朝有遺芳。

歌哀皇帝

於穆哀皇，聖心虛遠。雅好玄古，大庭是踐。道尚無爲，治存易簡。化若風行，民猶草偃。雖曰登遐，徽音彌闡。愔愔雲韶，盡美盡善。

歌太宗簡文皇帝　王珣造

皇矣簡文，於昭于天。靈明若神，周淡如淵。沖應其來，實與其遷。娓娓心化，日用不言。易而有親，簡而可傳。觀流彌遠，求本愈玄。

歌烈宗孝武皇帝　王珣造

天鑑有晉，欽哉烈宗。同規文考，玄默允龔。威而不猛，約而能通。神鉦一震，九域來同。道積淮海，雅頌自東。氣陶淳露，化協時雍。

四時祠祀歌　　　　　　　　　曹毗造

肅肅清廟，巍巍聖功。萬國來賓，禮儀有容。鍾鼓振，金石熙。宣兆祚，武開基。神斯樂兮。理管絃，有來斯和。説功德，吐清歌。神斯樂兮。洋洋玄化，潤被九壤。民無不悦，道無不往。禮有儀，樂有式。詠九功，永無極。神斯樂兮。

宋宗廟登歌八篇　　　　　　王韶之造

綿綿遐緒，昭明載融。漢德未遠，堯有遺風。於穆皇祖，永世克隆。本枝惟慶，貽厥靡窮。

右祠北平府君登歌。

乃立清廟，清廟肅肅。乃備禮容，禮容穆穆。顯允皇祖，昭是嗣服。錫茲繁祉，聿懷多福。

右祠相國掾府君登歌。

四縣既序，籥管既舉。堂獻六瑚，庭萬八羽〔一三〕。先王有典，克禋皇祖。丕顯洪烈，永介休祜。

右祠開封府君登歌。

鐘鼓喤喤，威儀將將。温恭禮樂，敬享曾皇。邁德垂仁，係軌重光。天命純嘏，惠我無疆。

右祠武原府君登歌。

鑠矣皇祖，帝度其心。永言配命，播茲徽音。思我茂猷，如玉如金。駿奔在陛，是鑑是歆。

右祠東安府君登歌。

烝哉孝皇，齊聖廣淵。發祥誕慶，景胙自天。德敷金石，道被管弦。有命既集，徽風永宣。

右祠孝皇帝登歌。

惟大有命，眷求上哲。赫矣聖武，撫運桓撥。功並敷土，道均汝墳。止戈曰武，經緯稱文。烏龍失紀，雲火代名。受終改物，作我宋京。至道惟王，大業有劭。降德兆民，升歌清廟。

右祠高祖武皇帝登歌。

奕奕寢廟，奉璋在庭。笙籥既列，犧象既盈。黍稷匪芳，明祀惟馨。樂具禮充，潔羞薦誠。神之格思，介以休禎。濟濟羣辟，永觀厥成。

右祠七廟享神登歌。并以歌章太后篇。

世祖孝武皇帝歌　謝莊造

帝錫二祖，長世多祜。於穆叡考，襲聖承矩。玄極弛馭，乾紐墜緒。闢我皇維，締我宋宇。刊定四海，肇構神京。復禮輯樂，散馬墮城。澤牣九有，化浮八瀛。慶雲承掖，甘露飛甍。肅肅清廟，徽徽閟宮。舞蹈象德，笙磬陳風。黍稷非盛，明德惟崇。神其歆止，降福無窮。

宣皇太后廟歌

稟祥月輝，毓德軒光。嗣徽嬀汭，思媚周姜。母臨萬寓，訓藹紫房。朱紘玉籥，式載瓊芳。

晉四箱樂歌三首　傅玄造

天鑒有晉，世祚聖皇。時齊七政，朝此萬方。其一鍾鼓斯震，九賓備禮。正位在朝，穆穆濟濟。其二煌煌三辰，寔麗于天。君后是象，威儀孔虔。其三率禮無愆，莫匪邁德。儀刑聖皇，萬邦惟則。其四

右天鑒四章，章四句。正旦大會行禮歌。

於赫明明，聖德龍興。三朝獻酒，萬壽是膺。敷佑四方，如日之升。自天降祚，元吉有徵。

右於赫一章，八句。上壽酒歌。

天命大晉，載育羣生。於穆上德，隨時化成。其一自祖配命，皇皇后辟。繼天創業，宣文之績。其二丕顯宣文，先知稼穡。克恭克儉，足教足食。其三既教食之，弘濟艱難。上帝是祐，下民所安。其四天祐聖皇，萬邦來賀。雖安勿安，乾乾匪暇。其五乃正丘郊，乃定冢社。廣廣作宗，光宅天下。其六惟敬朝饗，爰奏食舉。盡禮供御，嘉樂有序。其七樹羽設業，笙鏞以間。琴瑟齊列，亦有篪塤。其八喤喤鼓鍾，鎗鎗磬管。八音克諧，載夷載簡。其九既夷既簡，其大不禦。風化潛興，如雲如雨。其十如雲之覆，如雨之潤。聲教所暨，無思不順。其十一教以化之，樂以和之。和而養之，時惟邕熙。其十二禮慎其儀，樂節其聲。於鑠皇繇，既和且平。其十三

右天命十三章，章四句。食舉東西箱歌。

晉正德大豫二舞歌二篇　傅玄造

天命有晉，光濟萬國。穆穆聖皇，文武惟則。在天斯正，在地成德。載韜政刑，載崇禮教。我敷玄化，臻于中道。

右正德舞歌。

於鑠皇晉，配天受命。熙帝之光，世德惟聖。嘉樂大豫，保祐萬姓。淵兮不竭，沖而

用之。先天弗違，虔奉天時。

右大豫舞歌。

晉四箱樂歌十七篇　荀勗造

正旦大會行禮歌四篇

於皇元首，羣生資始。履端大享，敬御繁祉。肆覲羣后，爰及卿士。欽順則元，允也天子。

於皇一章，八句。當於赫。

明明天子，臨下有赫。四表宅心，惠浹荒貊。柔遠能邇，孔淑不逆。來格祁祁，邦家是若。

明明一章，八句。當巍巍。

光光邦國，天篤其祜。丕顯哲命，顧柔三祖。世德作求，奄有九土。思我皇度，彝倫攸序。

邦國一章，八句。當洋洋。

惟祖惟宗，高朗緝熙。對越在天，駿惠在茲。聿求厥成，我皇崇之。式固其猶，往敬用治。

祖宗一章，八句。當鹿鳴。

正旦大會王公上壽酒歌一篇

踐元辰，延顯融。獻羽觴，祈令終。我皇壽而隆，我皇茂而嵩。本枝奮百世，休祚鍾聖躬。

踐元辰一章，八句。當羽觴行〔一四〕。

食舉樂東西箱歌十二篇

煌煌七燿，重明交暢。我有嘉賓，是應是貺。邦政既圖，接以大饗。人之好我，式遵德讓。

煌煌一章，八句。當鹿鳴。

賓之初筵，藹藹濟濟。既朝乃宴，以洽百禮。頒以位敘，或廷或陛。登儐台叟，亦有兄弟。胥子陪寮，憲茲度楷。觀頤養正，降福孔偕。

賓之初筵一章，十二句。當於穆。

昔我三后，大業是維。今我聖皇，焜燿前暉。奕世重規，明照九畿。思輯用光，時罔有違。陟禹之跡，莫不來威。天被顯禄，福履是綏。

三后一章，十二句。當昭昭。

赫矣太祖，克廣明德。廓開寓宙，正世立則。變化不經，民無瑕慝。創業垂統，兆我晉國。

赫矣一章，八句。當華華。

烈文伯考，時惟帝景。夷險平亂，威而不猛。御衡不迷，皇塗煥炳。七德咸宣，其寧惟永。

烈文一章，八句。當朝宴。

猗歟盛歟，先皇聖文。則天作孚，大哉爲君。愼徽五典，帝載是懃。文武發揮，茂建嘉勳。修己濟治，民用寧殷。懷遠燭幽，玄教氛氳。善世不伐，服事參分。德博化隆，道冒無垠。

猗歟一章，十六句。當盛德。

隆化洋洋，帝命溥將。登我晉道，越惟聖皇。龍飛革運，臨肅八荒。叡哲欽明，配蹤虞唐。封建厥福，駿發其祥。三朝習吉，終然允臧。其臧惟何，總彼萬方。元侯列辟，四嶽蕃王。時見世享，率茲有常。旅揖在庭，嘉客在堂。宋衞既臻，陳留山陽。我有賓使，觀國之光。貢賢納計，獻璧奉璋。保祐命之，申錫無疆。

隆化一章，二十八句。當綏萬邦。

振鷺于飛，鴻漸其翼。京邑穆穆，四方是式。無競惟人，王綱允敕。君子來朝，言觀其極。

振鷺一章，八句。當朝朝。

翼翼大君，民之攸暨。信理天工，惠康不匱。將遠不仁，訓以淳粹。幽明有倫，俊乂在位。九族既睦，庶邦順比。開元布憲，四海鱗萃。協時正統，殊塗同致。厚德載物，靈心隆貴。敷奏讜言，納以無諱。樹之典象，誨之義類。上教如風，下應如卉。一人有慶，羣萌以遂。我后宴喜，令聞不墜。

翼翼一章，二十六句。當順天。

既宴既喜，翕是萬邦。禮儀卒度，物有其容〔一五〕。晢晢庭燎，喤喤鼓鐘。笙磬詠德，萬舞象功。八音克諧，俗易化從。其和如樂，庶品時邕。

既宴一章，十二句。當陟天庭。

時邕份份，六合同塵。往我祖宣，威靜殊鄰〔一六〕。首定荆楚，遂平燕秦。娓娓文皇，邁德流仁。爰造草昧，應乾順民。靈瑞告符，休徵饗震。天地弗違，以和神人。既戡庸蜀，吴會是賓。肅慎率職，楛矢來陳。韓濊進樂〔一七〕，均協清鈞。西旅獻獒，扶南效珍。蠻裔重譯，玄齒文身。我皇撫之，景命惟新。

時邕一章，二十六句。當參兩儀。

愔愔嘉會，有聞無聲。清酤既奠，籩豆既馨。禮充樂備，簫韶九成。愷樂飲酒，酣而不盈。率土歡豫，邦國以寧。王猷允塞，萬載無傾。

嘉會一章，十二句。

晉正德大豫二舞歌二篇〔一八〕 荀勗造

人文垂則，盛德有容。聲以依詠，舞以象功。干戚發揮，節以笙鏞。羽籥雲會，翊宣令蹤。敷美盡善，允協時邕。煥炳其章，光乎萬邦。萬邦洋洋，承我晉道。配天作享，元命有造。上化如風，民應如草。穆穆斌斌，形于綴兆。文武旁作，慶流四表。無競維烈，永世是紹。

右正德舞歌〔一九〕。

豫順以動，大哉惟時。時邁其仁，世載邕熙。兆我區夏，宣文是基。大業惟新，我皇隆之〔二〇〕。重光累曜，欽明文思。迄用有成，惟晉之祺。穆穆聖皇，受命既固。品物咸寧，芳烈雲布。文教旁通，篤以淳素。玄化洽暢，被之暇豫。作樂崇德，同美韶濩。濬邈幽遐，式遵王度。

右大豫舞歌。

晉四箱樂歌十六篇　張華造

稱元慶，奉壽觴。后皇延遐祚，安樂撫萬方。

右王公上壽詩一章。

明明在上，丕顯厥繇。翼翼三壽，蕃后惟休。羣生漸德，六合承流。

三正元辰，朝慶鱗萃〔二〕。華夏奉職貢，八荒覲殊類。巘冕充廣庭，鳴玉盈朝位。濟濟朝位，言觀其光。儀序既以時，禮文渙以彰。思皇享多祜，嘉樂永無央。

九賓在庭，臚讚既通。升瑞奠贄，乃侯乃公。穆穆天尊，隆禮動容。履端承元吉，介福御萬邦。

朝享，上下咸雍。崇多儀，繁禮容。舞盛德，歌九功。揚芳烈，播休蹤。皇化洽，洞幽明。懷柔百神，輯祥禎。潛龍躍，雕虎仁。儀鳳鳥，届游麟。枯蠹榮，竭泉流。菌芝茂，枳棘柔。和氣應，休徵滋〔三〕。協靈符，彰帝期。綏宇宙，萬國和。昊天成命，賚皇家，賚皇家。

世資聖哲，三后在天，啓鴻烈。啓鴻烈，隆王基。率土謳吟，欣戴于時。恒文示象，代氣著期。

泰始開元，龍升在位。四隩同風，燮寧殊類。五韙來備，嘉生以遂。

凝庶績[一三]，臻大康。中繁祉，胤無疆。本枝百世，繼緒不忘。繼緒不忘，休有烈光。永言配命，惟晉之祥。

聖明統世，篤皇仁。廣大配天地，順動若陶鈞。玄化參自然，至德通神明。清風暢八極，流澤被無垠。

於皇時晉，奕世齊聖。惟天降嘏，神祇保定。弘濟區夏，允集大命。有命既集，光帝猷。大明重耀，鑑六幽。聲教洋溢，惠滂流。惠滂流，移風俗。多士盈朝，賢俊比屋。敦世心，斲彫反素樸。反素樸，懷庶方。干戚舞階庭，疏狄説遐荒。扶南假重譯，肅愼襲衣裳。雲覆雨施，德洽無疆。旁作穆穆，仁化翔。

朝元日，賓王庭。承宸極，當盛明。衍和樂，竭祇誠。仰嘉惠，懷德馨。游淳風，泳淑清。協億兆，同歡榮。建皇極，統天位。運陰陽，御六氣。般羣生，成性類。王道浹，治功成。人倫序，俗化清。虔明祀，祇三靈。崇禮樂，式儀刑。

慶元吉，宴三朝。播金石，詠泠簫。奏九夏，舞雲韶。邁德音，流英聲。八紘一，六合寧。六合寧，承聖明。王澤洽，道登隆。綏函夏，總華戎。齊德教，混殊風。混殊風，康萬國。崇夷簡，尚敦德。弘王度，表遐則。

右食舉東西箱樂詩十一章。

於赫皇祖，迪哲齊聖。經緯大業，基天之命。克開洪緒，誕篤天慶。旁濟彝倫，仰齊七政。

烈烈景皇，克明克聰，靜封略，定勳功。成民立政，儀形萬邦。式固崇軌，光紹前蹤。

允文烈考，濬哲應期。參德天地，比功四時。大亨以正，庶績咸熙。肇啓晉宇，遂登皇基。

明明我后，玄德通神。受終正位，協應天人。容民厚下，育物流仁。躋我王道，暉光日新。

右雅樂正旦大會行禮詩四章。

晉正德大豫二舞歌二篇　張華造

正德舞歌詩

曰皇上天，玄鑒惟光。神器周回，五德代章。祚命于晉，世有哲王。弘濟區夏，甄陶萬方。大明垂曜，旁燭無疆。蚩蚩庶類，風德永康。皇道惟清，禮樂斯經。金石在縣，萬舞在庭。象容表慶，協律被聲。軼武超濩，取節六英。同進退讓，化漸無形。太和宣洽，通于幽冥。

大豫舞歌詩

惟天之命，符運有歸。赫赫大晉，三后重暉。繼明昭世〔二四〕，光撫九圍。我皇紹期，遂在璿璣。羣生屬命，奄有庶邦。慎徽五典，玄教遐通。萬方同軌，率土咸雍。爰制大豫，宣德舞功。淳化既穆，王道協隆。仁及草木，惠加昆蟲。億兆夷人，說仰皇風。丕顯大業，永世彌崇。

晉四箱歌十六篇　成公綏造

上壽酒，樂未央。大晉應天慶，皇帝永無疆。

右詩一章，王公上壽酒所用。

穆穆天子，光臨萬國。多士盈朝，莫匪俊德。流化罔極，王猷允塞。嘉會置酒，嘉賓充庭。羽旄燿辰極，鐘鼓振泰清。百辟朝三朝，彧彧明儀形。濟濟鏘鏘，金振玉聲〔二五〕。禮樂具，宴嘉賓。眉壽胙聖皇，景福惟日新。羣后戾止，有來雝雝。獻酬納贄，崇此禮容。豐肴萬俎，旨酒千鐘。嘉樂盡樂宴，福祿咸攸同。

樂哉！天下安寧。道化行，風俗清。簫韶作，詠九成。年豐穰，世泰平。至治哉！樂無窮。元首聰明，股肱忠。澍豐澤，揚清風。

嘉瑞出，靈應彰。麒麟見，鳳皇翔。醴泉涌，流中唐。嘉禾生，穗盈箱。降繁祉，胙聖皇。承天位，統萬國。受命應期，授聖德。四世重光，宣開洪業，景克昌，文欽明，德彌彰。

肇啓晉邦，流祚無疆。

泰始建元，鳳皇龍興。龍興伊何，享祚萬乘。奄有八荒，化育黎蒸。圖書煥炳，金石有徵。德光大，道熙隆。被四表，格皇穹。奕奕萬嗣，明明顯融。高朗令終。保茲永胙，與天比崇。

聖皇君四海，順人應天期。三葉合重光，泰始開洪基。明燿參日月，功化侔四時。宇宙清且泰，黎庶咸雝熙。善哉雝熙。

惟天降命，翼仁祐聖。於穆三皇，載德彌盛。總齊璿璣，光統七政。百揆時序，化若神聖。四海同風，興至仁。濟民育物，擬陶鈞。擬陶鈞，垂惠潤。皇皇羣賢，峨峨英儁。德化宣，芬芳播來胤。播來胤，垂後昆。

清廟何穆穆，皇極闢四門。皇極闢四門，萬機無不綜。娓娓翼翼，樂不及荒，饑不遑食。大禮既行，樂無極。

登崑崙，上增城。乘飛龍，升泰清。冠日月，佩五星。揚虹蜺，建彗旌。披慶雲，蔭繁榮。覽八極，游天庭。順天地，和陰陽。序四氣，燿三光。張帝網，正皇綱。播仁風，流惠康。邁洪化，振靈威。懷萬方，納九夷。朝閶闔，宴紫微。建五旗，羅鐘虡。列四縣，奏韶武。鏗金石，揚旌羽。縱八佾，巴渝舞。詠雅頌，和律呂。于胥樂，樂聖主。

化蕩蕩，清風泄。總英雄，御俊傑。開宇宙，掃四裔。光緝熙，美聖哲。超百代，揚休烈，流景祚，顯萬世。

皇皇顯祖，翼世佐時。寧濟六合，受命應期。神武鷹揚，大化咸熙。廓開皇衢，用成帝基。

光光景皇，無競維烈。匡時拯俗，休功蓋世。宇宙既康，九域有截。天命降鑑，啓祚明哲。

穆穆烈考，克明克儁。實天生德，誕膺靈運。肇建帝業，開國有晉。載德奕世，垂慶洪胤。

明明聖帝，龍飛在天。與靈合契，通德幽玄。仰化清雲，俯育重淵。受靈之祐，於萬斯年。

右雅樂正旦大會行禮詩十五章。

宋四箱樂歌五篇　王韶之造

於鑠我皇，禮仁包元。齊明日月，比量乾坤。陶甄百王，稽則黃軒。訏謨定命，辰告四蕃。

將將蕃后，翼翼羣僚。盛服待晨，明發來朝。饗以八珍，樂以九韶。仰祗天顏，厥猷孔昭。

法章既設，初筵長舒。濟濟列辟，端委皇除。飲和無盈，威儀有餘。温恭在位，敬終如初。

九功既歌，六代惟時。被德在樂，宣道以詩。穆矣太和，品物咸熙。慶積自遠，告成在茲。

右肆夏樂歌四章。客入，於四箱振作於鑠曲。皇帝當陽，四箱振作將將曲。皇帝入變服，四箱振作於鑠、將將二曲。又黃鍾、太簇二箱作法章、九功二曲。

大哉皇宋，長發其祥。纂系在漢，統源伊唐。德之克明，休有烈光。配天作極，辰居四方。

皇矣我后，聖德通靈。有命自天，誕授休禎。龍飛紫極，造我宋京。光宅宇宙，赫赫明明。

右大會行禮歌二章。姑洗箱作。

獻壽爵，慶聖皇。靈祚窮二儀，休明等三光。

右王公上壽歌一章。黃鍾箱作。

明明大宋，緝熙皇道。則天垂化，光定天保。天保既定，肆覲萬方。禮繁樂富，穆穆皇皇。

沔彼流水，朝宗天池。洋洋貢職，抑抑威儀。既習威儀，亦閑禮容。一人有則，作孚萬邦。

烝哉我皇，固天誕聖。履端惟始，對越休慶。如天斯久，如日斯盛。介茲景福，永固駿命。

右殿前登歌三章，別有金石。

晨羲載燿，萬物咸覩。嘉慶三朝，禮樂備舉。元正肇始，典章暉明。萬方畢來賀，華裔充皇庭。多士盈九位，俯仰觀玉聲。恂恂俯仰，載爛其煇。鼓鐘震天區，禮容塞皇闈。思樂窮休慶，福履同所歸。

五玉既獻，三帛是薦。爾公爾侯，鳴玉華殿。皇皇聖后，降禮南面。元首納嘉禮，萬邦同歡願。休哉！君臣嘉燕。建五旗，列四縣。樂有文，禮無倦。融皇風，窮一變。

體至和，感陰陽。德無不柔，繁休祥。瑞徽璧，應嘉鐘。舞靈鳳，躍潛龍。景星見，甘露墜。木連理，禾同穗。玄化洽，仁澤敷。極禎瑞，窮靈符。

懷荒裔，綏齊民。荷天祐，靡不賓。靡不賓，長世弘盛。昭明有融，繁嘉慶。繁嘉慶，熙帝載。合氣成和〔二六〕，蒼生欣戴。三靈協瑞，惟新皇代。

王道四達，流仁布德。窮理詠乾元，垂訓順帝則。靈化侔四時，幽誠通玄默。德澤被八紘，乾寧軌萬國。

皇猷緝，咸熙泰。禮儀煥帝庭，要荒服遐外。被髮襲纓冕，左衽回衿帶。天覆地載，流澤汪濊。聲教布護，德光大。

開元辰，畢來王。奉貢職，朝后皇。鳴珩佩，觀典章。樂王度，説徽芳。陶盛化，游太康。丕昭明，永克昌。

惟永初，德丕顯。齊七政，敷五典。彝倫序，洪化闡。王澤流，太平始。樹聲教，明皇紀。和靈祇，恭明祀。衍景祚，膺嘉祉。

禮有容，樂有儀。金石陳，牙羽施。邁武護，均咸池。歌南風，舞德稱。文武煥，頌聲興。

王道純，德彌淑。寧八表，康九服。道禮讓，移風俗。移風俗，永克融。歌盛美，告成功〔二七〕。詠徽烈，邈無窮。

右食舉歌十章。黄鍾、太簇二箱更作。黄鍾作晨羲、體至和、王道、開元辰、禮有容五曲。太簇作五玉、懷荒裔、皇猷緝、惟永初、王道純五曲。

宋前舞後舞歌二篇　王韶之造

於赫景明，天監是臨。樂來伊陽，禮作惟陰。歌自德富，儛由功深。庭列宮縣，陛羅瑟琴。翿籥繁會，笙磬諧音。簫韶雖古，九成在今。道志和聲，德音孔宣。光我帝基，協靈配乾。儀形六合，化穆自然。如彼雲漢，爲章于天。熙熙萬類，陶和當年。擊轅中韶，永世弗騫。

右前舞歌一章。晉正德之舞，蕤賓箱作。

假樂聖后，寔天誕德。積美自中，王猷四塞。龍飛在天，儀形萬國。欽明惟神，臨朝淵默。不言之化，品物咸德。告成于天，銘勳是勒。翼翼厥猶，娓娓其仁。順命創制，因定和神。海外有截，九圍無塵。冕塗司契，垂拱臨民。乃舞大豫，欽若天人。純嘏孔休，萬載彌新。

右後舞歌一章。晉大豫之舞，蕤賓箱作。

章廟樂舞歌詞雜歌悉同用太廟詞，唯三后別撰。　殷淡造

賓出入奏肅咸樂歌詞二章〔二八〕

彝承孝典，恭事嚴聖。浹天奉賮，罄壤齊慶。司儀具序，羽容夙彰。分枝颺烈〔二九〕，黼構周張。助寶奠軒，酎珍充庭。璆縣凝會，涓朱竚聲〔三〇〕。先期選禮，肅若有承。祗對靈

祉，皇慶昭膺。

尊事威儀，暉容昭敍。迅恭神明，粢盛牲俎。肅肅嚴宮，藹藹崇基。皇靈降祉，百祇具司。戒誠望夜，端列承朝。依微昭旦，物色輕宵。鴻慶遐鬯，嘉薦令芳。翊帝明德，永胙流光。

牲出入奏引牲樂歌詞〔三一〕

維誠潔饗，維孝奠靈。敬芬黍稷，敬滌犧牲。騂繭在豢，載溢載豐。以承宗祀，以肅皇衷。蕭芳四舉，華火周傳。神監孔昭，嘉是柔牷。

薦豆呈毛血奏嘉薦樂歌詞

肇禋戒祀，禮容咸舉。六典飾文，九司昭序。牲柔既昭，犧剛既陳〔三二〕。恭滌惟清，敬事惟神。加籩再御，兼俎重薦。節動軒越，聲流金縣。奕奕閟幄，娓娓嚴闈。潔誠夕鑑，端服晨暉。聖靈戾止，翊我皇則。上綏四寓，下洋萬國。永言孝饗，孝饗有容。儐僚贊列，肅肅雝雝。

右夕牲歌詞。

迎神奏韶夏樂歌詞

閟宮黝黝，復殿微微。璿除肅炤，釭璧彤煇。黼帟神凝，玉堂嚴馨。圜火夕燿，方水朝清。金枝委樹，翠鐙㝏縣。渟波澄宿，華漢浮天。恭事既夙，虔心有慕。仰降皇靈，俯寧休胙。

皇帝入廟北門奏永至樂歌詞

皇明𢒉矣，孝容以昭。鑾華羽迥，拂漢涵滈。申申嘉夜，翊翊休朝。行金景送，步玉風韶。師承祀則，肅對禋祧。

太祝祼地奏登歌樂詞二章

帝容承祀，練時涓日。九重徹關，四靈賓室。肅倡函音，庶旄委佾。休靈告饗，嘉薦尚芬。玉瑚飾列，桂篚昭陳。具司選禮，翼翼振振。

祼崇祀典，酎恭孝時。禮無爽物，信靡媿詞。精華孚𢒉，誠監昭通。升歌翊節，下管調風。皇心履變，敬明尊親。大哉孝德，至矣交神。

章皇太后神室奏章德凱容之樂舞歌詞

幽瑞浚靈，表彰嬪聖。翊載徽文，敷光崇慶。上緯纏祥，中維飾詠。永屬煇猷，聯昌景命。

昭皇太后神室奏昭德凱容之樂舞歌詞　明帝造

表靈躔象，纘儀緯風。膺華丹燿，登瑞紫穹。訓形霄宇，武彰宸宮。騰芬金會，寫德聲容。

宣皇太后神室奏宣德凱容之樂舞歌詞　明帝造

天樞凝耀，地紐儷暉。聯光騰世，炳慶翔機。薰藹中寓，景纏上微。玉頌鏤德，金籥傳徽。

皇帝還東壁受福酒奏嘉時之樂舞詞

禮薦洽，福時昌。皇聖膺嘉祐，帝業凝休祥。居極乘景運，宅德瑞中王。澄明臨四表，精華延八鄉。洞海周聲惠，徹寓麗乾光。靈慶纏世祉，鴻烈永無疆。

送神奏昭夏之樂舞歌詞二章

大孝備，盛禮豐。神安留，嘉樂充。旋駕聳，汎青穹。延八虛，闢四空。藹流景，肅行風。

昭融教，緝風度。戀皇靈，結深慕。解羽縣，輟華樹。背瓊除，端玉輅。流汪濊，慶國步。

皇帝詣便殿奏休成之樂歌詞

釃醴具登，嘉俎咸薦。饗洽誠陳，禮周樂徧。祝詞罷祼，序容輟縣。蹕動端庭，鑾回嚴殿。神儀駐景，華漢亭虛。八靈案衛，三祇解途。翠蓋燿澄，罼奕凝宸〔三三〕。玉鑣息節，金輅懷音。式誠達孝[三四]，底心肅感。追憑皇鑒，思承淵範。神錫懋祉，四緯昭明。仰福帝徽，俯齊庶生。

校勘記

〔一〕烹牷牲　「牷牲」，原作「牷牷」，三朝本作「牲牷」，今據南監本、局本、晉書卷二二樂志上、樂府詩集卷一改。按書微子：「今殷民乃攘竊神祇之犧牷牲。」孔傳：「色純曰犧，體完曰牷，牛羊豕曰牲。」

〔二〕整泰折　「泰折」，三朝本、北監本、汲本、殿本作「泰行」，南監本作「泰圻」。按泰折即地壇。

〔三〕鐘石融　「石」，原作一字空格，三朝本、北監本注「闕」字，今據南監本、殿本、局本、樂府詩集卷二補。

〔四〕肆夏式敬　「式」，原作「戒」，據局本改。按南齊書卷一一樂志謝莊登歌辭亦作「式」。

〔五〕維聖祖是則　「則」，原作「言」，據南監本、殿本、局本、樂府詩集卷二改。

〔六〕德盛在素精　「精」字原闕，據南監本、殿本、局本、類聚卷四三引宋謝莊明堂歌辭歌白帝辭、樂府詩集卷二補。

〔七〕歲既晏日方馳　原作「歲月既晏方馳」，南齊書卷一一樂志、樂府詩集卷二作「歲既暮日方馳」，類聚卷四三引宋謝莊明堂歌辭歌黑帝辭作「歲既暮日既馳」，今據局本改。

〔八〕晦鳥路　「路」，南齊書卷一一樂志作「蹊」，類聚卷四三引宋謝莊明堂歌辭歌黑帝辭作「歸」。

〔九〕窮武者喪　「喪」，原作「㒺」，據南監本、殿本、局本、樂府詩集卷五三改。按張元濟校勘記：「按『㒺』當是『喪』之訛。」

〔一〇〕於鑠皇祖聖德欽明勤施四方夙夜敬止　沈濤銅熨斗齋隨筆卷五：「魏、晉音韻，原與唐韻不同，而『明』、『止』二字，總無相協之理。蓋『勤施』二語，傳寫誤倒，當時本以『方』、『明』二字爲韻耳。」

〔一一〕樂有則舞象功歌詠德神胥樂兮　「舞象功歌詠德神胥樂兮」十字原闕，據局本、晉書卷二二樂志上、樂府詩集卷八補。

〔一二〕匪禮弗過　「禮」，原作「神」，據晉書卷二三樂志下、樂府詩集卷八改。

〔一三〕庭萬八羽　「萬」，北監本、汲本、殿本、局本作「舞」。按詩魯頌閟宮：「萬舞洋洋。」孔穎達疏：「執干戚而爲萬舞者，洋洋然衆多。」

〔一四〕當羽觴行　「羽」字原闕，據局本補。按樂府詩集卷一三：「宋書樂志曰：『晉荀勗造正旦大會行禮歌四篇（中略）當羽觴行。』」

〔一五〕物有其容　「容」，原作「物」，據南監本、殿本、局本、晉書卷二二樂志上、樂府詩集卷一三改。

〔一六〕威靜殊鄰　「殊鄰」，原作「如鄰」，據南監本、殿本、局本、晉書卷二二樂志上、樂府詩集卷一三改。按漢書卷八七下揚雄傳下：「是以遐方疏俗殊鄰絶黨之域。」顏師古注：「鄰，邑也。」

〔一七〕韓濊進樂　「樂」，原作「藥」，據南監本、殿本、局本、晉書卷二三樂志上、樂府詩集卷一三改。按下云「均協清鈞」，則作「樂」是。

〔一八〕晉正德大豫二舞歌二篇　「二篇」，原作「一篇」，據殿本、局本改。按下正德舞歌一篇，大豫舞歌一篇，實二篇。

〔一九〕右正德舞歌　「右」字原闕，據局本補。

〔二〇〕我皇隆之　「隆」，原作「降」，據樂府詩集卷五二改。

〔二一〕朝慶鱗萃　「鱗」，原作一字空格，據南監本、北監本、汲本、殿本、局本、樂府詩集卷一三補。

〔二二〕休徵滋　「滋」，原作「絃」，據殿本、局本、樂府詩集卷一三改。

〔二三〕凝庶績　「凝」，原作「疑」，據殿本、局本、樂府詩集卷一三改。

〔二四〕繼明昭世　「昭」，晉書卷二三樂志上、樂府詩集卷五二作「紹」。

〔二五〕金振玉聲　晉書卷二三樂志上作「金聲玉振」。按張森楷校勘記云：「孟子作『玉振金聲』，此誤倒。」

〔二六〕合氣成和　南齊書卷一一樂志作「含氣感和」，樂府詩集卷一四作「合氣咸和」。

〔二七〕告成功　「告」，原作「造」，據南齊書卷一一樂志改。

〔二八〕賓出入奏肅咸樂歌詞二章　「肅咸」，原作「肅成」，據局本、樂府詩集卷八引宋書樂志改。按南齊書卷一一樂志、隋書卷一三音樂志上、樂府詩集卷二一、卷九皆作「肅咸」。

〔二九〕分枝颺烈　「分枝」，南齊書卷一一樂志、樂府詩集卷八作「芬枝」。

〔三〇〕涓朱竚聲　「涓」，南齊書卷一一樂志、樂府詩集卷八作「琄」。

〔三一〕牲出入奏引牲樂歌詞　「奏」字原闕，據局本、南齊書卷一一樂志補。

〔三二〕犧剛既陳　「犧」，原作「儀」，據局本、南齊書卷一一樂志、樂府詩集卷八改。

〔三三〕畢奕凝宸　原作「畢弈疑震」，南齊書卷一一樂志作「畢帟凝晨」，今據局本、樂府詩集卷八改。

〔三四〕式誠達孝　「達」，原作「遠」，據局本、南齊書卷一一樂志改。

宋書卷二十一

志第十一

樂三

但歌四曲，出自漢世。無弦節，作伎，最先一人倡，三人和。魏武帝尤好之。時有宋容華者，清澈好聲，善倡此曲，當時特妙。自晉以來，不復傳，遂絶。

相和，漢舊歌也。絲竹更相和，執節者歌。本一部，魏明帝分爲二，更遞夜宿。本十七曲，朱生、宋識、列和等復合之爲十三曲。

相和

駕六龍　　氣出倡　　武帝詞

駕六龍乘風而行，行四海外。路下之八邦，歷登高山，臨谿谷，乘雲而行，行四海外，東到泰山。仙人玉女，下來翱游，驂駕六龍，飲玉漿，河水盡，不東流。解愁腹，飲玉漿。奉持行，東到蓬萊山。上至天之門。玉闕下〔一〕，引見得入，赤松相對，四面顧望，視正焜煌。開王心正興，其氣百道至，傳告無窮。閉其口，但當愛氣，壽萬年。東到海，與天連。神仙之道，出窈入冥。常當專之，心恬憺無所愒欲，閉門坐自守，天與期氣。願得神之人，乘駕雲車，驂駕白鹿，上到天之門，來賜神之藥。跪受之，敬神齊。當如此，道自來。

華陰山，自以爲大，高百丈，浮雲爲之蓋。仙人欲來，出隨風，列之雨。吹我洞簫鼓瑟琴，何誾誾，酒與歌戲。今日相樂誠爲樂，玉女起，起儛移數時。鼓吹一何嘈嘈，從西北來時，仙道多駕煙，乘雲駕龍，鬱何蓩蓩。遨游八極，乃到崑崙之山，西王母側。神仙金止玉亭，來者爲誰？赤松王喬，乃德旋之門。樂共飲食到黃昏，多駕合坐，萬歲長宜子孫。

游君山，甚爲真，磪魄砟硌，爾自爲神。乃到王母臺，金階玉爲堂，芝草生殿旁。東西廂，客滿堂。主人當行觴，坐者長壽遽何央。長樂甫始宜孫子，常願主人增年，與天相守。

厥初生　精列　武帝詞

厥初生，造化之陶物，莫不有終期。莫不有終期，聖賢不能免，何爲懷此憂。願螭龍之駕，思想崑崙居。思想崑崙居，見期於迂怪，志意在蓬萊。志意在蓬萊，周孔聖徂落，會稽以墳丘。會稽以墳丘，陶陶誰能度，君子以弗憂。年之暮，奈何，過時時來微。

江南可採蓮　江南　古辭

江南可採蓮，蓮葉何田田。魚戲蓮葉間，魚戲蓮葉東，魚戲蓮葉西，魚戲蓮葉南，魚戲蓮葉北。

天地間　度關山　武帝辭

天地間，人爲貴。立君牧民，爲之軌則。車轍馬迹，經緯四極。絀陟幽明，黎庶繁息。於鑠賢聖，總統邦域，封建五爵，井田刑獄。有燔丹書，無普赦贖。皋陶甫刑，何有失職。嗟哉後世，改制易律，勞民爲君，役賦其力。舜漆食器，畔者十國；不及唐堯，採椽不斵。世歎伯夷，欲以厲俗。侈惡之大，儉爲恭德。許由推讓，豈有訟曲。兼愛尚同，疏者爲戚。

東光乎　東光乎　古辭

東光乎！倉梧何不乎！倉梧多腐粟，無益諸軍糧。諸軍游蕩子，蚤行多悲傷。

登山有遠望　十五　文帝詞

登山而遠望，谿谷多所有。楩枏千餘尺，衆草之盛茂。華葉燿人目，五色難可紀。雉雊山雞鳴，虎嘯谷風起。號羆當我道，狂顧動牙齒。

惟漢二十二世　　薤露　　武帝詞

惟漢二十二世，所任誠不良。沐猴而冠帶，智小而謀强。猶豫不敢斷，因狩執君王。白虹爲貫日，己亦先受殃。賊臣持國柄，殺主滅宇京。蕩覆帝基業，宗廟以燔喪。播越西遷移，號泣而且行。瞻彼洛城郭，微子爲哀傷。

關東有義士　　蒿里行　　武帝詞

關東有義士，興兵討羣凶。初期會盂津，乃心在咸陽。軍合力不齊，躊躇而雁行。勢利使人爭，嗣還自相戕。淮南弟稱號，刻璽於北方。鎧甲生蟣蝨，萬姓以死亡。白骨露於野，千里無雞鳴。生民百遺一，念之絶人腸。

對酒歌太平時　　對酒　　武帝詞

對酒歌，太平時，吏不呼門。王者賢且明，宰相股肱皆忠良，咸禮讓，民無所爭訟。三年耕有九年儲，倉穀滿盈，斑白不負戴。雨澤如此，五穀用成。卻走馬以糞其土田。爵公侯伯子男，咸愛其民，以黜陟幽明，子養有若父與兄。犯禮法，輕重隨其刑。路無拾遺之私，囹圄空虛，冬節不斷人。耄耋皆得以壽終，恩德廣及草木昆蟲。

雞鳴高樹顛　　雞鳴　　古詞

雞鳴高樹顛，狗吠深宫中。蕩子何所之，天下方太平。刑法非有貸，柔協正亂名。黄金爲君門，璧玉爲軒闌堂。上有雙尊酒，作使邯鄲倡。劉玉碧青甓，後出郭門王。舍後有方池，池中雙鴛鴦。鴛鴦七十二，羅列自成行。鳴聲何啾啾，聞我殿東箱。兄弟四五人，皆爲侍中郎。五日一時來，觀者滿道傍。黄金絡馬頭，熲熲何煌煌。桃生露井上，李樹生桃傍，蟲來齧桃根，李樹代桃僵。樹木身相代，兄弟還相忘！

烏生八九子　烏生　古詞

烏生八九子，端坐秦氏桂樹間。唶我秦氏，家有游遨蕩子，工用睢陽强蘇合彈。左手持强彈，兩丸出入烏東西。唶我一丸即發中烏身，烏死魂魄飛揚上天。阿母生烏子時，乃在南山巖石間。唶我人民安知烏子處，蹊徑窈窕安從通。白鹿乃在上林西苑中，射工尚復得白鹿脯哺。唶我黄鵠摩天極高飛，後宮尚復得烹煮之。鯉魚乃在洛水深淵中，釣鉤尚得鯉魚口。唶我人民生各各有壽命，死生何須復道前後。

平陵東　平陵　古詞

平陵東，松柏桐，不知何人刧義公。刧義公在高堂下，交錢百萬兩走馬。兩走馬，亦誠難，顧見追吏心中惻。心中惻，血出漉，歸告我家賣黄犢。

棄故鄉亦在瑟調東西門行　陌上桑　文帝詞

棄故鄉，離室宅，遠從軍旅萬里客。披荆棘，求阡陌，側足獨窘步，路局笮。虎豹嘷動，雞驚，禽失羣，鳴相索。登南山，奈何蹈槃石，樹木叢生鬱差錯。寢蒿草，蔭松柏，涕泣雨面霑枕席。伴旅單，稍稍日零落，惆悵竊自憐，相痛惜。

今有人　陌上桑　楚詞鈔

今有人，山之阿，被服薜荔帶女蘿。既含睇，又宜笑，子戀慕予善窈窕。乘赤豹，從文狸，新夷車駕結桂旗。被石蘭，帶杜衡，折芳拔荃遺所思。處幽室，終不見，天路險艱獨後來。表獨立，山之上，雲何容容而在下。杳冥冥，羌晝晦，東風飄飖神靈雨。風瑟瑟，木搜搜，思念公子徒以憂。

駕虹蜺　陌上桑　武帝詞

駕虹蜺，乘赤雲，登彼九疑歷玉門。濟天漢，至崐崘，見西王母，謁東君。交赤松，及羨門，受要祕道愛精神。食芝英，飲醴泉，柱杖桂枝佩秋蘭。絶人事，游渾元，若疾風游欻飄飄〔二〕。景未移，行數千，壽如南山不忘愆。

清商三調歌詩　荀勗撰舊詞施用者

平調

周西　短歌行　武帝詞六解

周西伯昌，懷此聖德，參分天下，而有其二。脩奉貢獻，臣節不墜。崇侯讒之，是以拘繫。一解 後見赦原，賜之斧鉞，得使征伐。爲仲尼所稱，達及德行，猶奉事殷，論敘其美。二解 齊桓之功，爲霸之首，九合諸侯，一匡天下。一匡天下，不以兵車。正而不譎，其德傳稱。三解 孔子所歎，并稱夷吾，民受其恩。賜與廟胙，命無下拜。小白不敢爾，天威在顏咫尺。四解 晉文亦霸，躬奉天王。受賜珪瓚、秬鬯，彤弓〔三〕、盧弓、矢千，虎賁三百人。五解 威服諸侯，師之者尊，八方聞之，名亞齊桓。河陽之會，詐稱周王，是以其名紛葩。六解

秋風　燕歌行　文帝詞七解

秋風蕭瑟天氣涼，草木搖落露爲霜。一解 羣燕辭歸鵠南翔〔四〕，念君客游多思腸。二解 慊慊思歸戀故鄉，君何淹留寄它方。三解 賤妾煢煢守空房，憂來思君不敢忘。四解 不覺淚下霑衣裳，援瑟鳴弦發清商。五解 短歌微吟不能長，明月皎皎照我牀。六解 星漢西流夜未央，牽牛織女遥相望，爾獨何辜限河梁。七解

仰瞻　短歌行　文帝詞六解

仰瞻帷幕，俯察几筵。其物如故，其人不存。一解 神靈倏忽，棄我遐遷。靡瞻靡恃，泣涕連連。二解 呦呦游鹿，銜草鳴麑。翩翩飛鳥，挾子巢棲。三解 我獨孤煢，懷此百離。憂心孔疚，莫我能知。四解 人亦有言，憂令人老。嗟我白髮，生一何早。五解 長吟永歎，懷我聖考。曰仁者壽〔五〕，胡不是保。六解

別日　燕歌行　文帝詞六解

別日何易會日難，山川悠遠路漫漫。一解　鬱陶思君未敢言，寄書浮雲往不還。二解　涕零雨面毀形顏，誰能懷憂獨不歎。三解　耿耿伏枕不能眠，披衣出戶步東西。四解　展詩清歌聊自寬，樂往哀來摧心肝。悲風清厲秋氣寒，羅帷徐動經秦軒。五解　仰戴星月觀雲間，飛鳥晨鳴，聲氣可憐〔六〕，留連顧懷不自存。六解

對酒　短歌行　武帝詞六解

對酒當歌，人生幾何！譬如朝露，去日苦多。一解　慨當以忼，憂思難忘。以何解愁〔七〕，唯有杜康。二解　青青子衿，悠悠我心。但爲君故，沈吟至今。三解　明明如月，何時可輟。憂從中來，不可斷絕。四解　呦呦鹿鳴，食野之苹。我有嘉賓，鼓瑟吹笙。五解　山不厭高，水不厭深。周公吐哺，天下歸心。六解

清調

晨上　秋胡行　武帝詞

晨上散關山，此道當何難！晨上散關山，此道當何難！牛頓不起，車墮谷間。坐磐石之上，彈五弦之琴，作爲清角韻，意中述煩。歌以言志，晨上散關山。一解　有何三老公，卒來在我傍。有何三老公，卒來在我傍。員揜被裘，似非恒人。謂卿云何，困苦以自怨，

徨徨所欲，來到此間。歌以言志，有何三老公。二解 我居崐崘山，所謂者真人。我居崐崘山，所謂者真人。道深有可得。名山歷觀，遨游八極。枕石漱流飲泉。沈吟不決，遂上升天。歌以言志，我居崐崘山。三解 去去不可追，長恨相牽攀。去去不可追，長恨相牽攀。夜夜安得寐，惆悵以自憐。正而不譎，辭賦依因。經傳所過，西來所傳。歌以言志，去去不可追。四解。又本：晨＝上＝散＝關＝山＝〔八〕，此＝道＝當＝何＝難＝。有＝何＝三＝老＝公＝，卒＝來＝在＝我＝傍＝。我＝居＝崐＝崘＝山＝，所＝謂＝真＝人＝，去＝不＝可＝追＝，長＝相＝牽＝攀＝〔九〕。

北上 苦寒行 武帝詞六解

北上太＝行＝山＝，艱＝哉＝何＝巍＝巍＝〔一〇〕。羊腸坂詰屈，車輪爲之摧。一解 樹木何蕭＝瑟＝，北＝風＝聲＝正＝悲＝。熊羆對我蹲，虎豹夾道啼。二解 谿谷少＝人＝民＝，雪＝落＝何＝霏＝霏＝。延頸長歎息，遠行多所懷。三解 我心何＝怫＝鬱＝，思＝欲＝一＝東＝歸＝。水深橋梁絕，中道正裴回。四解 迷惑失＝徑＝路＝，暝＝無＝所＝宿＝棲＝。行行日以遠，人馬同時飢。五解 儋＝囊＝行＝取＝薪＝，斧＝冰＝持＝作＝糜＝。悲彼東山詩，悠悠使我哀。六解

願登 秋胡行 武帝詞五解

願＝登＝泰＝華＝山＝〔一一〕，神＝人＝共＝遠＝游＝。經歷崑崙山，到蓬萊。飄颻八極，與神人俱。思得神藥，萬歲爲期。歌以言志，願登泰華山。一解 天＝地＝何＝長＝久＝，人＝道＝居＝之＝短＝。世言伯陽，殊不知老，赤松王喬，亦云得道。得之未聞，庶以壽考。歌以言志，天地何長久！二解 明＝明＝日＝月＝光＝，何＝所＝不＝光＝昭＝。二儀合聖化，貴者獨人不。萬國率土，莫非王臣。仁義爲名，禮樂爲榮。歌以言志，明明日月光。三解 四＝時＝更＝逝＝去＝，晝＝夜＝以＝成＝歲＝。大人先天，而天弗違。不戚年往，世憂不治。存亡有命，慮之爲蚩。歌以言志，四時更逝去。四解 戚＝戚＝欲＝何＝念＝，歡＝笑＝意＝所＝之＝。盛壯智惠，殊不再來。愛時進趣，將以惠誰。泛泛放逸，亦同何爲。歌以言志，戚戚欲何念？五解

上謁　董桃行　古詞五解

吾欲上謁從高山，山頭危嶮大難。遥望五嶽端，黄金爲闕，班璘。但見芝草，葉落紛紛。一解 百鳥集，來如煙。山獸紛綸，麟辟邪其端。鵾雞聲鳴，但見山獸援戲相拘攀。二解 小復前行玉堂，未心懷流還。傳教出門來，門外人何求？所言欲從聖道，求一得命延。三解 教敕凡吏受言，采取神藥若木端。白兔長跪擣藥蝦蟆丸，奉上陛下一玉柈，服此藥可得即仙。四解 服爾神藥，無不歡喜。陛下長生老壽，四面肅肅稽首，天神擁護左右，

陛下長與天相保守。五解

蒲生　塘上行　武帝詞[二]五解

蒲＝生＝我＝池＝中＝，其葉何離離。傍能行儀儀，莫能縷自知。衆口鑠黃金，使君生別離。一解　念＝君＝去＝我＝時＝，獨愁常苦悲。想見君顏色，感結傷心脾。今悉夜夜愁不寐。二解　莫＝用＝豪＝賢＝故＝，棄捐素所愛；莫用魚肉貴，棄捐葱與薤；莫用麻枲賤，棄捐菅與蒯。三解　倍＝恩＝者＝苦＝枯＝，蹶船常苦沒。教君安息定，慎莫致倉卒。念與君一共離別，亦當何時共坐復相對。四解　出＝亦＝復＝苦＝愁＝，入亦復苦愁。邊地多悲風，樹木何蕭蕭。今日樂相樂，延年壽千秋。五解

悠悠　苦寒行　明帝詞五解

悠＝悠＝發＝洛＝都＝，并＝我＝征＝東＝行＝。征行彌二旬，屯吹龍陂城[三]。一解　顧觀故＝壘＝處＝，皇＝祖＝之＝所＝營＝。屋室若平昔，棟宇無邪傾。二解　奈何我＝皇＝祖＝，潛＝德＝隱＝聖＝形＝。雖沒而不朽，書貴垂休名。三解　光光我＝皇＝祖＝，軒＝燿＝同＝其＝榮＝。遺化布四海，八表以肅清。四解　雖有吳＝蜀＝寇＝，春＝秋＝足＝燿＝兵＝。徒悲我皇祖，不永享百齡。賦詩以寫懷，伏軾淚霑纓。五解

瑟調

朝日　善哉行　文帝詞五解

朝日樂相樂，酣飲不知醉。悲弦激新聲，長笛吐清氣。一解　弦歌感人腸，四坐皆歡説。寥寥高堂上，涼風入我室。二解　持滿如不盈，有德者能卒〔一四〕。君子多苦心，所愁不但一。三解　慊慊下白屋，吐握不可失。衆賓飽滿歸，主人苦不悉。四解　比翼翔雲漢，羅者安所羈。沖靜得自然，榮華何足爲。五解

上山　善哉行　文帝詞六解

上山采薇，薄莫苦饑。溪谷多風，霜露沾衣。一解　野雉羣雊，猿猴相追。還望故鄉，鬱何壘壘。二解　高山有崖，林木有支。憂來無方，人莫之知。三解　人生若寄，多憂何爲。今我不樂，歲月其馳。四解　湯湯川流，中有行舟。隨波轉薄，有似客游。五解　策我良馬，被我輕裘。載馳載驅，聊以忘憂。六解

朝游　善哉行　文帝詞五解

朝游高臺觀，夕宴華池陰。大酋奉甘醪，狩人獻嘉禽。一解　齊倡發東舞，秦箏奏西音。有客從南來，爲我彈清琴。二解　五音紛繁會，拊者激微吟。淫魚乘波聽，踴躍自浮沈。三解　飛鳥翻翔舞，悲鳴集北林。樂極哀情來，憀亮摧肝心。四解　清角豈不妙，德薄所不任。大哉子野言，弭弦且自禁。五解

古公　善哉行　武帝詞七解

古公亶甫，積德垂仁。思弘一道，哲王於豳。一解　太伯仲雍，王德之仁。行施百世，斷髮文身。二解　伯夷叔齊，古之遺賢。讓國不用，餓殂首山。三解　智哉山甫，相彼宣王。何用杜伯，累我聖賢。四解　齊桓之霸，賴得仲父。後任豎刁，蟲流出户。五解　晏子平仲，積德兼仁。與世沈德，未必思命。六解　仲尼之世，王國爲君。隨制飲酒，揚波使官。七解

自惜　善哉行　武帝詞六解

自惜身薄祜，夙賤罹孤苦。既無三徙教，不聞過庭語。一解　其窮如抽裂，自以思所怙。雖懷一介志，是時其能與。二解　守窮者貧賤，惋歎淚如雨。泣涕於悲夫，乞活安能覩。三解　我願於天窮，琅邪傾側左。雖欲竭忠誠，欣公歸其楚。四解　快人曰爲歎，抱情不得敍。顯行天教人，誰知莫不緒。五解　我願何時隨，此歎亦難處。今我將何照於光燿，釋銜不如雨。六解

我徂　善哉行　明帝詞八解

我徂我征，伐彼蠻虜。練師簡卒，爰正其旅。一解　輕舟竟川，初鴻依浦。桓桓猛毅，如羆如虎。二解　發砲若雷〔一五〕，吐氣成雨。旄旍指麾，進退應矩。三解　百馬齊轡，御由造父。休休六軍，咸同斯武。四解　兼塗星邁，亮茲行阻。行行日遠，西背京許。五解　游弗

淹旬，遂届揚土。奔寇震懼，莫敢當御。六解　虎臣列將，怫鬱充怒。淮泗肅清，奮揚徽所。七解　運德燿威，惟鎮惟撫。反旆言歸，告入皇祖。八解

赫赫　善哉行　明帝詞四解

赫赫大魏，王師徂征。冒暑討亂，振燿威靈。一解　汎舟黄河，隨波潺湲。通渠回越，行路綿綿。二解　采旄蔽日，旗旒翳天。淫魚瀺灂，游戲深淵。三解　唯塘泊，從如流。不爲單，握揚楚。心惆悵，歌采薇。心綿綿，在淮肥。願君速捷蚤旋歸。四解

來日　善哉行　古詞六解

來日大難，口燥脣乾。今日相樂，皆當喜歡。一解　經歷名山，芝草翻翻。仙人王喬，奉藥一丸。二解　自惜袖短，内手知寒。慙無靈輒，以報趙宣。三解　月没參横，北斗闌干。親交在門，饑不及餐。四解　歡日尚少，戚日苦多。以何忘憂，彈箏酒歌。五解　淮南八公，要道不煩。參駕六龍，游戲雲端。六解

大曲

東門　東門行　古詞四解

出東門，不顧歸；來入門，悵欲悲。盎中無斗儲，還視桁上無縣衣。一解　拔劍出門去，兒女牽衣啼。它家但願富貴，賤妾與君共餔糜。二解　共餔糜，上用倉浪天故，下爲黄

口小兒〔一六〕。今時清廉，難犯教言，君復自愛莫爲非。三解 今時清廉，難犯教言，君復自愛莫爲非。行！吾去爲遲，平慎行，望吾歸。四解

西山 折楊柳行 文帝詞四解

西山一何高，高高殊無極。上有兩仙僮，不飲亦不食。與我一丸藥，光耀有五色。一解 服藥四五日，身體生羽翼。輕舉乘浮雲，倏忽行萬億。流覽觀四海，芒芒非所識。二解 彭祖稱七百，悠悠安可原。老聃適西戎，于今竟不還。王喬假虛詞，赤松垂空言。三解 達人識真僞，愚夫好妄傳。追念往古事，憒憒千萬端。百家多迂怪，聖道我所觀。四解

羅敷 豔歌羅敷行 古詞三解

日出東南隅，照我秦氏樓。秦氏有好女，自名爲羅敷。羅敷喜蠶桑，采桑城南隅。青絲爲籠係，桂枝爲籠鉤。頭上倭墮髻，耳中明月珠。緗綺爲下帬，紫綺爲上襦。行者見羅敷，下儋捋頿須。少年見羅敷，脱帽著帩頭。耕者忘其犂，鋤者忘其鋤。來歸相怒怨，但坐觀羅敷。一解 使君從南來，五馬立峙躕。使君遣吏往，問是誰家姝？秦氏有好女，自名爲羅敷。羅敷年幾何？二十尚不足，十五頗有餘。使君謝羅敷，寧可共載不？羅敷前置詞，使君一何愚！使君自有婦，羅敷自有夫。二解 東方千餘騎，夫壻居上頭。何用識夫壻？白馬從驪駒。青絲繫馬尾，黃金絡馬頭。腰中鹿盧劍，可直千萬餘。十五府小

史，二十朝大夫，三十侍中郎，四十專城居。爲人潔白晳，鬑鬑頗有須。盈盈公府步，冉冉府中趨。坐中數千人，皆言夫壻殊。三解。前有豔詞曲，後有趨。

西門　西門行　古詞六解

出西門，步念之。今日不作樂，當待何時。一解　夫爲樂，爲樂當及時。何能坐愁怫鬱，當復待來茲[一七]。二解　飲醇酒，炙肥牛。請呼心所歡，可用解愁憂。三解　人生不滿百，常懷千歲憂。晝短而夜長，何不秉燭游。四解　自＝非＝仙＝人＝王＝子＝喬＝，計＝會＝壽＝命＝難＝與＝期＝。五解　人壽非金石，年命安可期；貪財愛惜費，但爲後世嗤。六解。一本「燭游」後「行去之，如雲除，弊車羸馬爲自推」，無「自非」以下四十八字。

默默　折楊柳行　古詞四解

默默施行違，厥罰隨事來。末喜殺龍逢，桀放於鳴條。一解　祖伊言不用，紂頭縣白旄。指鹿用爲馬，胡亥以喪軀。二解　夫差臨命絕，乃云負子胥。戎王納女樂，以亡其由余。璧馬禍及虢，二國俱爲墟。三解　三夫成市虎，慈母投杼趨。卞和之刖足，接予歸草廬。四解

園桃　煌煌京洛行　文帝詞五解

夭夭園桃，無子空長。虛美難假，偏輪不行。一解　淮陰五刑[一八]，鳥得弓藏。保身全

名，獨有子房。大憒不收，褒衣無帶；多言寡誠，祇令事敗。二解　蘇秦之說，六國以亡。傾側賣主，車裂固當。賢矣陳軫，忠而有謀，楚懷不從，禍卒不救。三解　禍夫吳起，智小謀大，西河何健，伏尸何劣。四解　嗟彼郭生，古之雅人，智矣燕昭，可謂得臣。峩峩仲連，齊之高士；北辭千金，東蹈滄海。五解

白鵠　豔歌何嘗〔一九〕一曰飛鵠行　古詞四解

飛來雙白鵠，乃從西北來。十十五五，羅列成行。一解　妻卒被病，行不能相隨。五里一反顧，六里一裴回。二解　吾欲銜汝去，口噤不能開；吾欲負汝去，毛羽何摧頹。三解　樂哉新相知，憂來生別離。躇躊顧羣侶，淚下不自知。四解　念與君離別，氣結不能言。各各重自愛，道遠歸還難。妾當守空房，閉門下重關。若生當相見，亡者會黃泉。今日樂相樂，延年萬歲期。「念與」下爲趨，曲前有豔〔二〇〕。

碣石　步出夏門行　武帝詞四解

雲行雨步，超越九江之皋，臨觀異同。心意懷游豫，不知當復何從。經過至我碣石，心惆悵我東海。「雲行」至此爲豔〔二一〕。東臨碣石，以觀滄海。水何淡淡，山島竦峙〔二二〕。樹木叢生，百草豐茂。秋風蕭瑟，洪濤湧起。日月之行，若出其中；星漢粲爛，若出其裏。幸甚至哉！歌以言志。觀滄海一解

孟冬十月，北風裴回。天氣肅清，繁霜霏霏。鵾雞晨鳴，鴻鴈南飛，鷙鳥潛藏〔二三〕，熊羆窟棲。錢鎛停置，農收積場。逆旅整設〔二四〕，以通賈商。幸甚至哉！歌以詠志。冬十月二解

鄉土不同，河朔隆寒。流澌浮漂，舟船行難。錐不入地，豐藾深奧。水竭不流，冰堅可蹈。士隱者貧，勇俠輕非。心常歎怨，戚戚多悲。幸甚至哉！歌以詠志。河朔寒三解

神龜雖壽，猶有竟時；騰蛇乘霧〔二五〕，終爲土灰。驥老伏歷，志在千里；烈士暮年，壯心不已。盈縮之期，不但在天；養怡之福，可得永年。幸甚至哉！歌以詠志。神龜雖壽四解

何嘗　豔歌何嘗行　古辭五解

何嘗快獨無憂？但當飲醇酒，炙肥牛。一解 長兄爲二千石，中兄被貂裘。二解 小弟雖無官爵，鞍馬馺馺，往來王侯長者遊。三解 但當在王侯殿上，快獨摴蒱六博，對坐彈碁。四解 男兒居世，各當努力；蹙迫日暮，殊不久留。五解 少小相觸抵，寒苦常相隨，忿恚安足諍，吾中道與卿共別離。約身奉事君，禮節不可虧。上慙滄浪之天，下顧黃口小兒。奈何復老心皇皇，獨悲誰能知。「少小」下爲趨，曲前爲豔。

置酒　野田黃雀行空侯引亦用此曲。　東阿王詞四解

置酒高殿上，親交從我游。中廚辦豐膳，烹羊宰肥牛。秦箏何忼慨，齊瑟和且柔。一解 陽阿奏奇舞，京洛出名謳。樂飲過三爵，緩帶傾庶羞，主稱千金壽〔一六〕，賓奉萬年酬。二解 久要不可忘，薄終義所尤。謙謙君子德，磬折欲何求。盛時不再來，百年忽我遒。三解 驚風飄白日，光景馳西流。生存華屋處，零落歸山丘。先民誰不死，知命復何憂！四解

爲樂　滿歌行　古詞四解〔一七〕

爲樂未幾時，遭世險巇，逢此百離；伶丁荼毒，愁懣難支。遥望辰極，天曉月移。憂來闐心，誰當我知。一解 戚戚多思慮，耿耿不寧。禍福無形，唯念古人，遜位躬耕。遂我所願，以茲自寧。自鄙山棲，守此一榮。二解 莫秋列風起。西蹈滄海，心不能安。攬衣起瞻夜，北斗闌干。星漢照我，去去自無它。奉事二親，勞心可言。三解 窮達天所爲，智者不愁，多爲少憂。安貧樂正道，師彼莊周。遺名者貴，子熙同巇。往者二賢，名垂千秋。四解 飲酒歌舞，不樂何須！善哉照觀日月，日月馳驅。轗軻世間，何有何無！貪財惜費，此一何愚！命如鑿石見火，居世竟能幾時？但當歡樂自娛，盡心極所熙怡。安善養君德性，百年保此期頤。「飲酒」下爲趨〔一八〕。

夏門　步出夏門行一曰隴西行　明帝詞二解

步出夏門，東登首陽山。嗟哉夷叔，仲尼稱賢。君子退讓，小人爭先；惟斯二子，于今稱傳。林鐘受謝，節改時遷。日月不居，誰得久存。善哉殊復善，弦歌樂情。一解 商風夕起，悲彼秋蟬，變形易色，隨風東西。乃眷西顧，雲霧相連，丹霞蔽日，采虹帶天。弱水潺潺，落葉翩翩，孤禽失羣，悲鳴其間。善哉殊復善，悲鳴在其間〔二九〕。二解 朝游清泠，日莫嗟歸。「朝游」上爲豔。蹙迫日莫，烏鵲南飛。繞樹三匝，何枝可依。卒逢風雨，樹折枝摧。雄來驚雌，雌獨愁棲。夜失羣侶，悲鳴裴回。芃芃荆棘，葛生綿綿。感彼風人，惆悵自憐。月盈則沖，華不再繁；古來之説，嗟哉一言。「蹙迫」下爲趨。

王者布大化　櫂歌行　明帝詞五解

王者布大化，配乾稽后祇。陽育則陰殺，晷景應度移。一解 文德以時振，武功伐不隨。重華儛干戚，有苗服從嬀。二解 蠢爾吴蜀虜，馮江棲山阻。哀哀王士民，瞻仰靡依怙。三解 皇上悼愍斯，宿昔奮天怒。發我許昌宮，列舟于長浦。四解 翌日乘波揚，棹歌悲且涼。大常拂白日，旗幟紛設張。五解 將抗旄與鉞，燿威於彼方。伐辠以弔民，清我東南疆。「將抗」下爲趨。

洛陽行　鴈門太守行　古詞八解

孝和帝在時，洛陽令王君，本自益州廣漢民，少行宦，學通五經論。一解　明知法令，歷世衣冠。從温補洛陽令，治行致賢，擁護百姓，子養萬民。二解　外行猛政，內懷慈仁。文武備具，料民富貧，移惡子姓名，五篇著里端。三解　傷殺人，比伍同皋對門。禁錮矛八尺，捕輕薄少年，加笞決皋，詣馬市論。四解　無妄發賦，念在理冤，敕吏正獄，不得苛煩。財用錢三十，買繩禮竿。五解　賢哉賢哉！我縣王君。臣吏衣冠，奉事皇帝。功曹主簿，皆得其人。六解　臨部居職，不敢行恩。清身苦體，夙夜勞勤。治有能名，遠近所聞。七解　天年不遂，蚤就奄昏。爲君作祠，安陽亭西。欲令後世，莫不稱傳。八解

白頭吟　與櫂歌同調　古詞五解

晴如山上雲[三〇]，皎若雲間月。聞君有兩意，故來相決絕。一解　平生共城中，何嘗斗酒會。今日斗酒會，明旦溝水頭。蹀躞御溝上，溝水東西流。二解　郭東亦有樵，郭西亦有樵。兩樵相推與，無親爲誰驕？三解　淒淒重淒淒，嫁娶亦不啼；願得一心人，白頭不相離。四解[三一]　竹竿何嫋嫋，魚尾何離蓰，男兒欲相知，何用錢刀爲？　䶀如五馬噉萁，川上高士嬉。今日相對樂，延年萬歲期。五解[三二]　一本云：詞曰上有「紫羅咄咄奈何」。

楚調怨詩

明月　東阿王詞七解

明月照高樓，流光正裴回。上有愁思婦，悲歎有餘哀。一解 借問歎者誰？自云客子妻。夫行踰十載，賤妾常獨棲。二解 念君過於渴，思君劇於饑。君爲高山柏，妾爲濁水泥。三解 北風行蕭蕭，烈烈入吾耳。心中念故人，淚墮不能止。四解 沈浮各異路，會合當何諧？願作東北風，吹我入君懷。五解 君懷常不開，賤妾當何依。恩情中道絶，流止任東西。六解 我欲竟此曲，此曲悲且長。今日樂相樂，別後莫相忘！七解

校勘記

〔一〕玉闕下　「玉闕」，原作「王闕」，北監本、汲本、殿本、局本作「玉關」，今據三朝本、南監本、樂府詩集卷二六改。

〔二〕若疾風游欻飄飄　「飄飄」，局本作「飄颻」。下一「飄」字，樂府詩集卷二八注云：「一作『飆』。」

〔三〕彤弓　原作「彤弓」，據南監本、北監本、汲本、殿本、局本、樂府詩集卷三〇改。

〔四〕羣燕辭歸鵠南翔　「鵠」，文選卷二七魏文帝燕歌行、玉臺新詠卷九魏文帝樂府燕歌行、類聚卷四二引魏文帝燕歌行作「雁」。

〔五〕曰仁者壽　原作「曰仁曰壽」，據局本、樂府詩集卷三〇改。

〔六〕飛鳥晨鳴聲氣可憐　玉臺新詠卷九魏文帝樂府燕歌行、樂府詩集卷三二作「飛鵠晨鳴聲可憐」。

〔七〕以何解愁　文選卷二七魏武帝短歌行作「何以解憂」。

〔八〕晨＝上＝散＝關＝山＝　「散＝關＝」，原作「散＝官＝」，據南監本、殿本、局本、樂府詩集卷三六改。

〔九〕去＝不＝可＝追＝長＝相＝牽＝攀＝　局本作「去＝去＝不＝可＝追＝長＝恨＝相＝牽＝攀＝」。按上文作「去去不可追，長恨相牽攀」，則此疑亦當作「去去不可追，長恨相牽攀」。又按古人凡重字，下一字可作二畫。石鼓文凡重字皆作二畫，蓋其濫觴。此篇每一字之下作二畫者，其讀法猶若音樂中之複奏。如本段讀法，自「晨上散關山」至「長恨相牽攀」前後八句，通段複一遍，又非每句或每字一複也。

〔一〇〕艱＝哉＝何＝巍＝巍＝　原作「艱＝哉＝何＝巍＝」，殿本作「艱＝哉＝何＝巍巍」，今據局本補正。

〔一一〕願＝登＝泰＝華＝山＝　原疊「山」字，據北監本、汲本、殿本、局本刪。

〔一二〕武帝詞　玉臺新詠卷二樂府塘上行、類聚卷四一魏文帝甄皇后塘上行、樂府詩集卷三五並謂此篇甄后所作。

〔一三〕屯吹龍陂城　「龍陂」，原作「隴陂」，據局本、樂府詩集卷三三改。

〔一四〕有德者能卒　「德」，原作「得」，據局本、樂府詩集卷三六改。殿本考證云：「魏文帝集作『德』。」

〔一五〕發砲若雷　「砲」，原作「袍」，據三朝本、南監本、北監本、汲本、殿本、局本改。

〔一六〕下爲黄口小兒　「黄口」，原作「哉口」，據南監本、北監本、汲本、殿本、局本、樂府詩集卷三七改。

〔一七〕當復待來茲　「待」字原闕，據南監本、局本、樂府詩集卷三七補。

〔一八〕淮陰五刑　「五刑」，原作「五行」，據局本、樂府詩集卷三九改。

〔一九〕豔歌何嘗　「何嘗」，原作「阿嘗」，據局本、樂府詩集卷三九改。

〔二〇〕曲前有豔　「豔」字原闕，據殿本、局本補。

〔二一〕雲行至此爲豔　「雲行」，原作「臨行」，據殿本、局本及本卷上文正文改。

〔二二〕山島竦峙　「竦」，原作「疏」，據殿本、局本、本書卷二二樂志四、晉書卷二三樂志下、樂府詩集卷三七改。張森楷校勘記云：「殿本作『竦』是，毛本作『疏』誤。蓋誤『竦』爲『踈』，又誤『踈』爲『疏』也。」

〔二三〕鷙鳥潛藏　「鷙鳥」，原作「蟄鳥」，據南監本、殿本、局本、晉書卷二三樂志下、樂府詩集卷三七、卷五四改。按本書卷二二樂志四亦作「鷙鳥」。

〔二四〕逆旅整設　「整」，原作「正」，據晉書卷二三樂志下、樂府詩集卷三七、卷五四改。按本書卷二二樂志四亦作「整」。

〔二五〕騰蛇乘霧　「乘」，原作「未」，據三朝本、南監本、北監本、汲本、殿本、局本、本書卷二二樂志四改。

〔二六〕主稱千金壽　「千」，原作「和」，據南監本、北監本、汲本、殿本、局本、文選卷二七曹子建箜篌引、類聚卷四二、樂府詩集卷三九改。

〔二七〕古詞四解　「古詞」二字原闕，據局本、樂府詩集卷四三補。按「四解」二字，局本、樂府詩集在「滿歌行」三字下，依前後文例，今移「古詞」下。

〔二八〕飲酒下爲趨　「下」，原作「上」，據殿本、局本改。按曲前爲豔，曲後爲趨。「飲酒歌舞」下十四句，均在四解之外，故當云「『飲酒』下爲趨」。

〔二九〕悲鳴在其間　「在」下原衍「鳴」字，據南監本、北監本、汲本、殿本、局本、樂府詩集卷三七刪。

〔三〇〕晴如山上雲　「晴」，南監本、局本、玉臺新詠卷一、樂府詩集卷四一作「皚」，御覽卷一二引樂府歌詩作「皓」。「雲」，南監本、局本、玉臺新詠、樂府詩集、御覽引作「雪」。

〔三一〕白頭不相離四解　「四解」二字原闕，據樂府詩集卷四一補。按玉臺新詠卷一小字注云：「一有『四解』。」

〔三二〕延年萬歲期五解　「五解」二字原闕，據樂府詩集卷四一補。

宋書卷二十二

志第十二

樂四

明明魏皇帝

太和有聖帝

魏曆長

天生烝民

爲君既不易

魏陳思王鼙舞歌五篇

聖皇篇

當章和二年中

聖皇應曆數，正康帝道休。九州咸賓服，威德洞八幽。三公奏諸公，不得久淹留。蕃位任至重，舊章咸率由。侍臣省文奏，陛下體仁慈。沈吟有愛戀，不忍聽可之。迫有官典憲，不得顧恩私。諸王當就國，璽綬何纍縗。便時舍外殿，宫省寂無人。主上增顧念，皇母懷苦辛。何以爲贈賜，傾府竭寶珍。文錢百億萬，采帛若煙雲。乘輿服御物，錦羅與金銀。龍旗垂九旒，羽蓋參班輪。諸王自計念，無功荷厚德。思一效筋力，糜軀以報國。鴻臚擁節衛，副使隨經營。貴戚並出送，夾道交輜軿。車服齊整設，韡曄燿天精。武騎衛前後，鼓吹簫笳聲。祖道魏東門，淚下霑冠纓。扳蓋因内顧，俛仰慕同生。行行將日莫，何時還闕庭。車輪爲裴回，四馬躊躇鳴。路人尚酸鼻，何況骨肉情。

靈芝篇　　當殿前生桂樹

靈芝生玉地，朱草被洛濱。榮華相晃燿，光采曄若神。古時有虞舜，父母頑且嚚。盡孝於田隴，烝烝不違仁。伯瑜年七十，采衣以娛親，慈母笞不痛，歔欷涕沾巾。丁蘭少失母，自傷蚤孤煢，刻木當嚴親，朝夕致三牲。暴子見陵侮，犯辜以亡形，丈人爲泣血，免戾全其名。董永遭家貧，父老財無遺。舉假以供養，傭作致甘肥。責家填門至，不知何用歸。天靈感至德，神女爲秉機。歲月不安居，烏乎我皇考！生我既已晚，棄我何期蚤！蓼莪誰所興，念之令人老。退詠南風詩，灑淚滿禕抱。亂曰：聖皇君四海，德教朝夕宣。萬國咸禮讓，百姓家肅虔。庠序不失儀，孝悌處中田。户有曾閔子，比屋皆仁賢。髫齔無夭齒，黄髮盡其年。陛下三萬歲，慈母亦復然。

大魏篇　　當漢吉昌

大魏應靈符，天禄方甫始。聖德致泰和，神明爲驅使。左右宜供養，中殿宜皇子。陛下長壽考，羣臣拜賀咸説喜。積善有餘慶，榮禄固天常。衆善填門至，臣子蒙福祥。無患及陽遂，輔翼我聖皇。衆吉咸集會，凶邪姦惡並滅亡。黄鵠游殿前，神鼎周四阿。玉馬充乘輿，芝蓋樹九華。白虎戲西除，含利從辟邪。騏驎躡足舞，鳳凰拊翼歌。豐年大置酒，玉尊列廣庭。樂飲過三爵，朱顔暴己形。式宴不違禮，君臣歌鹿鳴。樂人舞鞞鼓，百官靁抃贊若驚。儲禮如江海，積善若陵山。皇嗣繁且熾，孫子列曾玄。羣臣咸稱萬歲，陛下長樂壽年！御酒停未飲，貴戚跪東廂。侍人承顏色，奉進金玉觴。此酒亦眞酒，福祿當聖皇。陛下臨軒笑，左右咸歡康。栝來一何遲，羣僚以次行。賞賜累千億，百官並富昌。

精微篇　當關東有賢女〔一〕

精微爛金石，至心動神明。杞妻哭死夫，梁山爲之傾。子丹西質秦，烏白馬角生〔二〕。鄒羨囚燕市〔三〕，繁霜爲夏零〔四〕。關東有賢女，自字蘇來卿。壯年報父仇，身没垂功名。女休逢赦書，白刃幾在頸。俱上列仙籍，去死獨就生。太倉令有辠，遠徵當就拘。自悲居無男，禍至無與俱。緹縈痛父言，何儋西上書。槃桓北闕下，泣淚何漣如。乞得并姊弟，没身贖父軀。漢文感其義，肉刑法用除。其父得以免，辨義在列圖。多男亦何爲，一女足成居。簡子南渡河，津吏廢舟船。執法將加刑，女娟擁櫂前。「妾父聞君來，將涉不測淵。畏懼風波起，禱祝祭名川。備禮饗神祇，爲君求福先。不勝釂祀誠，至令犯罰艱。君必欲加誅，乞使知罪諐。妾願以身代」，至誠感蒼天。國君高其義，其父用赦原。河激奏中流，簡子知其賢。歸娉爲夫人，榮寵超後先。辯女解父命，何況健少年。黃初發和氣，明堂德教施。治道致太平，禮樂風俗移。刑錯民無枉，怨女復何爲。聖皇長壽考，景福常來儀。

孟冬篇　當狡兔

孟冬十月，陰氣厲清。武官誡田，講旅統兵。元龜襲吉，元光著明。蚩尤蹕路，風弭雨停。乘輿啓行，鸞鳴幽軋。虎賁采騎，飛象珥鶡。鐘鼓鏗鏘，簫管嘈喝。萬騎齊鑣，千乘等蓋。夷山填谷，平林滌藪。張羅萬里，盡其飛走。翟翟狡兔，揚白跳翰。獵以青骹，掩以脩竿。韓盧宋鵲，呈才騁足。噬不盡緤，牽麋掎鹿。魏氏發機，養基撫弦。都盧尋高，搜索猴猨。慶忌孟賁，蹈谷超巒。張目決眥，髮怒穿冠。頓熊扼虎，蹴豹搏貙。氣有餘勢，負象而趨。獲車既盈，日側樂終。罷役解徒，大饗離宮。亂曰：聖皇臨飛軒，論功校獵徒。死禽積如京，流血成溝渠。明詔大勞賜，太官供有無。走馬行酒醴，驅車布肉魚。鳴鼓舉觴爵，鐘擊位無餘〔五〕。絶網縱麟麑，弛罩出鳳雛。收功在羽校，威靈振鬼區。陛下長懽樂，永世合天符。

晉鼙舞歌五篇

洪業篇　鼙舞歌〔六〕，當魏曲明明魏皇帝，古曲關東有賢女。

宣文創洪業，盛德在泰始〔七〕。聖皇應靈符，受命君四海。萬國何所樂，上有明天子。唐堯禪帝位，虞舜惟恭己。恭己正南面，道化與時移。大赦盪萌漸，文教被黃支。象天則地，體無爲。聰明配日月，神聖參兩儀。雖有三凶類，靜言無所施。象天則地，體無爲。稷契並佐命，伊呂升王臣。蘭芷登朝肆，下無失宿民。聲發響自應，表立景來附。虓虎從羈制，潛龍升天路。備物立成器，變通極其數。百事以時敍，萬機有常度。訓之以克讓，納之以忠恕。羣下仰清風，海外同懽慕。象天則地，化雲布。昔日貴雕飾，今尚儉與素。昔日多纖介，今去情與故。象天則地，化雲布。濟濟大朝士，夙夜綜萬機。萬機無廢理，明明降疇咨。臣譬列星景，君配朝日暉。事業並通濟，功烈何巍巍。五帝繼三皇，三王世所歸。聖德應期運，天地不能違。仰之彌已高，猶天不可階。將復御龍氏，鳳皇在庭棲。

天命篇　鼙舞歌，當魏曲太和有聖帝，古曲章和二年中。

聖祖受天命，應期輔魏皇。入則綜萬機，出則征四方。朝廷無遺理，方表寧且康。道隆舜臣堯，積德踰太王。孟度阻窮險，造亂天一隅。神兵出不意，奉命致天誅。赦善戮有罪，元惡宗爲虛。威風震勁蜀，武烈慴彊吴。諸葛不知命，肆逆亂天常。擁徒十餘萬，數來寇邊疆。我皇邁神武，秉鉞鎮雍涼。亮乃畏天威，未戰先仆僵。盈虛自然運，時變固多難。東征陵海表，萬里梟賊淵。受遺齊七政，曹爽又滔天。羣凶受誅殛，百祿咸來臻。黄華應福始，王淩爲禍先。

景皇帝　鼙舞歌，當魏曲魏曆長，古曲樂久長。

景皇帝，聰明命世生，盛德參天地。帝王道〔八〕，創基既已難，繼世亦未易。外則夏侯玄，内則張與李，三凶稱逆，亂帝紀。從天行誅，窮其姦宄。遏將御其漸，潛謀不得起，罪人咸伏辜，威風震萬里。平衡綜萬機，萬機無不理。召陵桓不君，内外何紛紛，衆小便成羣。蒙昧恣心，治亂不分。叡聖獨斷，濟武常以文。從天惟廢立，掃霓披浮雲。雲霓既已闢，清和未幾間。羽檄首尾至，變起東南蕃。儉欽爲長蛇，外則馮吴蠻。萬國紛騷擾，戚戚天下懼不安。神武御六軍，我皇秉鉞征。儉欽起壽春，前鋒據項城〔九〕。出其不意，並縱奇兵。奇兵誠難御，廟勝實難支。兩軍不期遇，敵退計無施。虎騎惟武進，大戰沙陽陂。欽乃亡魂走，奔虜若雲披。天恩赦有辠，東土放鯨鯢。

大晉篇　鼙舞歌，當魏曲天生烝民，古曲四方皇。

赫赫大晉，於穆文皇。蕩蕩巍巍，道邁陶唐。世稱三皇五帝，及今重其光。九德克明，文既顯，武又章。恩弘六合，兼濟萬方。内舉元凱，朝政以綱。外簡虎臣，時惟鷹揚。靡從不懷，逆命斯亡。仁配春日，威踰秋霜。濟濟多士，同茲蘭芳。唐虞至治，四凶滔天。致討儉欽，罔不肅虔。化感海外，海外來賓。獻其聲樂，並稱妾臣。西蜀猾夏，僭號方域。命將致討，委國稽服。吴人放命，馮海阻江。飛書告諭，響應來同。先王建萬國，九服爲蕃衛。亡秦壞諸侯，序胙不二世。歷代不能復，忽踰五百歲。我皇邁聖德，應期創典制。分土五等，蕃國正封界。莘莘文武佐，千秋遘嘉會。洪業溢區内，仁風翔海外。

明君篇　鼙舞歌，當魏曲爲君既不易，古曲殿前生桂樹。

明君御四海，聽鑑盡物情。顧望有譴罰，竭忠身必榮。蘭茝出荒野，萬里升紫庭。茨草穢堂階，埽截不得生。能否莫相蒙，百官正其名。恭己慎有爲，有爲無不成。闇君不自信，羣下執異端。正直罹譖潤，姦臣奪其權。雖欲盡忠誠，結舌不敢言。結舌亦何憚，盡忠爲身患。清流豈不潔，飛塵濁其源。歧路令人迷，未遠勝不還。忠臣立君朝，正色不顧身。邪正不並存，譬若胡與秦。秦胡有合時，邪正各異津。忠臣遇明君，乾乾惟日新。羣目統在綱，衆星拱北辰。設令遭闇主，斥退爲凡民。雖薄供時用，白茅猶可珍。冰霜晝夜結，蘭桂摧爲薪。邪臣多端變，用心何委曲。便辟從情指，動隨君所欲。偷安樂目前，不問清與濁。積僞罔時主，養交以持祿。言行恒相違，難饜甚谿谷。昧死射乾沒，覺露則滅族。

右五篇鼙舞歌行。

鐸舞歌詩二篇

聖人制禮樂篇〔一〇〕

昔皇文武邪　彌彌舍善　誰吾時吾　行許帝道　銜來治路萬邪　治路萬邪　赫赫意黃運道吾　治路萬邪　善道明邪金邪　善道　明邪金邪帝邪　近帝武武邪邪　聖皇八音　偶邪尊來　聖皇八音　及來義邪同邪　烏及來義邪　善草供國吾　咄等邪烏

近帝邪武邪　近帝武邪武邪　應節合用　武邪尊邪　應節合用　酒期義邪同邪　酒期義邪　善草供國吾　咄等邪烏　近帝邪武邪　近帝武武邪邪　下音足木　上爲鼓義邪　應衆義邪　樂邪邪延否　已邪烏已禮祥　咄等邪烏　素女有絶其聖烏烏武邪

雲門篇

鐸舞歌行，當魏太和時。

黄雲門，唐咸池，虞韶舞，夏夏殷濩〔一二〕。列代有五〔一二〕，振鐸鳴金，近大武。清歌發倡，形爲主〔一三〕。聲和八音，協律吕。身不虚動，手不徒舉。應節合度，周其敍。時奏宫商，雜之以徵羽。下饜衆目，上從鐘鼓。樂以移風，與德禮相輔，安有失其所。

右二篇鐸舞歌行。

拂舞歌詩五篇

白鳩篇

翩翩白鳩，再飛再鳴。懷我君德，來集君庭。白雀呈瑞，素羽明鮮。翔庭舞翼，以應仁乾。交交鳴鳩，或丹或黄。樂我君惠，振羽來翔。東壁餘光，魚在江湖。惠而不費，敬我微軀。策我良駟，習我驅馳。與君周旋，樂道亡飢〔一四〕。我心虚静，我志霑濡。彈琴鼓瑟，聊以自娱。陵雲登臺，浮游太清。扳龍附鳳，日望身輕。

濟濟篇

暘飛暘舞，氣流芳。追念三五大綺黄。去失有，時可行。去來同時此未央。時冉冉，近桑榆。但當飲酒爲歡娱。衰老逝，有何期。多憂耿耿内懷思。淵池廣，魚獨希。願得黄浦衆所依。恩感人，世無比。悲歌具舞無極已。

獨禄篇

獨禄獨禄，水深泥濁。泥濁尚可，水深殺我。雝雝雙雁，游戲田畔。我欲射雁，念子孤散。翩翩浮苹，得風遥輕。我心何合，與之同并。空牀低帷，誰知無人。夜衣錦繡，誰别僞真。刀鳴削中，倚牀無施。父冤不報，欲活何爲。猛虎班班，游戲山間。虎欲嚙人，不避豪賢。

碣石篇

東臨碣石，以觀滄海。水何澹澹，山島竦峙。樹木叢生，百草豐茂。秋風蕭瑟，洪波涌起。日月之行，若出其中。星漢粲爛，若出其裏。幸甚至哉！歌以詠志。觀滄海

孟冬十月，北風裴回。天氣肅清，繁霜霏霏。鵾雞晨鳴，鴈過南飛。鷙鳥潛藏，熊羆窟棲。錢鎛停置，農收積場。逆旅整設，以通賈商。幸甚至哉！歌以詠志。冬十月

鄉土不同，河朔隆寒。流澌浮漂，舟船行難〔一五〕。錐不入地，豐籟深奧，水竭不流，冰堅可蹈。士隱者貧，勇俠輕非。心常歎怨，戚戚多悲。幸甚至哉！歌以詠志。土不同

神龜雖壽，猶有竟時；騰蛇乘霧，終爲土灰。老驥伏櫪，志在千里；烈士莫年，壯心不已。盈縮之期，不但在天；養怡之福，可得永年。幸甚至哉！歌以詠志。龜雖壽

淮南王篇

淮南王，自言尊〔一六〕，百尺高樓與天連。後園鑿井銀作牀，金瓶素綆汲寒漿。汲寒漿，飲少年。少年窈窕何能賢？揚聲悲歌音絕天。我欲度河河無梁，願化雙黃鵠，還故鄉。還故鄉，入故里。徘徊故鄉，苦身不已〔一七〕。繁舞寄聲無不泰，徘徊桑梓遊天外。

右五篇拂舞行〔一八〕。

柸槃舞歌詩一篇

晉世寧，四海平，普天安樂永大寧。四海安，天下歡，樂治興隆舞柸槃。舞柸槃，何翩翩，舉坐飜覆壽萬年。天與日，終與一，左回右轉不相失。箏笛悲，酒舞疲，心中慷慨可健兒。樽酒甘，絲竹清，願令諸君醉復醒。醉復醒，時合同，四坐歡樂皆言工。絲竹音，可不聽，亦舞此槃左右輕。自相當，合坐歡樂人命長。人命長，當結友，千秋萬歲皆老壽。

右杯槃舞歌行。

巾舞歌詩一篇

吾不見公莫時吾何嬰公來嬰姥時吾哺聲何爲茂時爲來嬰當思吾明月之上轉起吾何嬰土來嬰轉去吾哺聲何爲土轉南來嬰當去吾城上羊下食草吾何嬰下來吾食草吾哺聲汝何三年針縮何來嬰吾亦老吾平平門淫涕下吾何嬰何來嬰涕下吾哺聲昔結吾馬客來嬰吾當行吾度四州洛四海吾何嬰海何來嬰海何來嬰四海吾哺聲熇西馬頭香來嬰吾洛道吾治五丈度汲水吾噫邪哺誰當求兒母何意零邪錢健步哺誰當吾求兒母何吾哺聲三針一發交時還弩心意何零意弩心遥來嬰弩心哺聲復相頭巾意何零何邪相哺頭巾相吾來嬰頭巾母何何吾復來推排意何零相哺推相來嬰推非母何吾復車輪意何零子以邪相哺轉輪吾來嬰轉母何吾使君去時意何零子以邪使君去時使來嬰去時母何吾思君去時意何零子以邪思君去時思來嬰吾去時母何何吾吾

右公莫巾舞歌行。

白紵舞歌詩三篇〔一九〕

高舉兩手白鵠翔。輕軀徐起何洋洋。凝停善睞容儀光。宛若龍轉乍低昂。隨世而變誠無方。如推若引留且行。宋世方昌樂未央。舞以盡神安可忘。愛之遺誰贈佳人。

質如輕雲色如銀。袍以光軀巾拂塵。制以爲袍餘作巾。四坐歡樂胡可陳。清歌徐舞降祇神。

右一篇。

雙袂齊舉鸞鳳翔。羅裾飄颻昭儀光。趨步生姿進流芳。鳴弦清歌及三陽。人生世間如電過。樂時每少苦日多。幸及良辰曜春花。齊倡獻舞趙女歌。羲和馳景逝不停。春露未晞嚴霜零。百草凋索花落英。蟋蟀吟牖寒蟬鳴。百年之命忽若傾。蚤知迅速秉燭行。東造扶桑游紫庭。西至崑崙戲曾城。

右一篇。

陽春白日風花香。趨步明玉舞瑶璫。聲發金石媚笙簧。羅袿徐轉紅袖揚。清歌流響繞鳳梁。如矜若思凝且翔。轉盻遺精豔煇光。將流將引雙雁翔。歡來何晚意何長。明君御世永歌倡。

右一篇。白紵舊新合三篇。

宋泰始歌舞曲詞

皇業頌歌自堯至楚元王、高祖，世世載聖德。明帝造

皇業沿德建，帝運資勳融。胤唐重盛軌，冑楚載休風。堯帝兆深祥〔三〇〕，元王衍遐慶。

積善傳上業，胙福啓英聖〔二一〕。衰數隨金祿，登曆昌水命〔二二〕。維宋垂光烈，世美流舞咏。

聖祖頌

聖祖惟高德，積勳代晉曆。永建享鴻基，萬古盛音册。叡文纘宸馭，廣運崇帝聲。衍德被仁祉，留化洽民靈。孝建締孝業，允協天人謀。宇内齊政軌，宙表燭威流。鐘管騰列聖，彝銘賁重猷。

明君大雅　虞龢造

明君應乾數，撥亂紐頹基。民慶來蘇日，國頌薰風詩。天步或蹔難，列蕃扇迷慝。廟勝敷九代〔二三〕，神謨洞七德。文教洗昏俗，武誼清祲埏。英勳冠帝則，萬壽永衍天。

通國風　明帝造

開寶業，資賢昌。謨明盛，弼諧光。烈武惟略，景王勳。南康華容，變政文。猛績爰著，有左軍。三王到氏，文武贊。丞相作輔，屬伊旦。沈柳宗侯，皆殄亂。泰始開運，超百王。司徒驃騎，勳德康。江安謀效，殷誠彰。劉沈承規，功名揚。慶歸我后，胙無疆。

天符頌　明帝造

天符革運，世誕英皇。在館神炫，既壯龍驤。六鍾集表，四緯騈光。於穆配天，永休厥祥。

明德頌　明帝造

明德孚教，幽符麗紀。山鼎見奇，醴液涵祉。鶬雛燿儀，騶虞游趾。福延億胙，慶流萬祀。

帝圖頌

帝圖凝遠，瑞美昭宣。濟流月鏡，鹿毳霜鮮。甘露降和，花雪表年。孝德載衍，芳風永傳。

龍躍大雅

龍躍式符，玉燿蕃宮。歲淹豫野〔一四〕，璽屬嬪中。江波澈映，石柏開文。觀毓花蘗，樓凝景雲。白烏三獲，甘液再呈。嘉穟表沃，連理協成。德充動物，道積通神。宋業允大，靈瑞方臻。

淮祥風

淮祥應，賢彥生。翼贊中興，致太平。

宋世大雅　虞龢造

宋世寧，在泰始。醉酒歡，飽德喜。萬國朝，上壽酒。帝同天，惟長久。

治兵大雅　明帝造

王命治兵，有征無戰。巾拂以淨，醜類革面。王儀振旅，載戢在辰。中虛巾拂，四表靜塵。

白紵篇大雅　明帝造

在心曰志發言詩，聲成于文被管絲。手舞足蹈欣泰時，移風易俗王化基。琴角揮韻白雲舒，簫韶協音神鳳來。拊擊和節詠在初，章曲乍畢情有餘。文同軌壹道德行，國靖民和禮樂成。四縣庭響美勳英，八列陛倡貴人聲。舞飾麗華樂容工，羅裳皎日袂隨風。金翠列煇蕙麝豐，淑姿委體允帝衷。

漢鼓吹鐃歌十八曲

朱鷺曲

朱鷺，魚以烏路訾邪。鷺何食，食茄下。不之食，不以吐，將以問誅一作諫者。

思悲翁曲

思悲翁，唐思，奪我美人侵以遇，悲翁也，但我思。蓬首一作蓑狗，逐狡兔，食交君，梟子五。梟母六，拉沓高飛莫安宿。

艾如張曲

艾而張羅，夷於何。行成之，四時和。山出黃雀亦有羅，雀以高飛奈雀何？爲此倚欲，誰肯礞室〔二五〕。

上之回曲

上之回，所中益。夏將至，行將北。以承甘泉宮，寒暑德。游石闕，望諸國，月支臣，匈奴服。令從百官疾驅馳，千秋萬歲樂無極。

翁離曲

擁離趾中，可築室，何用葺之蕙用蘭。擁離趾中。

戰城南曲

戰城南，死郭北，野死不葬烏可食。爲我謂烏，且爲客豪，野死諒不葬，腐肉安能去子逃？水深激激，蒲葦冥冥。梟騎戰鬭死，駑馬裴回鳴。梁築室，何以南？梁何北？禾黍而穫君何食？願爲忠臣安可得？思子良臣，良臣誠可思，朝行出攻，莫不夜歸。

巫山高曲

巫山高，高以大；淮水深，難以逝。我欲東歸，害梁不爲。我集無高，曳水何梁。湯湯回回，臨水遠望。泣下霑衣，遠道之人心思歸。謂之何？

上陵曲

上陵何美美，下津風以寒。問客從何來，言從水中央。桂樹爲君船，青絲爲君笮，木蘭爲君櫂，黄金錯其間。滄海之雀赤翅鴻，白鴈隨，山林乍開乍合，曾不知日月明。醴泉之水，光澤何蔚蔚。芝爲車，龍爲馬。覽遨游，四海外。甘露初二年，芝生銅池中，仙人下來飲，延壽千萬歲。

將進酒曲

將進酒，乘太白。辨加哉，詩審搏。放故歌，心所作。同陰氣，詩悉索。使禹良工，觀者苦。

君馬黄歌

君馬黄，臣馬蒼，三馬同逐臣馬良。易之有騩蔡有赭，美人歸以南，駕車馳馬。美人傷我心！佳人歸以北，駕車馳馬。佳人安終極！

芳樹曲

芳樹，日月君亂，如於風。芳樹不上無心。温而鵠，三而爲行。臨蘭池，心中懷我悵。心不可匡，目不可顧，妬人之子愁殺人。君有它心，樂不可禁。王將何似？如孫如魚乎？悲矣！

有所思曲

有所思，乃在大海南。何用問遺君，雙珠瑇瑁簪，用玉紹繚之。聞君有它心，拉雜摧燒之！摧燒之，當風揚其灰。從今以往，勿復相思！相思與君絕。雞鳴狗吠，兄嫂當知之。妃呼狶！秋風肅肅晨風颸，東方須臾高知之。

雉子曲

雉子，班如此，之于雉梁，無以吾翁孺。雉子，知得雉子高飛止，黃鵠蜚之以千里〔二六〕，王可思。雄來蜚從雌，視子趨一雉。雉子車大駕馬滕，被王送行所中，堯芊蜚從王孫行。

聖人出曲

聖人出，陰陽和。美人出，游九河。佳人來，騑離哉何。駕六飛龍四時和。君之臣明護不道，美人哉，宜天子。免甘星筮樂甫始，美人子，含四海。

上邪曲

上邪，我欲與君相知。長命無絶衰。山無陵，江水爲竭，冬雷震震夏雨雪，天地合，乃敢與君絕。

臨高臺曲

臨高臺以軒，下有清水清且寒。江有香草目以蘭，黃鵠高飛離哉翻。關弓射鵠，令我主壽萬年。收中吾。

遠如期曲

遠如期，益如壽，處天左側，大樂，萬歲與天無極。雅樂陳，佳哉紛，單于自歸，動如驚心。虞心大佳，萬人還來，謁者引，鄉殿陳，累世未嘗聞之。增壽萬年亦誠哉！

石留曲

石留涼陽涼石水流爲沙錫以微河爲香向始谿冷將風陽北逝肯無敢與于楊心邪懷蘭志金安薄北方開留離蘭

魏鼓吹曲十二篇　繆襲造

漢第一曲朱鷺，今第一曲初之平，言魏也。

初之平，義兵征。神武奮，金鼓鳴。邁武德，揚洪名。漢室微，社稷傾。皇道失，桓與靈。閹宦熾，羣雄爭。邊韓起，亂金城。中國擾，無紀經。赫武皇，起旗旌〔二七〕。麾天下，天下平。濟九州，九州寧。創武功，武功成。越五帝，邈三王。興禮樂，定紀綱。普日月，齊暉光。

右初之平曲凡三十句，句三字。

漢第二曲思悲翁，今第二曲戰滎陽，言曹公也。

戰滎陽，汴水陂。戎士憤怒，貫甲馳。陳未成，退徐榮〔二八〕，二萬騎，塹壘平。戎馬傷，六軍驚，勢不集，衆幾傾。白日沒，時晦冥，顧中牟，心屏營。同盟疑，計無成，賴我武皇，萬國寧。

右戰滎陽曲凡二十句，其十八句句三字，二句句四字。

漢第三曲艾如張，今第三曲獲呂布，言曹公東圍臨淮，生擒呂布也。

獲呂布，戮陳宮。芟夷鯨鯢，驅騁羣雄。囊括天下，運掌中。

右獲呂布曲凡六句，其三句句三字，三句句四字。

漢第四曲上之回，今第四曲克官渡，言曹公與袁紹戰，破之於官渡也。

克紹官渡，由白馬。僵屍流血，被原野。賊衆如犬羊，王師尚寡。沙塠傍，風飛揚。轉戰不利，士卒傷。今日不勝，後何望！土山地道，不可當。卒勝大捷，震冀方。屠城破邑，神武遂章。

右克官渡曲凡十八句，其八句句三字，一句句五字，九句句四字〔二九〕。

漢第五曲翁離，今第五曲舊邦，言曹公勝袁紹於官渡，還譙收藏士卒死亡也。

舊邦蕭條，心傷悲。孤魂翩翩，當何依。游士戀故，涕如摧。兵起事大，令願違。博求親戚，在者誰。立廟置後，魂來歸。

右舊邦曲凡十二句，其六句句三字，六句句四字。

漢第六曲戰城南，今第六曲定武功，言曹公初破鄴，武功之定，始乎此也。

定武功，濟黃河。河水湯湯，旦莫有橫流波。袁氏欲衰，兄弟尋干戈。決漳水，水流滂沱。嗟城中如流魚，誰能復顧室家！計窮慮盡，求來連和。和不時，心中憂戚。賊衆內潰，君臣奔北。拔鄴城，奄有魏國。王業艱難，覽觀古今，可爲長歎。

右定武功曲凡二十一句，其五句句三字，三句句六字，十二句句四字，一句五字。

漢第七曲巫山高，今第七曲屠柳城，言曹公越北塞，歷白檀，破三郡烏桓於柳城也。

屠柳城，功誠難。越度隴塞，路漫漫。北踰岡平〔三〇〕，但聞悲風正酸。蹋頓授首，遂登白狼山。神武慹海外，永無北顧患。

右屠柳城曲凡十句，其三句句三字，三句句四字，三句句五字，一句六字。

漢第八曲上陵，今第八曲平南荆，言曹公南平荆州也。

南荆何遼遼，江漢濁不清。菁茅久不貢，王師赫南征。劉琮據襄陽，賊備屯樊城。六軍盧新野，金鼓震天庭。劉子面縛至，武皇許其成。許與其成，撫其民。陶陶江漢間，普爲大魏臣。大魏臣，向風思自新。思自新，齊功古人。在昔虞與唐，大魏得與均。多選忠義士，爲喉脣。天下一定，萬世無風塵。

右平南荆曲凡二十四句，其十七句句五字，四句句三字，三句句四字。

漢第九曲將進酒，今第九曲平關中，言曹公征馬超，定關中也。

平關中，路向潼。濟濁水，立高墉。鬭韓馬，離羣凶。選驍騎，縱兩翼，虜崩潰，級萬億。

右平關中曲凡十句，句三字。

漢第十曲有所思，今第十曲應帝期，言曹文帝以聖德受命，應運期也。

應帝期，於昭我文皇，曆數承天序，龍飛自許昌。聰明昭四表，恩德動遐方。星辰爲垂燿，日月爲重光。河洛吐符瑞，草木挺嘉祥。麒麟步郊野，黃龍游津梁。白虎依山林，鳳凰鳴高岡。考圖定篇籍，功配上古羲皇。羲皇無遺文，仁聖相因循。期運三千歲，一生聖明君。堯授舜萬國，萬國皆附親。四門爲穆穆，教化常如神。大魏興盛，與之爲鄰。

右應帝期曲凡二十六句，其一句三字，二句四字，二十二句句五字，一句六字。

漢第十一曲芳樹，今第十一曲邕熙，言魏氏臨其國，君臣邕穆，庶績咸熙也。

邕熙，君臣合德，天下治。隆帝道〔三一〕，獲瑞寶，頌聲並作，洋洋浩浩。吉日臨高堂，置酒列名倡。歌聲一何紆餘，雜笙簧。八音諧，有紀綱。子孫永建萬國，壽考樂無央。

右邕熙曲凡十五句，其六句句三字，三句句四字，一句二字，三句句五字，二句句六字。

漢第十二曲上邪，今第十二曲太和，言魏明帝繼體承統，太和改元，德澤流布。

惟太和元年，皇帝踐阼，聖且仁，德澤爲流布。灾蝗一時爲絶息，上天時雨露。五穀溢田疇，四民相率遵軌度。事務澂清，天下獄訟察以情。元首明，魏家如此，那得不太平？

右太和曲凡十三句，其二句句三字，五句句五字，三句句四字，三句句七字。

晉鼓吹歌曲二十二篇　傅玄作

靈之祥　古朱鷺行

靈之祥，言宣皇帝之佐魏，猶虞舜之事堯也。既有石瑞之徵，又能用武以誅孟度之逆命也〔三〕。

靈之祥，石瑞章。旌金德，出西方。天命降，授宣皇。應期運，時龍驤。繼大舜，佐陶唐。贊武文，建帝綱。孟氏叛，據南疆。追有扈，亂五常。吴寇勁，蜀虜彊。交誓盟，連遐荒。宣赫怒，奮鷹揚。震乾威，燿電光。陵九天，陷石城。梟逆命，拯有生。萬國安，四海寧。

宣受命　古思悲翁行

宣受命，言宣皇帝禦諸葛亮，養威重，運神兵，亮震怖而死。

宣受命，應天機。風雲時動，神龍飛。禦葛亮，鎮雍涼。邊境安，民夷康。務節事，勤定傾。覽英雄，保持盈。淵穆穆，赫明明。沖而泰，天之經。養威重，運神兵。亮乃震死，天下寧。

征遼東　古艾而張行

征遼東，言宣皇帝陵大海之表，討滅公孫淵而梟其首也。

征遼東，敵失據。威靈邁日域，淵既授首，羣逆破膽，咸震怖。朔北響應，海表景附。武功赫赫，德雲布。

宣輔政　古上之回行

宣輔政，言宣皇帝聖道深遠，撥亂反正，網羅文武之才，以定二儀之序也。

宣皇輔政〔三三〕，聖烈深。撥亂反正，從天心。網羅文武才，慎厥所生。所生賢，遺教施，安上治民，化風移。肇創帝基，洪業垂。於鑠明明，時赫戲。功濟萬世，定二儀。定二儀，雲澤雨施，海外風馳。

時運多難〔三四〕　古擁離行

時運，言宣皇帝致討吴方，有征無戰也。

時運多難，道教痡。天地變化，有盈虛。蠢爾吴蠻，虎視江湖。我皇赫斯，致天誅。有征無戰，弭其圖。天威横被，震東隅。

景龍飛　古戰城南行

景龍飛，言景帝克明威教，賞從夷逆，祚隆無疆，崇此洪基也。

景龍飛，御天威。聰鑑玄察〔三五〕，動與神明協機。從之者顯，逆之者滅夷。文教敷，武功巍。普被四海，萬邦望風，莫不來綏。聖德潛斷，先天弗違。弗違祥，享世永長。猛以致寬，道化光。赫明明，祚隆無疆。帝績惟期，有命既集，崇此洪基。

平玉衡　古巫山高行

平玉衡，言景皇帝一萬國之殊風，齊四海之乖心，禮賢養士，而纂洪業也。

平玉衡，糺姦回。萬國殊風，四海乖。禮賢養士，羈御英雄思心齊。纂戎洪業，崇皇階。品物咸亨，聖敬日躋〔三六〕。聰鑑盡下情，明明綜天機。

文皇統百揆　古上陵行

百揆，言文皇帝始統百揆，用人有序，以敷泰平之化也。

文皇統百揆，繼天理萬方。武將鎮四寓〔三七〕，英佐盈朝堂。謀言協秋蘭，清風發其芳。洪澤所漸潤，礫石爲珪璋。大道侔五帝，盛德踰三王。咸光大，上參天與地，至化無内外。

無内外，六合並康乂。並康乂，遘茲嘉會。在昔羲與農，大晉德斯邁。鎮征及諸州，爲蕃衞。功濟四海，洪烈流萬世。

因時運　古將進酒行

因時運，言文皇帝因時運變，聖謀潛施，解長蛇之交，離羣桀之黨，以武濟文，審其大計，以邁其德也。

因時運，聖策施。長蛇交解，羣桀離。勢窮奔吴，虎騎厲。惟武進，審大計。時邁其德，清一世。

惟庸蜀　古有所思行

惟庸蜀，言文皇帝既平萬乘之蜀，封建萬國，復五等之爵也。

惟庸蜀，僭號天一隅。劉備逆帝命，禪亮承其餘。擁衆數十萬，闚隙乘我虚。驛騎進羽檄，天下不遑居。姜維屢寇邊，隴上爲荒墟。文皇愍斯民，歷世受皐辜。外謨蕃屏臣，内謀衆士夫。爪牙應指授，腹心獻良圖〔三八〕。良圖協成文，大興百萬軍。雷鼓震地起，猛勢陵浮雲。逋虜畏天誅，面縛造壘門。萬里同風教，逆命稱妾臣。光建五等，紀綱天人。

天序　古芳樹行

天序，言聖皇應曆受禪，弘濟大化，用人各盡其才也。

天序，應曆受禪，承靈祜。御羣龍，勒螭虎。弘濟大化，英雋作輔。明明統萬機，赫赫鎮四方。咎繇稷契之疇，協蘭芳。禮王臣，覆兆民。化之如天與地，誰敢愛其身。

大晉承運期　古上邪行

大晉承運期，言聖皇應籙受圖，化象神明也。

大晉承運期，德隆聖皇。時清晏，白日垂光。應籙圖，陟帝位，繼天正玉衡，化行象神明。至哉道隆虞與唐。元首敷洪化，百寮股肱並忠良，民大康。隆隆赫赫，福祚盈無疆。

金靈運　古君馬黃行〔三九〕

靈運，言聖皇踐阼，致敬宗廟，而孝道施於天下也。

金靈運，天符發。聖徵見，參日月。惟我皇，體神聖。受魏禪，應天命。皇之興，靈有徵。登大麓，御萬乘。皇之輔，若虓虎。爪牙奮，莫之禦。皇之佐，贊清化。百事理，萬邦賀。神祇應，嘉瑞章。恭享祀，薦先皇。樂時奏，磬管鏘。鼓淵淵，鍾喤喤。奠尊俎，實玉觴。神歆饗，咸說康。宴孫子，祐無疆。大孝烝烝，德教被萬方。

於穆我皇　古雉子行

於穆，言聖皇受命，德合神明也。

於穆我皇，盛德聖且明。受禪君世，光濟羣生。普天率土，莫不來庭。顒顒六合內，望風仰泰清。萬國雝雝，興頌聲。大化洽，地平而天成。七政齊，玉衡惟平。峨峨佐命，濟濟羣英。夙夜乾乾，萬機是經。雖治興，匪荒寧。謙道光，沖不盈。天地合德，日月同榮。赫赫煌煌，燿幽冥。三光克從，於顯天垂景星。龍鳳臻，甘露宵零。肅神祇，祇上靈。萬物欣戴，自天效其成。

仲春振旅　古聖人出行

仲春，言大晉申文武之教，田獵以時也。

仲春振旅，大致民，武教於時日新。師執提，工執鼓，坐作從，節有序，盛矣允文允武。蒐田表禡，申法誓，遂圍禁，獻社祭，允矣時明國制。文武並用，禮之經，列車如戰，大教明，古今誰能去兵。大晉繼天，濟羣生。

夏苗田　古臨高臺行

苗田，言大晉田狩從時，爲苗除害也。

夏苗田，運將徂，軍國異容，文武殊。乃命羣吏，撰車徒，辯其名號，贊契書。王軍啓八門，行同上帝居。時路建大麾，雲旗翳紫虛。百官象其事，疾則疾，徐則徐。回衡旋軫，罷陳敝車。獻禽享祠，烝烝配有虞。惟大晉，德參兩儀，化雲敷。

仲秋獮田　古遠期行

仲秋，言大晉雖有文德，不廢武事，從時以殺伐也。

仲秋獮田，金德常剛。涼風清且厲，凝露結爲霜。白虎司辰，蒼隼時鷹揚。鷹揚猶周尚父，從天以殺伐。春秋時敍，雷霆震威燿〔四〇〕，進退由鉦鼓。致禽祀祊，羽毛之用充軍府。赫赫大晉德，芬烈陵三五，敷化以文，雖治不廢武。光宅四海，永享天之祜。

從天道　古石留行

從天道，言仲冬大閱，用武脩文，大晉之德配天也。

從天道，握神契。三時亦講武事，冬大閱。鳴鐲振鼓鐸，旌旗象虹霓。文制其中，武不窮武，動軍誓衆，禮成而義舉。三驅以崇仁，進止不失其序。兵卒練，將如虎。惟虓虎，氣陵青雲。解圍三面，殺不殄羣。偃旌麾，班六軍。獻享烝，修典文。嘉大晉，德配天。禄報功，爵俟賢。饗燕樂，受茲百禄，嘉萬年。

唐堯　古務成行古曲亡

唐堯，言聖皇陟帝位，德化光四表也。

唐堯咨務成，謙謙德所興。積漸終光大，履霜致堅冰。神明道自然，河海猶可凝。舜禹統百揆，元凱以次升。禪讓應天曆，睿聖世相承。我皇陟帝位，平衡正準繩。德化四表〔四一〕，祥氣見其徵。興王坐俟旦，亡主恬自矜。致遠由近始，覆簣成山陵。披圖按先籍，有其證靈液〔四二〕。

玄雲　古玄雲行古曲亡

玄雲，言聖皇用人，各盡其材也。

玄雲起山嶽，祥氣萬里會。龍飛何蜿蜿，鳳翔何翽翽。昔在唐虞朝，時見青雲際。今親遊方國〔四三〕，流光溢天外。鶴鳴在後園，清音隨風邁。成湯隆顯命，伊摯來如飛。周文獵渭濱，遂載呂望歸。符合如影響，先天天弗違。輟耕綱時網〔四四〕，解褐衿天維。元功配二主，芬馨世所稀。我皇敍羣才，洪烈何巍巍。桓桓征四表，濟濟理萬機。神化感無方，髦才盈帝畿。丕顯惟昧旦，日新孔所咨。茂哉聖明德，日月同光輝。

伯益　古黄爵行古曲亡

伯益，言赤烏銜書，有周以興〔四五〕；今聖皇受命，神雀來也。

伯益佐舜禹，職掌山與川。德侔十六相，思心入無間。智理周萬物，下知衆鳥言。黄雀應清化，翔集何翩翩。和鳴棲庭樹，徘徊雲日間。夏桀爲無道，密網施山阿。酷祝振纖網，當奈黄雀何。殷湯崇天德，去其三面羅。逍遥羣飛來，鳴聲乃復和。朱雀作南宿，鳳皇統羽羣。赤烏銜書至，天命瑞周文。神雀今來遊，爲我受命君。嘉祥致天和，膏澤降青雲。蘭風發芳氣，闔世同其芬。

釣竿　古釣竿行漢鐃歌二十二無釣竿。

釣竿，言聖皇德配堯舜，又有呂望之佐以濟大功致太平也〔四六〕。

釣竿何冉冉，甘餌芳且鮮。臨川運思心，微綸沈九淵。太公寶此術，乃在靈祕篇。機變隨物移，精妙貫未然。游魚驚著釣，潛龍飛戾天。戾天安所至，撫翼翔太清。太清一何異，兩儀出渾成。玉衡正三辰，造化賦羣形。退願輔聖君，與神合其靈。我君弘遠略，天人不足并。天人初并時，昧昧何芒芒。日月有徵兆，文象興二皇。蚩尤亂生民，黃帝用兵征萬方。逮夏禹而德衰，三代不及虞與唐。我皇聖德配堯舜，受禪即阼享天祥。率土蒙祐，靡不肅，庶事康。庶事康，穆穆明明。荷百祿，保無極，永泰平。

吳鼓吹曲十二篇　韋昭造

炎精缺者，言漢室衰，武烈皇帝奮迅猛志，念在匡救，然而王迹始乎此也。漢曲有朱鷺，此篇當之。第一。

炎精缺，漢道微。皇綱弛，政德違。衆姦熾，民罔依。赫武烈，越龍飛。陟天衢，燿靈威。鳴靁鼓，抗電麾。撫乾衡，鎮地機。厲虎旅，騁熊羆。發神聽，吐英奇。張角破，邊韓覊。宛潁平，南土綏。神武章，渥澤施。金聲震，仁風馳。顯高門，啓皇基。統罔極，垂將來。

右炎精缺曲凡三十句，句三字。

漢之季者，武烈皇帝悼漢之微，痛卓之亂，興兵奮擊，功蓋海內也。漢曲有思悲翁，此篇當之。第二。

漢之季，董卓亂。桓桓武烈，應時運。義兵興，雲旗建。厲六師，羅八陳。飛鳴鏑，接白刃。輕騎發，介士奮。醜虜震，使衆散。劫漢主，遷西館。雄豪怒，元惡僨。赫赫皇祖，功名聞。

右漢之季曲凡二十句，其十八句句三字，二句句四字。

攄武師者，言大皇帝卒武烈之業而奮征也。漢曲有艾如張，此篇當之。第三。

攄武師，斬黃祖。肅夷凶族，革平西夏。炎炎大烈，震天下。

右攄武師曲凡六句，其三句句三字，三句句四字〔四七〕。

烏林者，言曹操既破荆州，從流東下，欲來爭鋒。大皇帝命將周瑜逆擊之於烏林而破走也。漢曲有上之回，此篇當之。第四。

曹操北伐，拔柳城。乘勝席卷，遂南征。劉氏不睦，八郡震驚〔四八〕。衆既降，操屠荆。舟車十萬，揚風聲。議者狐疑，慮無成。賴我大皇，發聖明。虎臣雄烈，周與程。破操烏林，顯章功名。

右伐烏林曲凡十八句，其十句句四字，八句句三字。

秋風者，言大皇帝説以使民，民忘其死。漢曲有擁離〔四九〕，此篇當之。第五。

秋風揚沙塵，寒露霑衣裳。角弓持弦急，鳩鳥化爲鷹。邊垂飛羽檄，寇賊侵界疆。跨馬披介冑，忼慨懷悲傷。辭親向長路，安知存與亡。窮達固有分，志士思立功。邀之戰場，身逸獲高賞，身没有遺封。

右秋風曲凡十五句，其十四句句五字，一句四字。

克皖城者，言曹操志圖并兼，而令朱光爲廬江太守。上親征光，破之於皖城也。漢曲有戰城南，此篇當之。第六。

克滅皖城，遏寇賊。惡此凶孽，阻姦慝。王師赫征，衆傾覆。除穢去暴，戢兵革。民得就農，邊境息。誅君弔臣，昭至德。

右克皖城曲凡十二句，其六句句三字，六句句四字。

關背德者，言蜀將關羽背棄吴德，心懷不軌。大皇帝引師浮江而禽之也。漢曲有巫山高，此篇當之。第七。

關背德，作鴟張。割我邑城，圖不祥。稱兵北伐，圍樊襄陽。嗟臂大於股，將受其殃。魏夫吴聖主〔五〇〕，叡德與玄通。與玄通，親任吕蒙。泛舟洪汜池，泝涉長江。神武一何桓桓！聲烈正與風翔。歷撫江安城〔五一〕，大據郢邦。虜羽授首，百蠻咸來同，盛哉無比隆〔五二〕。

右關背德曲凡二十一句，其八句句四字，二句句六字，七句句五字，四句句三字。

通荆門者，言大皇帝與蜀交好齊盟，中有關羽自失之愆，戎蠻樂亂，生變作患，蜀疑其眩，吳惡其詐，乃大治兵，終復初好也。漢曲有上陵，此篇當之。第八。

荆門限巫山，高峻與雲連。蠻夷阻其險，歷世懷不賓。漢王據蜀郡，崇好結和親。乖微中情疑〔五三〕，讒夫亂其間。大皇赫斯怒，虎臣勇氣震。蕩滌幽藪，討不恭。觀兵揚炎燿，厲鋒整封疆。整封疆，闡揚威武容。功赫戲，洪烈炳章。邈矣帝皇世，聖吳同厥風。荒裔望清化，化恢弘。煌煌大吳，延祚永未央。

右通荆門曲凡二十四句，其十七句句五字，四句句三字，三句句四字。

章洪德者，言大皇帝章其大德，而遠方來附也。漢曲有將進酒，此篇當之。第九。

章洪德，邁威神。感殊風，懷遠鄰。平南裔，齊海濱。越裳貢，扶南臣。珍貨充庭，所見日新。

右章洪德曲凡十句，其八句句三字，二句句四字。

從曆數者，言大皇帝從籙圖之符，而建大號也。漢曲有有所思，此篇當之。第十。

從曆數，於穆我皇帝。聖哲受之天，神明表奇異。建號創皇基，聰叡協神思。德澤浸及昆蟲，浩蕩越前代。三光顯精燿，陰陽稱至治。肉角步郊畛，鳳凰棲靈囿。神龜游沼池，圖讖摹文字。黄龍覿鱗，符祥日月記。覽往以察今，我皇多噲事。上欽昊天象，下副萬姓意。光被彌蒼生，家户蒙惠賚。風教肅以平，頌聲章嘉喜。大吴興隆，綽有餘裕。

右從曆數曲凡二十六句，其一句句三字，三句句四字，二十二句句五字，一句六字。

承天命者，言上以聖德踐位，道化至盛也〔五四〕。漢曲有芳樹，此篇當之。第十一。

承天命，於昭聖德。三精垂象，符靈表德。巨石立，九穗植。龍金其鱗，烏赤其色。輿人歌，億夫歎息。超龍升，襲帝服。躬淳懿，體玄嘿。夙興臨朝，勞謙日昃。易簡以崇仁，放遠讒與慝。舉賢才，親近有德。均田疇，茂稼穡。審法令，定品式。考功能，明黜陟。人思自盡，惟心與力。家國治，王道直。思我帝皇，壽萬億。長保天禄，胙無極。

右承天命曲凡三十四句，其十九句句三字，二句句五字，十三句句四字。

玄化者，言上脩文訓武，則天而行，仁澤流洽，天下喜樂也。漢曲有上邪，此篇當之。第十二。

玄化象以天，陛下聖真。張皇綱，率道以安民。惠澤宣流而雲布，上下睦親。君臣酣宴樂，激發弦歌揚妙新。脩文籌廟勝，須時備駕巡洛津。康哉泰，四海歡忻，越與三五鄰。

右玄化曲凡十三句，其五句句五字，二句句三字，三句句四字，三句句七字。

今鼓吹鐃歌詞樂人以音聲相傳，訓詁不可復解〔五五〕。

大竭夜烏自云何來堂吾來聲烏奚姑悟姑尊盧聖子黃尊來餽清嬰烏白日爲隨來郭吾微令吾

應龍夜烏由道何來直子爲烏奚如悟姑尊盧雞子聽烏虎行爲來明吾微令吾

詩則夜烏道祿何來黑洛道烏奚悟如尊爾尊盧起黃華烏伯遼爲國日忠雨令吾

伯遼夜烏若國何來日忠雨烏奚如悟姑尊盧面道康尊録龍永烏赫赫福胙夜音微令吾

右四解，上邪曲。

幾令吾幾令諸韓亂發正令吾

幾令吾諸韓從聽心令吾若里洛何來韓微令吾

尊盧忌盧文盧子路子路爲路雞如文盧炯烏諸胙微令吾

幾令諸韓或公隨令吾

幾令吾幾諸或言隨令吾黑洛何來諸韓微令吾

尊盧安成隨來免路路子爲吾路奚如文盧炯烏諸胙微令吾

右九解，晚芝曲〔五六〕。漢曲有遠期，疑是。

幾令吾呼曆舍居執來隨咄武子邪令烏銜針相風其右其右

幾令吾呼羣議破葫執來隨吾咄武子邪令烏今烏今臃入海相風及後

幾令吾呼無公赫吾執來隨吾咄武子邪令烏無公赫吾婮立諸布始布

右三解，艾如張曲〔五七〕。

鼓吹鐃歌十五篇　何承天義熙中私造

朱路篇

朱路揚和鑾，翠蓋燿金華。玄牡飾樊纓，流旌拂飛霞。雄戟闢曠塗，班劍翼高車。三軍且莫喧，聽我奏鐃歌。清鞞驚短簫，朗鼓節鳴笳。人心惟愷豫，茲音亮且和。輕風起紅塵，渟瀾發微波。逸韻騰天路，穨響結城阿。仁聲被八表，威震振九遐。嗟嗟介胄士，勗哉念皇家。

思悲公篇

思悲公，懷衮衣。東國何悲，公西歸。公西歸，流二叔，幼主既悟，偃禾復。偃禾復，聖志申。營都新邑，從斯民。從斯民，德惟明。制禮作樂，興頌聲。興頌聲，致嘉祥。鳴鳳爰集，萬國康。萬國康，猶弗已。握髮吐餐，下羣士。惟我君，繼伊周。親覩盛世，復何求。

雍離篇

雍士多離心，荆民懷怨情。二凶不量德，構難稱其兵。王人銜朝命，正辭糾不庭。上宰宣九伐，萬里舉長旍。樓船掩江瀆，駟介飛重英。歸德戒後夫，賈勇尚先鳴。逆徒既不濟，愚智亦相傾。霜鋒未及染，鄢郢忽已清。西川無潛鱗，北渚有奔鯨。凌威致天府，一戰夷三城。江漢被美化，宇宙歌太平。惟我東郡民，曾是深推誠。

戰城南篇

戰城南，衝黄塵。丹旌電烻，鼓靁震。勍敵猛，戎馬殷。横陳亘野，若屯雲。仗大從〔五八〕，應三靈。義之所感，士忘生。長劍擊，繁弱鳴。飛鏑炫晃，亂奔星。虎騎躍，華毦旋。朱火延起，騰飛煙。驍雄斬，高旗搴。長角浮叫，響清天。夷羣寇，殪逆徒。餘黎霑惠，詠來蘇。奏愷樂，歸皇都。班爵獻俘，邦國娱。

巫山高篇

巫山高，三峽峻。青壁千尋，深谷萬仞。崇巖冠靈，林冥冥。山禽夜響，晨猿相和鳴。洪波迅澓，載逝載停。悽悽商旅之客，懷苦情。在昔陽九，皇綱微。李氏竊命，宣武燿靈威。蠢爾逆縱，復踐亂機。王旅薄伐，傳首來至京師。古之爲國，惟德是貴。力戰而虚民〔五九〕，鮮不顛墜。矧乃叛戾，伊胡能遂。咨爾巴子，無放肆。

上陵者篇

上陵者，相追攀。被服纖麗，振綺紈。攜童幼，升崇巒。南望城闕，鬱槃桓。王公第，通衢端。高甍華屋，列朱軒。臨濬谷，掇秋蘭。士女悠奕，映隰原。指營丘，感牛山。爽鳩既没，景君歎。嗟歲聿，游不還〔六〇〕。志氣衰沮，玄鬢班。野莽宿，墳土乾。顧此纍纍，中心酸。生必死，亦何怨。取樂今日，展情懽。

將進酒篇

將進酒，慶三朝。備繁禮，薦嘉肴。榮枯換，霜霧交。緩春帶，命朋僚。車等旗，馬齊鑣。懷温克，樂林濠。士失志，愠情勞。思旨酒，寄游遨。敗德人，甘醇醪。耽長夜，或淫妖。興屢舞，厲哇謠。形傞傞，聲號呶。首既濡，志亦荒。性命夭，國家亡。嗟後生，節酣觴。匪酒辜，孰爲殃。

君馬篇

君馬麗且閑，揚鑣騰逸姿。駿足躡流景，高步追輕飛。冉冉六轡柔，奕奕金華暉。輕霄翼羽蓋，長風靡淑旂。願爲范氏驅，雍容步中畿。豈效詭遇子，馳騁趣危機。鉛陵策良駟，造父爲之悲。不怨吴坂峻，但恨伯樂稀。赦彼岐山盜，實濟韓原師。奈何漢魏主，縱情營所私。疲民甘藜藿，廏馬患盈肥。人畜貿厥養，蒼生將焉歸。

芳樹篇

芳樹生北庭，豐隆正裴徊。翠穎陵冬秀，紅葩迎春開。佳人閑幽室，惠心婉以諧。蘭房掩綺幌，緑草被長階。日夕游雲際，歸禽命同棲。皓月盈素景，涼風拂中閨。哀弦理虛堂，要妙清且悽。嘯歌流激楚，傷此碩人懷。梁塵集丹帷，微飆揚羅袿。豈怨嘉時莫，徒惜良願乖。

有所思篇

有所思，思昔人。曾閔二子，善養親。和顔色，奉晨昏。至誠烝烝，通明神。鄒孟軻，爲齊卿。稱身受禄，不貪榮。道不用，獨擁楹。三徙既譯，禮義明。飛鳥集，猛獸附。功成事畢，乃更娶。哀我生，遘凶旻。幼罹荼毒，備艱辛。慈顔絶，見無因。長懷永思，託丘墳。

雉子游原澤篇

雉子游原澤，幼懷耿介心。飲啄雖勤苦，不願棲園林。古有避世士，抗志清霄岑。浩然寄卜肆，揮櫂通川陰。消摇風塵外，散髮撫鳴琴。卿相非所眄，何況於千金。功名豈不美，寵辱亦相尋。冰炭結六府，憂虞纏胸襟。當世須大度，量己不克任。三復泉流誡，自駕良已深。

上邪篇

上邪下難正，衆枉不可矯。音和響必清，端影緣直表。大化揚仁風，齊人猶偃草。聖王既已没，誰能弘至道。開春湛柔露，代終肅嚴霜。承平貴孔孟，政敝侯申商。孝公明賞罰，六世猶克昌。李斯肆濫刑，秦氏所以亡。漢宣隆中興，魏祖寧三方。譬彼鍼與石，效疾故稱良。行葦非不厚，悠悠何詎央。琴瑟時未調，改弦當更張。矧乃治天下，此要安可忘。

臨高臺篇

臨高臺，望天衢。飄然輕舉，陵太虚。攜列子，超帝鄉。雲衣雨帶，乘風翔。肅龍駕，會瑶臺。清暉浮景，溢蓬萊。濟西海，濯洧盤。佇立雲岳，結幽蘭。馳迅風，遊炎州。願言桑梓，思舊遊。傾霄蓋，靡電旌。降彼天塗，頽窈冥。辭仙族，歸人羣。懷忠抱義，奉明君。任窮達，隨所遭。何爲遠想，令心勞。

遠期篇

遠期千里客，肅駕候良辰。近命城郭友，具爾惟懿親。高門啓雙闈，長筵列嘉賓。中唐儛六佾，三廂羅樂人。簫管激悲音，羽毛揚華文。金石響高宇，絃歌動梁塵。脩標多巧捷，丸劍亦入神。遷善自雅調，成化由清均。主人垂隆慶，羣士樂亡身。願我聖明君，邇期保萬春。

石流篇

石上流水，湔湔其波。發源幽岫，永歸長河。瞻彼逝者，歲月其偕。子在川上，惟以增懷。嗟我殷憂，載勞寤寐。遘此百罹，有志不遂。行年倏忽，長勤是嬰。永言没世，悼茲無成。幸遇開泰，沐浴嘉運。緩帶安寢，亦又何愠。古之爲仁，自求諸己。虚情遥慕，終於徒已。

聖人制禮樂一篇，巾舞歌一篇，按景祐廣樂記言〔六一〕，字訛謬，聲辭雜書。宋鼓吹鐃歌辭四篇，舊史言，詁不可解。漢鼓吹鐃歌十八篇，按古今樂録，皆聲、辭、豔相雜，不復可分。

校勘記

〔一〕當關東有賢女　「關東」，原作「關中」。按本卷首列漢鞞舞歌作「關東有賢女」，今改正。

〔二〕烏白馬角生　原作「烏日白角生」，據南監本、北監本、汲本、殿本、局本、樂府詩集卷五三改。

〔三〕鄒羨因燕市　「鄒羨」，樂府詩集卷五三作「鄒衍」。蓋本書避梁武帝諱改。

〔四〕繁霜爲夏零　「夏」，原作「下」，據南監本、北監本、殿本、局本、樂府詩集卷五三改。

〔五〕鐘擊位無餘　南監本、局本作「鐘擊醻無餘」，曹植集、樂府詩集卷五三作「擊鐘醻無餘」。

〔六〕鼙舞歌　原作「鼙鼓歌」，據晉書卷二三樂志下、南齊書卷一一樂志、樂府詩集卷五三、卷五四、册府卷五六六改。

〔七〕盛德在泰始　「泰始」，原作「泰和」，據殿本、局本、晉書卷二三樂志下、樂府詩集卷五三改。

〔八〕帝王道　「道」下，晉書卷二三樂志下有「大」字，疑是。

〔九〕前鋒據項城　「城」，原作「成」，據南監本、殿本、局本、晉書卷二三樂志下、樂府詩集卷五三改。

〔一〇〕聖人制禮樂篇　樂府詩集卷五四引古今樂録云：「古鐸舞曲有聖人制禮樂一篇，聲辭雜寫，不復可辨，相傳如此。」

〔一一〕夏夏殷濩　「夏」字原不疊，據南齊書卷一一樂志、樂府詩集卷五四補。

〔一二〕列代有五　「列代」，原作「刑伐」，據局本、南齊書卷一一樂志、樂府詩集卷五四改。

〔一三〕形爲主　「形」，原作「刑」，據南齊書卷一一樂志、樂府詩集卷五四改。

〔一四〕樂道亡飢　「飢」，原作「餘」，據晉書卷二三樂志下改。

〔一五〕舟船行難　「行難」，原作「難行」，據局本、本書卷二一樂志三、晉書卷二三樂志下、樂府詩集卷三七、卷五四乙正。

〔一六〕自言尊 「言尊」，原作「尊言」，據殿本、南齊書卷一一樂志、晉書卷二三樂志下、初學記卷七引古舞歌詩、御覽卷七五八引古樂府詞、樂府詩集卷五四乙正。

〔一七〕苦身不已 「苦」字原闕，據晉書卷二三樂志下、樂府詩集卷五四補。

〔一八〕右五篇拂舞行 據前後文例，「拂舞」下當脫「歌」字。

〔一九〕白紵舞歌詩三篇 按此詩首篇樂府詩集卷五五兩見，一爲通篇上下兩句對換，題作「晉白紵舞歌詩」，一與此同，題作「宋白紵舞歌詩」。

〔二〇〕堯帝兆深祥 「堯帝」，原作「堯舜」，據南監本、局本、樂府詩集卷五六改。

〔二一〕胙福啓英聖 「英聖」，原作「聖聖」，據南監本、北監本、殿本、局本、樂府詩集卷五六改。

〔二二〕衰數隨金禄登曆昌水命 「水命」，三朝本、南監本、北監本、汲本、殿本、局本作「永命」。按五行，晉金德王，宋水德王，故上云「金禄」，下云「水命」。

〔二三〕廟勝敷九代 「九代」，樂府詩集卷五六作「九伐」。

〔二四〕歲淹豫野 「野」，原作一字空格，據南監本、汲本、殿本、局本、樂府詩集卷五六補。

〔二五〕誰肯礞室 逯欽立先秦漢魏晉南北朝詩卷四注：「『礞』當作『䃍』，古『墜』字。董若雨曰：『「礞」當是「䃍」字之誤。』」吳金華續議：「『礞』爲礦石之名，於義無當，當爲『䃍』的形訛。」

〔二六〕黃鵠蜚之以千里 「千里」二字，原作「重」一字，樂府詩集卷一六「重」字旁注「千里」二字。

今據南監本、北監本、汲本、殿本、局本訂正。

〔二七〕起旗旌　「旗旌」原倒誤，據南監本、殿本、樂府詩集卷一八乙正。

〔二八〕退徐榮　「徐榮」，原作「徐滎」，據樂府詩集卷一八改。按曹操與董卓部將徐榮相拒事見三國志卷一魏書武帝紀。

〔二九〕其八句句三字一句句五字九句句四字　「三」、「四」原倒誤，據南監本、局本乙正。

〔三〇〕北踰岡平　按三國志卷一魏書武帝紀載曹操北征三郡烏丸，引軍出盧龍塞，「經白檀，歷平岡，涉鮮卑庭，東指柳城」。疑「岡平」爲「平岡」之倒誤。

〔三一〕隆帝道　「隆」，原作「登」，據北監本、殿本、局本改。

〔三二〕又能用武以誅孟度之逆命也　「孟度」，晉書卷二三樂志下、册府卷五六六作「孟達」。按孟達字子度，蜀將降魏，後又叛魏，爲司馬懿所攻殺。事見三國志卷三魏書明帝紀及卷四〇蜀書劉封傳。本卷晉鼙舞歌天命篇亦云「孟度阻窮險」。

〔三三〕宣皇輔政　「輔政」，原作「輔正」，據殿本、晉書卷二三樂志下、樂府詩集卷一九改。

〔三四〕時運多難　「難」字原闕，據晉書卷二三樂志下、樂府詩集卷一九補。

〔三五〕聰鑑玄察　「察」，原作「發」，據殿本、晉書卷二三樂志下、樂府詩集卷一九改。

〔三六〕聖敬日躋　「躋」，原作「踰」，據南監本、北監本、汲本、殿本、局本、晉書卷二三樂志下、樂府詩集卷一九改。按詩商頌長發云：「聖敬日躋。」

〔三七〕武將鎮四寓　「將」，原作「皇」，據南監本、殿本、局本、晉書卷二三樂志下、樂府詩集卷一九改。「四寓」，南監本、殿本、局本、晉書卷二三樂志下、樂府詩集卷一九作「四隅」。

〔三八〕腹心獻良圖　「腹心」下原衍「同」字，據局本、晉書卷二三樂志下、樂府詩集卷一九删。按樂府詩集卷一九「獻」下注曰「一作同」。

〔三九〕古君馬黄行　「黄」字原闕，據局本、樂府詩集卷一九補。按晉書卷二三樂志下、册府卷五六六並云：「改君馬黄爲金靈運。」

〔四〇〕雷霆震威燿　「霆」，原作「庭」，據南監本、北監本、汲本、殿本、局本、晉書卷二三樂志下、樂府詩集卷一九改。

〔四一〕德化四表　南監本、北監本、汲本、殿本、局本、晉書卷二三樂志下、樂府詩集卷一九作「德化飛四表」，疑是。

〔四二〕有其證靈液　「液」字原闕，據晉書卷二三樂志下、樂府詩集卷一九補。殿本考證云：「按原文當有『液』字，後人疑此二句韻不諧，故去一『液』字，以『靈』字合於上文繩、徵、矜、陵等字爲一韻。不知古人詩歌，凡今庚、青部之字，皆不與蒸部同用。若存此『液』字，則與上句『籍』字别爲一韻，更合也。」

〔四三〕今親遊方國　「方」，南監本作「万」，局本、晉書卷二三樂志下、樂府詩集卷一九作「萬」。按樂府詩集卷一九「萬」下注云「一作方」。

〔四四〕 輟耕綱時綱 「綱時網」，南監本、北監本、殿本作「總地綱」，汲本作「綱時綱」，局本作「總時綱」，晉書卷二三樂志下作「綜地綱」，樂府詩集卷一九作「綜時綱」。

〔四五〕 有周以興 「以」，原作「公」，據局本、晉書卷二三樂志下、册府卷五六六、樂府詩集卷一九改。

〔四六〕 又有呂望之佐以濟大功致太平也 「大功」、「致」，原作「天功」、「治」，據三朝本、南監本、北監本、汲本、殿本、局本、晉書卷二三樂志下、册府卷五六六改。

〔四七〕 三句句四字 「句」字原不疊，據三朝本、南監本、北監本、汲本、殿本、局本、樂府詩集卷一八補。

〔四八〕 八郡震驚 「八郡」，原作「八都」，據南監本、局本、樂府詩集卷一八改。按後漢書卷七四下劉表傳：「荆州八郡，可傳檄而定。」李賢注：「漢官儀曰：『荆州管長沙、零陵、桂陽、南陽、江夏、武陵、南郡、章陵等是也。』」

〔四九〕 漢曲有擁離 「擁離」，原作「攤攤」，據南監本、殿本、局本改。按樂府詩集卷一八吴鼓吹曲秋風：「古今樂録曰：秋風者，言孫權悦以使民，民忘其死也。當漢擁離。」

〔五〇〕 魏夫吴聖主 殿本、局本作「巍巍吴聖主」，樂府詩集卷一八作「巍巍夫聖主」。

〔五一〕 歷撫江安城 按本書卷三七州郡志三：「江安侯相，晉武帝太康元年立。」是建安時不得有江安。此「江安城」疑當作「公安城」。孫權欲襲關羽，先遣呂蒙擊取公安城，然後進據江陵，見三國志卷五四吳書呂蒙傳。

〔五二〕盛哉無比隆　「無」，原作「三」，據三朝本、北監本、汲本、殿本、局本改。

〔五三〕乖微中情疑　「乖」，原作「申」，據局本、樂府詩集卷一八改。

〔五四〕道化至盛也　「盛」上原衍「德」字，據册府卷五六五、樂府詩集卷一八删。按晉書卷二三樂志下：「是時吳亦使韋昭制十二曲名，以述功德受命。（中略）改芳樹爲承天命，言其時主聖德踐位，道化至盛也。」

〔五五〕訓詁不可復解　「訓」字原闕，據局本、樂府詩集卷一九補。

〔五六〕右九解晚芝曲　「曲」，原作「田」，據局本、樂府詩集卷一九引宋書樂志改。按晚芝曲九解，本書惟收六解，尚漏三解。九解樂府詩集卷一九全載。

〔五七〕右三解艾如張曲　「如」字原闕，據樂府詩集卷一九補。

〔五八〕仗大從　「從」，樂府詩集卷一九作「順」。蓋何承天原作「順」，本書避梁武帝父蕭順之諱改。

〔五九〕力戰而虛民　「虛」，局本、樂府詩集卷一九作「虐」。

〔六〇〕游不還　「游」，南監本、樂府詩集卷一九作「逝」。

〔六一〕按景祐廣樂記言　「景祐」，原作「景祤」。按通志卷六四藝文略樂類著録景祐廣樂記八十一卷。景祐，宋仁宗年號。今改正。